溯源与释义

海德格尔、胡塞尔、尼采

梁家荣

著

未来哲学丛书

孙周兴　主编

商务印书馆
The Commercial Press

未来哲学丛书

主编：孙周兴

学术支持
浙江大学未来哲学研究中心
同济大学技术与未来研究院

商务印书馆（上海）有限公司 出品
The Commercial Press (Shanghai) Co. Ltd.

未 来 哲 学 丛 书

作者简介

梁家荣，中国香港人，现任教于香港中文大学哲学系，兼任郑承隆基金亚洲现象学中心主任；曾任教于同济大学人文学院与中山大学哲学系。著有《仁礼之辨：孔子之道的再释与重估》《本源与意义：前期海德格尔与现象学研究》以及中英文期刊论文数十篇。

总　序

　　尼采晚年不断构想一种"未来哲学"，写了不少多半语焉不详的笔记，并且把他1886年出版的《善恶的彼岸》的副标题立为"一种未来哲学的序曲"。我认为尼采是当真的——哲学必须是未来的。曾经做过古典语文学教授的尼采，此时早已不再古典，而成了一个面向未来、以权力意志和永恒轮回为"思眼"的实存哲人。

　　未来哲学之思有一个批判性的前提，即对传统哲学和传统宗教的解构，尼采以及后来的海德格尔都愿意把这种解构标识为"柏拉图主义批判"，在哲学上是对"理性世界"和"理论人"的质疑，在宗教上是对"神性世界"和"宗教人"的否定。一个后哲学和后宗教的人是谁呢？尼采说是忠实于大地的"超人"——不是"天人"，实为"地人"。海德格尔曾经提出过一种解释，谓"超人"是理解了权力意志和永恒轮回的人，他的意思无非是说，尼采的"超人"是一个否弃超越性理想、直面当下感性世界、通过创造性的瞬间来追求和完成生命力量之增长的个体，因而是一个实存哲学意义上的人之规定。未来哲学应具有一个实存哲学的出发点，这个出发点是以尼采和海德格尔为代表的欧洲现代人文哲学为今天的和未来的思想准备好了的。

　　未来哲学还具有一个非种族中心主义的前提，这就是说，未来哲学是世界性的。由尼采们发起的主流哲学传统批判已经宣告了欧洲中心主义的破产，扩大而言，则是种族中心主义的破产。在黑格尔式欧洲中心主义的眼光里，是没有异类的非欧民族文化的地位的，也不可能真正构成多元文化的切实沟通和交往。然而在尼采之后，形势大变。尤其是20世纪初兴起的现象学哲学运动，开启了一道基于境域—世界论的意义构成的思想视野，这就为未来哲学赢得了一个可能性基础和指引性方向。我们认为，未来哲学的世界性并不是空泛无度的全球意识，而是指向人类未来的既具身又超越的境域论。

未来哲学当然具有历史性维度，甚至需要像海德格尔主张的那样实行"返回步伐"，但它绝不是古风主义的，更不是顽强守旧的怀乡病和复辟狂，而是由未来筹划与可能性期望牵引和发动起来的当下当代之思。直而言之，"古今之争"绝不能成为未来哲学的纠缠和羁绊。在19世纪后半叶以来渐成主流的现代实存哲学路线中，我们看到传统的线性时间意识以及与此相关的科学进步意识已经被消解掉了，尼采的"瞬间"轮回观和海德格尔的"将来"时间性分析都向我们昭示一种循环复现的实存时间。这也就为未来哲学给出了一个基本的时间性定位：未来才是哲思的准星。

未来哲学既以将来—可能性为指向，也就必然同时是未来艺术，或者说，哲学必然要与艺术联姻，结成一种遥相呼应、意气相投的关系。在此意义上，未来哲学必定是创造性的或艺术性的，就如同未来艺术必定具有哲学性一样。

我们在几年前已经开始编辑"未来艺术丛书"，意犹未尽，现在决定启动"未来哲学丛书"，以为可以与前者构成一种相互支持。本丛书被命名为"未来哲学"，自然要以开放性为原则，绝不自限于某派、某门、某主义，也并非简单的"未来主义"，甚至也不是要把"未来"设为丛书唯一课题，而只是要倡导和发扬一种基本的未来关怀——因为，容我再说一遍：未来才是哲思的准星。

孙周兴

2017年3月12日记于沪上同济

目
录

第一章　存在与本有

——"此有之'本有'在于它的存在"释义　1

一、萨特对"存在主义"之界定　1

二、人不具有本质?　4

三、颠倒形而上学的观念　11

四、海德格尔之别于萨特　14

五、解开"本质"之引号　18

六、此有之本有是其是有　21

七、"本有上"等副词何义　27

八、比较海德格尔与传统的"本有"概念　40

九、本有与可能性　46

第二章　是有与形而上学

——海德格尔对纯粹理性批判的解释　59

一、"奠基形而上学"释义　59

二、康德对形而上学之限定　65

三、包姆伽藤的"形而上学"概念　71

四、一般形而上学和特殊形而上学　74

五、是有论与形而上学　76

六、是有者与事物　81

七、结　语　83

第三章　此有与心智

——海德格尔与赖尔对理论化之批评　93

一、引　言　93

二、此有与意识　99

三、共同的敌人：笛卡尔　102

四、赖尔对理论化之批评　106

五、海德格尔对理论化之批评　109

六、结　语　114

第四章　心情与世界

——《是有与时间》的情感论　117

一、基本用语释义　118

二、感遇性与心情　120

三、怀情的感己　125

四、心情与意向性　127

五、此有之被碰击和依存于世　128

六、结　语　134

第五章　身体与感受

——拉特克利夫的存在论感受与海德格尔　137

一、"感受"一词之多种用法　137

二、拉特克利夫的"身体感受"概念　140

三、拉特克利夫的"存在论感受"概念　144

四、海德格尔对"感遇性"之限定　148

五、感遇性与身体性　152

六、结　语　155

第六章　意求与力量

——尼采的"意志"概念与海德格尔的解释　157

一、一切皆生成　158

二、"意志"释义　161

三、尼采的"意志"概念　167

四、意志与决意性　171

五、意志与感触、情感和感受　177

六、意志与命令　183

七、结　语　186

第七章　瞬间与无限

——尼采的永恒回归学说与海德格尔的解释　189

一、永恒回归学说之背景　189

二、永恒回归学说在尼采思想中的意义　192

三、海德格尔对永恒回归学说的解释　198

第八章　生存与认知

——施行主义、视角主义、尼采　209

一、施行与表象　210

二、自　律　214

三、认　知　217

四、保存自身　223

五、视角主义　226

六、解　释　228

第九章　感受与意向

——胡塞尔关于感受之意向性理论　233

一、引　言　233

二、胡塞尔所谓"感觉"释义　236

三、感受感觉　240

四、感受行为　243

五、结　语　248

第十章　逻辑与格知

——《逻辑研究》中的"科学"概念与纯粹逻辑学　253

一、"认知"概念　254

二、"格知"概念　258

三、逻辑学作为格知论　262

参考文献　269

后　记　281

第一章　存在与本有
——"此有之'本有'在于它的存在"释义

一、萨特对"存在主义"之界定

"一场哲学演讲引起骚动，数百人蜂拥而入，数千人被拒诸门外。"[1]汉娜·阿伦特（Hannah Arendt）发表于1946年的《法国的存在主义》（"French Existentialism"）一文，以此言开篇，描写法国群众对存在主义，也就是当时才刚兴起的一种哲学思想让人完全意料不到的热情表现。堪当阿伦特此言典范者，相信莫过于现时俱乐部（Club Maintenant）在1945年10月29日晚上，于位处巴黎市中心的让－古戎路（Rue Jean-Goujon）之中央人会所（Salle des Centraux）[2]所举办的一场演讲。[3]当晚的主讲人让－保罗·萨特（Jean-Paul Sartre）因之"暴得大名"[4]，"存在主义"一名亦随当晚的讲题"存在主义是一种人本主义吗？"（"L'existentialisme est un humanisme?"）不胫而走。

据说萨特事前没有为当晚的演讲准备任何讲稿或笔记，基本上是临场发挥。次年以《存在主义是一种人本主义》（*L'existentialisme*

---

① Arendt, "French Existentialism", p. 188.

② "中央人"（Centraux；后改为Centralien）指巴黎中央理工学院（École centrale Paris）的旧生，"中央人会所"是其旧生组织之物业。

③ 参看Flynn, *Sartre*, p. 236。

④ 在萨特不平凡的一生中，这场演讲是最为人所津津乐道的一幕。参看Bakewell, *At the Existentialist Café*, p. 7; Bernasconi, *How to Read Sartre*, p. 53; Cox, *Existentialism and Excess*, p. 138; Flynn, *Sartre*, p. ix。

est un humanisme）为题所出版的小书①，只是以当晚所讲笔录汇成。开宗明义，萨特马上表明他的主题：为存在主义申辩。在萨特看来，存在主义受到两方面的夹击。一方面是法国的共产主义者，批评存在主义耽于绝望，引致消极不为；另一方面是公教徒（catholique），抨击存在主义偏重人性的不光彩，漠视其美好的一面。萨特则意图证明，存在主义"是使得人生可能的学说"，宣称"一切真相和一切行动都牵涉人的氛围和主体性"。②

主题表明以后，论证正式展开。萨特的申辩开始于对"存在主义"一词之界定。就论述方法而言，萨特的进路是相当符合规范的，甚至可谓教科书式的。第一步分辨对"存在主义"一词之误用与真正意义。他首先指出，"大部分人"（la plupart des gens）当要为使用此词而辩护时，都会感到尴尬。因为它业已是一种时髦（mode），连乐手或画师都被叫作存在主义者（existentialiste），外延太阔，以致意涵尽失。③然而"实际上"（en réalité），存在主义是"最刻板"的学说，"注定属于技术员和哲学家"④。换言之，萨特把时下对"存在主义"之使用区分为二，一者可称为"大众义"，另一可称为"专家义"。其大众义为一时风尚，意义空泛，不用深究；相反，在其严格的、非大众的意义上，"存在主义"一词则是"可易于界定的"。⑤

接着，萨特开始他对"存在主义"的界定，也就是界定此词的专家义。他先后运用了两种界定法门。第一是枚举法，也就是众所周知为苏格拉底所排拒的界定法。萨特列举了一群存在主义者，他

---

① 书名把原来讲题的疑问句改为肯定句。
② Sartre, *L'existentialisme est un humanisme*, p. 12.
③ 参看 ibid., pp. 15–16。
④ Ibid., p. 16.
⑤ Ibid.

分之为两类：一类是基督徒，例子为雅斯贝尔斯（Karl Jaspers）和马塞尔（Gabriel Marcel）；另一类是无神论者，例子为海德格尔（Martin Heidegger）、法国的存在主义者们以及他自己。[①]然后，萨特再给这些存在主义者们一个"共同的"（en commun）限定："他们都以为存在先于本质（l'existence précède l'essence）。"[②]

但何谓"存在先于本质"呢？萨特这样说明：

> 我所代表的无神论存在主义较为融贯。它宣称，如果神不存在，则至少是有一是有者，于兹存在先于本质，一是有者可在被任何概念界定之前已然存在，而这一是有者便是人，或如海德格尔所言是人的实情（réalité humaine）。于此，何谓存在先于本质？这意味着，人首先存在、感遇、出现于世，然后他界定自己。[③]

虽然萨特自视为无神论者，但从上面的引文清楚可见，他对"存在主义"的界定，其实仍旧以西方传统"神"的概念为出发点，"如果神不存在"是其论述前提。基督教将神视为造物主，按照萨特所讲，"当我们将神把握为造物主，神很多时候就被比附为一位无上的技师；……当神创造，他明确知道他之所创造。……因此，个人实现了在神知性中的某一概念"[④]。木匠在创造一张桌子前，已经对他所要创造的桌子心存概念；神亦如此，在他创造人、令人存在之前，他已经知道他所要创造的人是何模样。而这就意味着，人的本质先于其存在。萨特所宣扬的无神论式的存在主义，以把神比附于技师

[①]　参看Sartre, *L'existentialisme est un humanisme*, p. 17。

[②]　Ibid.

[③]　Ibid., p. 21.

[④]　Ibid., p. 20.

的这一传统观念为出发点，然后再加上无神论者的前提，即神不存在，最后导出他的界定：人的存在先于本质。简言之，他的思路似乎是这样的：

> 如果神存在，则人的本质先于存在。
>
> 神不存在。
>
> 因此，人的存在先于本质。

从逻辑学的观点来看，这无疑不是有效的论证。假使萨特从无神论的前提"神不存在"推演出"人的本质不是先于存在"这样纯粹否定性的主张，也就犯了逻辑学上所谓"否定前项"（denying the antecedent）的谬误，更无法说得出一个跟传统观念正好颠倒的主张。换言之，"神不存在"这一前提，实际上不能像萨特所相信的那样，能够支持"至少是有一是有者，于兹存在先于本质"这样的结论。

除了论证在逻辑上有毛病以外，萨特的界定是否如他所言是他所列举的一众哲学家之共同主张，也是很有疑问的。单以无神论存在主义者而言，除了他自己以外，被萨特点名的还有海德格尔。我们在本章将会论证，跟时下大抵受萨特所影响的流行看法相反，海德格尔实际上没有提出类似的主张。他在《是有与时间》（*Sein und Zeit*）中对人的处境之探讨，不但运用了"本质"概念，而且他对"本质"一词之理解仍不脱传统的痕迹。

二、人不具有本质？

萨特的《存在主义是一种人本主义》非但在当时引起轰动，到现在也仍然余音未了。学界至今依然沿袭萨特的划分，以无神论的存在主义者区别于基督徒的或有神论的存在主义者[①]；而且也仍旧跟从萨特的做法，以"存在先于本质"来界定"存在主义"，将之视为一众存在主义者的共同主张[②]，甚至名之曰"存在主义的口号"（existential slogan）[③]、"存在主义的格言"（existential dictum）[④]和"存在主义的格律"（existential maxim）[⑤]，完全不管其他所谓"存在主义者"是否也呐喊过这样的口号。

另外，现时的学者对"存在先于本质"这句口号的理解，主要也只是依照萨特在《存在主义是一种人本主义》中的论述。从一更宽广的视野来看待，"存在先于本质"这句话其实是很令人费解的。"存在"与"本质"两词所代表的都是西方哲学史上非常重要的概念。自从中世纪以来，存在与本质便被视为一切有限的是有者最基础的两样成分，二者的关系自此亦成为哲学家所争议不休的话题之一，其意义绝不是三言两语可以解释清楚的。虽然中世纪最有名的西方哲学家都是有神论者，虽然这些有神论者都一致同意，包括人在内的一切有限是有者，其是有都可以区别为存在与本质两方面，但对于二者的关系，他们却抱有很不相同的看法。根据西班牙耶稣会哲学家、集中世纪学院派大成的弗朗西斯科·苏亚雷斯（Francisco Suárez）在其《形而上学论难》（*Disputationes metaphysicae*）第31卷中的总结，中世纪哲学家们的看法可以分别为三派：1. 主张实物上的

---

① 例如Flynn, *Existentialism*, pp. 27, 40, 59; McBride, "Existentialism as a Cultural Movement", p. 52; Reynolds, *Understanding Existentialism*, p. 2。

② 参看Cooper, *Existentialism*, pp. 67–68; Flynn, *Existentialism*, p. 8; Webber, *Rethinking Existentialism*, p. 14。

③ 参看Cooper, "Existentialism as a Philosophical Movement", p. 35; Crowell, "Sartre's Existentialism and the Nature of Consciousness", p. 212。

④ 参看Cooper, *Existentialism*, p. 3。

⑤ 参看Reynolds, *Understanding Existentialism*, p. 146。

区分（distinctio realis），认为存在"全然在实物上区别于"（distinct omnino realiter ab）是有者之本质。[①]托马斯·阿奎那（Thomas Aquinas）一般被认为持有这样的主张，其后被视为托马斯派者如罗马的埃吉德斯（Aegidius Romanus），以及人称"托马斯派之首"（princeps thomistarum）的卡培尔奥卢（Jean Capréolus）都属此列。2. 主张存在与本质之别不是实物上的，而只是模态上的区别（distinctio modalis）。邓斯·司各脱（Duns Scotus）与根特的亨利（Henry of Ghent）被认为属于此派。[②] 3. 主张存在与本质只是"理性上"（ratione）亦即只是在概念上或思想上有别。[③]苏亚雷斯本人正是此派看法的代表。[④]从上面的简述已可概见，中世纪哲学家对存在与本质之区分有十分精细以至于烦琐的讨论，不是以"本质先于存在"这句话可以简单概括的。例如，对于认为存在与本质只是在概念上有别的哲学家而言，本质当然不能说是在实物上以时序而言先于存在。

萨特虽然用了"存在"与"本质"这两个专门术语来界定他的无神论存在主义，但他显然从未深究中世纪对二者之区分的细致讨论。他只是单纯挪用这两个术语来表达他自己的一个主张，而此主张跟中世纪哲学家所关心的问题并没有多大的关系。他所意欲宣扬的主张其实相当简单，这就是：人是没有本质或本性的。他在《存在主义是一种人本主义》中这样说："因此，既然不是有神来设想他，就不是有人的本性（nature humaine）。"[⑤]在"存在先于本质"这句

---

① 参看 Suárez, *Disputationes metaphysicae*, XXVIII–LIV, p. 225。

② 参看 ibid., p. 227。

③ 参看 ibid., p. 228。

④ 关于中世纪存在与本质的区分之概述，参看 Wippel, "Essence and Existence"。

⑤ Sartre, *L'existentialisme est un humanisme*, p. 22.

貌似跟中世纪思想有关的口号中，萨特实际上更为简单的思路似乎是这样的：

> 如果是有神，则神在设想人的本质或本性。
>
> 不是有神。
>
> 因此，不是有人的本质或本性。

当然，跟上面的论证一样，这一论证也是无效的；也就是说，即使我们承认这一论证之两个前提，也不必承认其结论。

现时的学界对"存在先于本质"一语之解读，主要就是依照萨特的讲法，将之理解为"不是有人的本性"。例如，库珀（D. Cooper）谓："无论他们各人各自偏好何口号，存在主义者们都会同意这点：以任何传统意义上的'本质'，比如说某一实体之界定特性而言，人类都不拥有本质。"[①]然而，如果我们不管萨特的"作者／权威解释"（authoritative interpretation），而单纯从其字面义来分析，则"存在先于本质"一语根本就不蕴含"不是有人的本性"这样的意涵。实际上，假使萨特的主张单纯是人没有本质或本性，则使用"存在先于本质"这句话来表达之，非但于义无补，反而造成了混乱。理由很简单：如果人确实没有本质，则我们还拿什么东西来跟他的存在来比较，以至于断言他的存在先于本质？如果说人是没有本质的，则这句话即等于说他的存在先于他所没有的东西。这样的话又能有何意义？

---

① Cooper, *Existentialism*, p. 68；另参看Baert, *The Existentialist Moment*, p. 106; Barrett, *Irrational Man*, p. 102; Judaken, "Sisyphus's Progeny: Existentialism in France", p. 91; Ong, *The Art of Being*, p. 76; Reynolds, *Understanding Existentialism*, p. 53。

　　萨特之所以选择使用"存在先于本质"这句话来表达他"不是有人的本性"之主张，大概是由于，他以为海德格尔已经用了这一句话或至少类似的话来表达同一主张。虽然《存在主义是一种人本主义》无疑最为人所熟悉，但萨特第一次使用他的存在主义口号，实际上却不是在1945年的讲演或其后所出版的小书之中。萨特在1943年出版的《是有与虚无》（*L'être et le néant*）这部大书中已经有此表述，只不过当时他还没有用上"存在主义"这个名词来作为自己思想的标签。而他在《是有与虚无》中提出这句话的时候，也同时指出了这是海德格尔所说的话：

　　　　然而，自由没有本质。它不屈从于任何逻辑必然性；对于自由，必须说海德格尔对于此有（Dasein）笼统所说的话："在其中，存在先于和命令本质。"①

　　如上面的引文所示，萨特在这段话中用上了引号，但他却没有提供任何文献讯息，向读者表明海德格尔在哪里说出这一句关于此有的话。《是有与时间》中没有出现过同样的话，但海德格尔确实用了"存在"与"本质"两词来表达他对此有的核心想法。最接近萨特所言的应该是他在《是有与时间》第9节所说的一句该书读者都耳熟能详的话："此有之'本质'在于它的存在。"（SZ:42）问题是，海德格尔此言跟萨特的话意思是否一样？海德格尔是否也意图以此言来指出：不是有人的本性？

　　不争的事实是，现时相当多的学者都用萨特的主张来解释海德

---

① Sartre, *L'être et le néant*, p. 482.

格尔之言。例如，澳大利亚学者雷诺兹（Jack Reynolds）在其2006年出版的《理解存在主义》（*Understanding Existentialism*）一书中这样说：

> 尽管在后期作品中，海德格尔将会舍弃他在《是有与时间》中所赋予此有分析的特权，但有意思的是，海德格尔借来了克尔凯郭尔（Kierkegaard）和雅斯贝尔斯的术语，把此有之是有模态刻画为存在，意指此有没有本质或固定的本性。海德格尔之言曰："此有之本质在于其存在。"（BT:§9）萨特就人而言的著名存在主义标语（motto）"存在先于本质"，显然受此所启发，即使海德格尔本人后来会摒弃此萨特式的表述，以之为太过形而上学。[①]

不但泛论存在主义的著作如此，甚至以解读海德格尔思想而闻名的学者，在其专门论述《是有与时间》的作品中，亦同样以"不是有本性"来解释海德格尔的主张。例如，美国学者德雷福斯（Hubert L. Dreyfus）在其解读《是有与时间》的著名作品《在世是有》（*Being-in-the-World*）中这样说：

> 因此，此有之是有，是它在其社会活动中自己所解释的是有。人类并非已经具有某些种类上的本性。[②]

英国学者穆荷（Stephen Mulhall）在给劳特利奇（Routledge）出

---

① Reynolds, *Understanding Existentialism*, pp. 24-25.

② Dreyfus, *Being-in-the-World*, p. 23.

版社所写的《是有与时间》导读中亦这样说：

> 此有之是有便不能以通常被用于其他类型的是有者之用语
> 来理解；尤其是，我们不能把此有想作具有我们所谓的"云何
> 是有"（what-being）、某一种类上的、总是必然地显明的本质或
> 本性。[①]

如果我们听从这些学者的解读，那么海德格尔所言"此有之
'本质'在于它的存在"应该就跟萨特的"存在先于本质"一样，都
意谓人不具有本质或本性。

但另一方面，同样不争的事实是，海德格尔在《是有与时间》
中从头到尾一直不断使用"本质"或"本质上"（wesenhaft）此等语
词来表述此有之特性。例如，就在指出"此有之'本质'在于它的
存在"之同一页上，海德格尔跟着说：

> 而因为此有本质上总是其可能性，这个是有者能在其是有
> 中"选择"自身、获得自身，它亦能丧失自身，又或者永不获
> 得自身而仅仅"看似"获得自身。（SZ:42）

如果此有确实像萨特和上述那些学者所言乃不具有本质，则海
德格尔在上面这句话中的"本质上"应该如何来理解？如果此有不
具有本质，则它如何能"本质上"总有某特性？事实上，上述那些
以为海德格尔主张此有不具有本性的学者，在解读海德格尔对此有

---

① Mulhall, *Routledge Philosophy Guidebook to Heidegger and* Being and Time, p. 15.

之表述时，亦总是避免不了使用"本质上"一词。就在他指出"人类并非已经具有某些种类上的本性"之同一段落，德雷福斯跟着又说："人类本质上纯然是自我解释。"[1]而穆荷在他的导读之别处也说："此有之是有本质上是忧心（care）……此有之是有本质上是伴他是有（Being-with-Others）。"[2]如果人类或此有根本便没有本质，则又怎能说它"本质上"是此是彼？如果此有没有本质，则"本质上"一词被用于此有便根本没有意义。

故此，相信萨特之言，以为海德格尔的此有不具有本质或本性的学者，将会面临这样的困局：要么此有并非没有本质，要么他们说此有"本质上"是此是彼这些话都是没有意义的。从这一困局脱身其实不难，只要我们认识清楚，海德格尔所言"此有之'本质'在于它的存在"与萨特所谓"存在先于本质"意思根本不同即可。

三、颠倒形而上学的观念

众所周知，海德格尔在写于1946年底而发表于1947年的《论人本主义书信》（"Brief über den Humanismus"）中回应了萨特在《存在主义是一种人本主义》中对"存在主义"之界定。他说：

> 相反，萨特把存在主义之基本陈述表达为：存在先行于（vorangehen）本质。因此，他取用形而上学意义上的essentia与existentia。自柏拉图以来形而上学便说：essentia先行于existentia。萨特把这个陈述颠倒。然而，对一个形而上学陈述之

---

[1] Dreyfus, *Being-in-the-World*, p. 23.

[2] Mulhall, *Routledge Philosophy Guidebook to Heidegger and* Being and Time, pp. 60, 64.

颠倒仍然是一个形而上学陈述。（Wm:328）

首先必须指出，海德格尔于此对形而上学历史之表述不是很准确，在柏拉图的时候还没有关于存在与本质之区分，到了亚里士多德的时候也同样没有。其实从海德格尔一直使用拉丁语来表达这个形而上学的区分，就已经可以大概捕捉到，这个区分是基于拉丁语的哲学论述建筑起来的。如果说自柏拉图以来就已经有此区分，则其在希腊语中的表达为何？古典希腊语里没有一个动词的用法相当于英语的"exist"或我们所谓"存在"；我们现在说"某物存在"，古希腊人只能说"是有（ἔστι）某物"。希腊语和拉丁语意指所谓"本质"（essentia）的名词，都是从这个意指"是有"的动词衍生出来的。拉丁语"essentia"对应于希腊语"οὐσία"，后者出自"ἔστι/εἶναι"之现在分词形态，字面的意思为"是有性"。事实上，拉丁语中原来是没有"essentia"一词的，它纯然是为了翻译"οὐσία"而按对称关系被制作出来的："essentia"之于"esse"，相当于"οὐσία"之于"εἶναι"。在塞内卡（Seneca）的著作中已经见有"essentia"。而据他讲，甚至更早的西塞罗（Cicero）也已经用到此新词[1]，尽管在现存西塞罗的著作中我们看不到其用例。不过，即使到了昆体良（Quintilian）笔下，他仍旧觉得这个翻译词"很生硬"。[2]"Existentia"一词则相对晚出。据法国学者阿多（Pierre Hadot）考证，其首先见于公元4世纪基督教作家维克托林（Marius Victorinus）之神学作品中。[3]维克托林受新柏拉图派之影响，从拉丁语原有的动词"existere"

---

[1] 参看Seneca, *Epistles 1–65*, p. 390。

[2] 参看Quintilian, *The Orator's Education*, Vol. 3, p. 358。

[3] 参看Hadot, "Existenz, existentia I"。

制作一个新名词"existentia"出来，以翻译该派的术语"ὕπαρξις"。也许由于"esse"在古典拉丁语中已经失去了分词形态[1]，因此"existere"常在现在分词形态上被用以取替"esse"。以这层关系，在维克托林那里，"existentia"与"essentia"基本上是同义词，但他很少使用后者。[2]由此可见，在"existentia"与"essentia"两词之间，起初根本就不见中世纪时出现的形而上学的对扬与区分，更不用说"自柏拉图以来"就有了。正如克里斯特勒（Paul Oskar Kristeller）清楚地指出的：

> 维克托林以有别于今天的意义来使用"existentia"一词，而此词并没有在阿奎那或其他13世纪的思想家中出现。它以今天的意义通行于14世纪，相对于"essence"而言。莫尔贝克用以翻译"hyparxis"，此词为斯多亚派所铸造，但不为柏拉图与亚里士多德所知。[3]

维克托林以"existentia"来翻译"ὕπαρξις"。相隔将近一千年以后，到了中世纪学院派兴起之时，格罗斯特（Robert Grosseteste）和莫尔贝克的威廉（William of Moerbeke）在翻译新柏拉图派的作品时

---

① Powell, "Cicero's Translations from Greek", p. 296, n. 52: "The original, etymological present participle of *esse* must have been *sons*, which by the time of any extant Latin had already become specialized to mean 'guilty' (i.e. identified as being the person who committed the offence). Latin managed well without such a participle for all practical purposes, since *cum sit/esset* or *qui est/erat/esset* did the job quite effectively. Caesar apparently suggested *ens* (Priscian, GLK iii. 239), a coinage which passed into philosophical idiom in the postclassical period."

② 参看Hadot, "Existenz, existentia I", p. 854。

③ Kristeller, "Proclus as a Reader of Plato and Plotinus, and His Influence in the Middle Ages and Renaissance", p. 129; 此文原收于 J. Pépin & H. D. Saffrey (eds.), *Proclus lecteur et interprète des anciens*, Paris: CNRS, 1987, pp. 191–211。

也以"existentia"来翻译"ὕπαρξις"[1]，但即使这时候，却还没有出现"eixstentia"与"essentia"之区分与对扬。阿多和克里斯特勒都认为，"existentia"在概念上的源头是新柏拉图派，而其所对应的希腊哲学术语"ὕπαρξις"在使用上还可进一步追溯到斯多亚派。但无论如何，这始终是一个柏拉图和亚里士多德都不曾使用的名词。[2]

虽然海德格尔对形而上学史之表述有偏差，但他给萨特之评语则是相当准确的。萨特所主张的"存在先于本质"，确实是对他所认定的传统观念之颠倒。如上所言，在萨特看来，如果神存在，则人的本质先于存在。而且他还认为，即使到了18世纪启蒙时代，思想家摆脱了宗教信仰的束缚，"本质先于存在"之观念却仍然如故："我们在狄德罗（Diderot）那里、伏尔泰（Voltaire）那里，甚至康德（Kant）那里都找得到。"[3]跟这些思想家相反，萨特主张，神不存在，因此人的存在先于本质，这恰恰是他所认定的传统观念之颠倒。

四、海德格尔之别于萨特

然则，海德格尔所言"此有之'本质'在于它的存在"又是否跟萨特的主张一样，是对传统形而上学观点之颠倒呢？海德格尔自己在《论人本主义书信》中这样说：

> 萨特关于existentia优先于essentia之首要陈述，则义证了"存在主义"这个名词之为这种哲学的一个合适标题。但是，

---

[1] 参看Kristeller, *Greek Philosophers of the Hellenistic Age*, p. 26, n. 9。

[2] 参看Hadot, "Zur Vorgeschichte des Begriffs 'Existenz' ὑπάρχειν bei den Stoikern"; Kristeller, *Greek Philosophers of the Hellenistic Age*, pp. 25–27。

[3] Sartre, *L'existentialisme est un humanisme*, p. 20.

"存在主义"之首要陈述跟《是有与时间》的那个陈述没有一丁点儿的共同处。(Wm:329)

　　这里所谓"《是有与时间》的那个陈述"就是指"此有之'本质'在于它的存在"这句陈述。海德格尔否认他之所言跟萨特的无神论存在主义之主旨有"一丁点儿的共同处"。诚然，海德格尔之言没有涉及存在与本质之先后次序，他是以"在于"来表述二者之关系的，由此我们已经可以断定海德格尔所言跟萨特的主张并不完全相同。不过，他到底是使用了"存在"与"本质"二词，到底是在言陈"存在"与"本质"二者，何至于没有"一丁点儿的共同处"？关键在于他以何意义来使用此二词。

　　一条可能的线索是，海德格尔句中把"本质"一词加在引号之中，他不是说"此有之本质在于它的存在"，而是说"此有之'本质'在于它的存在"。海德格尔何故在此使用了引号呢？也许，此举表明了他不是以传统意义来使用"本质"一词。海德格尔在《论人本主义书信》中这样表述他使用引号的目的：

　　"人出住"(Der Mensch ek-sistiert) 这个陈述并非回答"人现实上是有否"这一问题，而是回答关于人之"本质"的问题。我们习惯马上不相应地发问这一问题，无论我们问人是何，抑或发问人是谁。……因此，出于慎重，上所引用《是有与时间》第42页中的陈述把"本质"一词写在引号内。这表示，现在"本质"既非由esse essentiae［本质义之是有］亦非由esse existentiae［存在义之是有］所限定，而是由此有之出仁相 (dem Ek-statischen) 所限定。(Wm:327)

海德格尔在这段话中似乎表示，他在《是有与时间》中已经很自觉地不以传统的意义来使用"本质"一词。他文中提到的"esse essentiae"与"esse existentiae"显然也是拉丁术语，而不是"自柏拉图以来"就有的希腊哲学术语。本质与存在之区分最初是以这两个拉丁术语之面貌出现的，因为归根结底，二者是从"esse"一词所区别出来的两义。① 海德格尔谓，"现在'本质'既非由esse essentiae亦非由esse existentiae所限定"，是表示他不以由中世纪学院派所发展出来的本质与存在之对扬来使用"本质"一词。

既然海德格尔本人这样说，于是学者便跟着断定，《是有与时间》中的引号乃表示海德格尔不以传统义来使用"本质"一词："加在'本质'一词之上的引号足以警示我们，海德格尔不是以传统学院派的意义或任何标准的现代意义来使用此词。"② 《是有与时间》中确实有以引号来区别不同意义的例子。海德格尔在第14节区分了"世界"（Welt）一词的四种不同用法，并且明白表示他加引号以指一义，不加引号则指另一义（SZ:64–65）。③ 不过，海德格尔在《是有与时间》中对"本质"一词之引号使用却从来没有给予任何类似的说明。《论人本主义书信》是事后之言，不一定能尽信。

实际上，在《是有与时间》中，除了那个可能带有某种暗示但却缺乏清楚说明的引号以外，海德格尔从没指出他对"本质"一词的使用跟传统用法有何不同。虽然如此，但我们仍足以断定，他所言"此有之'本质'在于它的存在"，确实并非意在言陈萨特意义上的"本质"与"存在"之关系。这是因为，对于在句中根本没有加

---

① 参看梁家荣：《是有、实有、本有》。
② Nicholson, "The Constitution of Our Being", p. 51.
③ 参看梁家荣：《海德格尔"世界"概念的超越论意涵》。

上引号的"存在"一词，海德格尔反倒明白表示他不是以传统义来使用的：

> 当我们选择把"存在"（Existenz）这个称呼给予这一是有者之是有，这个名号并不具有，也不能具有existentia这个传承下来的术语之是有论的意义；依照传承，existentia于是有论上相当于指现前是有（Vorhandensein）、一种其是有样式本质地（wesensmäßig）不归于具此有性格之是有者。（SZ:42）[①]

海德格尔于此明确表示，他不以"existentia"在传统上所具有的意义来使用"存在"一词；换言之，他不以中世纪所发展出来的、对扬于"本质"一词的意义来使用"存在"。他并且指出，"existentia"在传统上所具有的意义在他的用语中将以"现前是有"来表达。海德格尔对术语使用这些故意的改变，意味着他跟萨特其实不是在相同的意义上使用"存在"一词：萨特说"神存在"，将等于海德格尔说"现前是有神"；萨特说"人存在"，将等于海德格尔说"现前是有人"；相反，海德格尔说"人存在"，将不等于萨特说"人存在"，不是指人现实上是有。依此，萨特"人的存在先于本质"之主张，换成海德格尔的语言将会是"人的现前是有先于本质"，或者"人的现实上是有先于人的本质"。由此可见，海德格尔所言"此有之'本质'在于它的存在"，非但不是表达萨特意义上的"人的存在先于本质"，甚至根本不是言陈萨特意义上的"本质"与"存在"

---

① 值得注意的是，海德格尔于此指出现前是有"本质地不归于具此有性格之是有者"，而"本质地"一词没有加上引号。然则这里用以言陈此有的"本质地"一词又是否以传统意义来被使用？

之关系。海德格尔之言也许是言陈传统意义上的"本质",至少我们还没确定他所谓"本质"跟传统意义上的"本质"有何分别,但我们却可以断定,此言并未言陈传统意义上的"存在"。因此,我们也可以断定,如果萨特根据此言而谓海德格尔跟他一样也抱持无神论的存在主义主张,也主张人的存在先于本质,并以此意谓人不具有本性或本质,则萨特毫无疑问是误解了海德格尔,并很可能因此误导了不少海德格尔研究者。

五、解开"本质"之引号

我们上面得出的结论是,海德格尔所言"此有之'本质'在于它的存在",不是指萨特意义上的"人的存在先于本质"。然则此言所指为何?

首先,我们已经知晓的是,海德格尔故意不以传统意义来使用"存在"一词,而是"选择把'存在'这个称呼给予这一是有者之是有"。因此,海德格尔之言在其意义上其实等于说:此有之"本质"在于它的是有。接下来,我们将试图解释此言何义,而于此我们先要排除一个意义。

西方哲学家从亚里士多德开始便已经认识到,"是有"一词多义。其中一个用法指现实上是有(wirklich sein),也即通常所谓"存在"、海德格尔所谓"现前是有"。例如,我们说"黑洞存在",也可以说"现实上是有黑洞"。海德格尔以"存在"一词来指"此有之是有","是有"一词于此显然不取"现实上是有"之义,否则其对"存在"之使用将无别于传统意义。因此,他在《论人本主义书信》上引段落中便特意指出:"'人出住'这个陈述并非回答'人现实上是有否'这一问题，而是回答关于人之'本质'的问题。"（Wm:327）而凭借这段话，我们除了能免于以"现实上是有"之义来理解海德格尔所谓"存在"（="此有之是有"）之外，同时我们亦能获得一线索，晓得他所谓"存在"反而跟"本质"之问题有关。

现在我们面对的问题是，海德格尔所谓"本质"何义？《是有与时间》里的引号，确实像《论人本主义书信》所言，是为了表示此词"既非由esse essentiae亦非由esse existentiae所限定"吗？或像学者所言，表示他"不是以传统学院派的意义或任何标准的现代意义来使用此词"吗？如是，则他又以何义使用"本质"一词？我们怎样才能解开这个引号？

也许，我们根本不需要解开这个引号。首先，从"存在"一词已然可知，海德格尔不加引号不等于说他没有故意引入新义。相反，他加了引号也不必表示他故意使用新义。毕竟，引号可以有各种含义。其次，如上所言，海德格尔在《是有与时间》中从头到尾不断使用"本质""本质上"和"本质地"等词来言陈此有，这固然已显示海德格尔不太可能跟萨特一样，主张此有不具有本质，否则他所谓"本质""本质上""本质地"都成空言；现在我们则可进一步补充，海德格尔在该书中绝大多数用以言陈此有的"本质""本质上"和"本质地"等词都没有加上引号。如果说海德格尔对用不用引号有所区别，则这些不加引号的"本质"等词都应取传统意义。最后，即使是意思相同或极度接近的陈述，海德格尔之书写"本质"一词也一时加上一时不加上引号。就拿我们的讨论主题"此有之'本质'在于它的存在"这一陈述来说，海德格尔更多时倒以不加引号的方式来表达：

但是，只要这一是有者之本质是存在，"此有是其决开性（Erschlossenheit）"这一存在论的（existenziale）陈述便同时意味着：这一是有者在其是有中攸关的是有，是是有其"此"。（SZ:133）①

对这一是有之分析以存在为主导线索，我们先把握地将之限定为此有之本质。这一称号在形式指示上意谓：此有作为理解的能是有（als verstehendes Seinkönnen）而是有，在如此是有中攸关这一为其本己的是有。（SZ:231）②

这一是有者之本质是其存在。（SZ:298）

上引的三段话都在言陈此有之本质与存在之关系，而三段话中的"本质"一词都没有加上引号，然则我们是否应该将这些话中的"本质"都以传统意义来理解？若不然，则意味着"本质"在海德格尔那里是否取传统义，不能以是否加引号来区别。当然，我们断定引号无此区别功能，不等于说海德格尔是以传统义来使用"本质"一词。也许海德格尔自始至终都以个人的新义来使用此词，也有可能自从加了一次引号以为"警示"，其后不加亦是用新义。但至少自第42页以后，引号是否加上对我们理解"本质"一词基本上无大差

---

① "Sofern aber das Wesen dieses Seienden die Existenz ist, besagt der existenziale Satz 'das Dasein ist seine Erschlossenheit' zugleich: das Sein, darum es diesem Seienden in seinem Sein geht, ist, sein 'Da' zu sein."

② "Die Analyse dieses Seins nahm zum Leitfaden, was vorgreifend als das Wesen des Daseins bestimmt wurde, die Existenz. Der Titel besagt in formaler Anzeige: das Dasein ist als verstehendes Seinkönnen, dem es in solchen Sein um dieses als das eigene geht."

别。这一点确定以后，我们本章以下部分将会论证，即使说海德格尔不是完全沿用传统的"本质"概念，他在《是有与时间》中对此词的使用无疑也保留了很多传统的痕迹。

六、此有之本有是其是有

上一节所引三段出于《是有与时间》的文字，不但显示海德格尔在书中言陈此有之本质与存在之关系时，多数情况都不在"本质"一词上加引号，它们同时也为我们寻求解释"此有之'本质'在于它的存在"此言之意义，提供了非常重要的指引。上面三段引文同样都显示，海德格尔主张此有之本质是其存在。据此可见，"此有之'本质'在于它的存在"之言中"在于"一词，诚可以"是"字来替代，其义即，此有之"本质"是它的存在。萨特之言"存在先于本质"旨在宣扬人不具有本质，而海德格尔之言"此有之'本质'在于它的存在"则旨在重新界定人的本质，即以"存在"一词来限定此有之本质。

上面已然指出，海德格尔故意选择以"存在"一词指此有之是有，因此"此有之本质是其存在"这个基本陈述的意思即等于"此有之本质是其是有"。而转换成后一表达可让我们清楚地看到，海德格尔对"本质"一词之使用，实际上仍然待在传统的概念域之内：一方面，从古希腊以来，又或者说至少"自柏拉图以来"，所谓"本质"就是指一物之是有，或更严格而言指一物之第一义的、究竟义的是有；另一方面，海德格尔在《是有与时间》中依然把人之本质限定为其是有。换言之，无论就传统而言还是就海德格尔而言，"本质"皆指是有。

我们一直用汉语"本质"来翻译德语"Wesen"一词。除此词以外,海德格尔在《是有与时间》中也用到"Essenz"一词,以表达此有之本质在于其存在。[①]海德格尔显然把二者用作同义词。德语的"Essenz"与英语的"essence"都源自拉丁语"essentia"。上已指出,拉丁语中原本没有"essentia"一词,是拉丁学者接触希腊哲学后为了翻译其术语而按对称规则添制出来的。奥古斯丁(Augustine of Hippo)便清楚地指出了此关系:

> 所谓essentia,出自esse;正如所谓sapientia,出自sapere;诚然新词也,拉丁语旧作者所不用,然吾人今时习用焉,于是吾人语言遂不缺希腊人所名οὐσία者。[②]

"Essentia"所翻译的希腊语词"οὐσία",出自"εἶναι"(=to be)之分词阴性形态"οὖσα"(=being),按此关系直译为英语相当于beingness[③],直译为德语相当于"Seiendheit"(NI:459)。此词无论在柏拉图那里还是在亚里士多德那里皆指第一义的是有,亦即一切是有之本元。而此词文法上言之虽然是抽象名词,但却可用于具体事物。现时汉语学界习惯将之翻译为"实体",查实并不贴切。一方面,οὐσία不一定有形体(body);另一方面,"实体"一词也未

---

① "Allerdings fungiert als solcher von den oben (§§ 9 und 12) gegebenen formalen Anzeigen der Seinsverfassung des Daseins nicht so sehr die bisher besprochene, als vielmehr die, wonach die 'Essenz' des Daseins in seiner Existenz gründet." (SZ:117) "Seiendes, dessen Essenz die Existenz ausmacht, widersetzt sich wesenhaft der möglichen Erfassung seiner als ganzes Seiendes." (SZ:233) "Wenn das Selbst zu den wesenhaften Bestimmungen des Daseins gehört, dessen 'Essenz' aber in der Existenz liegt, dann müssen Ichheit und Selbstheit existenzial begriffen werden." (SZ:318)

② Augustine, *De civitate Dei*, Vol. 1, p. 569.

③ 参看 Gilson, *Being and Some Philosophers*, p. 74; Owens, *The Doctrine of Being in the Aristotelian Metaphysics*, p. 139。

能"表达οὐσία所意指的与是有（Being）之直接关系"。①由于我们把"εἶναι"翻译为"是有"，是以我们提议把"οὐσία"翻译为"实有"，以反映两词之直接关系。②众所周知，亚里士多德指出"εἶναι"一词多义，而其核心意义是"οὐσία"。他在《形而上学》第4卷中谓：

> 因此，言曰是有者多方，但全皆关于一本元（πρὸς μίαν ἀρχήν）。因为，有以为实有（οὐσία）而言曰是有者，有以为实有之所经受（πάθη），有以为通往实有之途，有以为实有之毁灭、剥夺、若何性（ποιότητες），又或可制作、可生长实有……③

简言之，实有乃是有之本元、第一义、最胜义，任何是有者之言曰是有者，皆因实有之故。换言之，凡实有皆是有，但并非凡是有者皆为实有。"实有"（οὐσία）跟"是有"（εἶναι）之直接关系，从亚里士多德对"实有"之另一表述方式中可更清楚地看出：

> 言曰是有者多方……因为，它一方面标示彼何是有（τὸ τί ἐστι）和此某某（τόδε τι），另一方面标示若何（ποιὸν）、几何（ποσὸν），或每一其他所如此指陈者。言曰是有者如此多方，但显然彼何是有是其第一义，它标示实有（οὐσία）（因为，每当我们言此某某若何，我们谓之善或恶，而非三尺或人。而

---

① 欧文斯（Joseph Owens）以这一点批判英语的惯用译名"substance"，参看Owens, *The Doctrine of Being in the Aristotelian Metaphysics*, p. 144。

② 参看梁家荣：《是有、实有、本有》。

③ Aristotle, *Metaphysics*, 1003b5–10.

*每当我们言云何是有，我们不谓之白或热或三尺，而谓人或神）……*①

亚里士多德也将实有表达为"彼何是有"，此词由疑问句"τί ἐστι?"［云何是有？］构成，前加"τò"用以标示其为回答。从上文可见，亚里士多德以人和神为彼何是有之例子。当我们问"此人若何?"，则"善"是一个回答；换言之，善属于若何性。当我们问"此树高几何?"，则"三尺"是一个回答；换言之，三尺属于几何性。而当我们问"此云何是有?"，则"是有人"是一个回答；换言之，人属于彼何是有，亦即实有。既然"实有"与"彼何是有"两词所表达的意义相同，则显然"实有"一词内具"是有"之义。

次言"essentia"一词。作为οὐσία在拉丁语中的替身，essentia也同样内具"是有"之义。事实上，"是有"（esse）之义已经鲜明地表现在其字形上，运用拉丁语者一眼便能看到，正如上引奥古斯丁所言："所谓essentia，出自esse；正如所谓sapientia，出自sapere。"中世纪的哲学家依然识得"esse"与"essentia"之间的直接关系，毕竟他们所使用的学术语言跟奥古斯丁一样仍旧是拉丁语。例如，托马斯·阿奎那便以此说明"essentia"一词之由来："言曰essentia则由于是有者以此和在此得到是有（habet esse）。"②但翻译为别的语言后，"essentia"与"esse"之间在拉丁语中显而易见的直接关系很多时候都会消失不见，例如对托马斯之言的英语翻译："Essence" is used because through it, and in it, that which is has being。③因为欠缺类似

---

① Aristotle, *Metaphysics*, 1028a10−18.

② Aquinas, *Opera omnia*, Vol. 16, p. 330.

③ 参看 Aquinas, *On Being and Essence*, p. 32。

的抽象名词，是以英语从拉丁语袭取了"essence"一词；但英语本身却不缺对应"esse"（=to be）的字词。结果到了英语翻译之中，托马斯以"esse"说明"essentia"一词由来之意图，变成了以"being"来说明"essence"，两词字面上的直接关联在翻译过程中丢失了。汉语翻译亦如是："它之所以被称作本质，却是因为这是有者只有藉着它并且在它之中才具有存在的。"①汉语学界习惯把"essentia"翻译为"本质"，同样也漏失了此词跟"esse"之直接关系。既然"essentia"一词源自"esse"，则"esse"某程度上可谓"essentia"一词意义的根本；是以在翻译上漏失其跟"esse"之关系，便是失其根本。由于我们把"esse"翻译为"是有"，因此我们建议把"essentia"翻译为"本有"。②依此，托马斯之言译为："言曰本有则由于是有者以此和在此得到是有。"

　　上已指出，德语中的"Wesen"与"Essenz"两词可以互换。借自拉丁语的"Essenz"一词固然跟英语"essence"一样，未能显示其跟是有（=Sein）之直接关系；但"Wesen"一词却能补救此缺陷，因为德语"Sein"有"gewesen"这个过去时的变格。正如黑格尔（Hegel）所言："语言在动词sein的过去时gewesen中保留了Wesen；因为，Wesen是过去的然而无限时过去的是有（zeitlos vergangene Sein）。"③正如亚里士多德在"οὐσία"中不会看不到"εἶναι"，奥古斯丁在"essentia"´中不会看不到"esse"，黑格尔在"Wesen"中也不会看不到"Sein"。黑格尔不但以"是有"来把握"Wesen"，而且还特意指出其为"无限时过去的是有"。这一点其实也是从亚里士

---

① 阿奎那：《论存在者与本质》，第7页。
② 参看梁家荣：《是有、实有、本有》。
③ Hegel, *Wissenschaft der Logik*, II, p. 13.

多德而来，我们在下文将会展述。至于海德格尔，他无疑也很清楚"Wesen"内具"是有"之义。例如，他在《论真相之本有》（"Vom Wesen der Wahrheit"）一文中便说："但在'本有'（Wesen）之概念中，哲学思索是有（Sein）。"（Wm:200）

总而言之，西方哲学自柏拉图以来，中经奥古斯丁、托马斯·阿奎那，一直到黑格尔，思想家对"οὐσία"、对"essentia"、对"Wesen"之思索，其实都是对"是有"（εἶναι、esse、Sein）之思索。在亚里士多德看来，"实有"（οὐσία）等于"彼何是有"；在阿奎那看来，"言曰本有（essentia）则由于是有者以此和在此得到是有"；在黑格尔看来，"本有（Wesen）是过去的然而无限时过去的是有"。现在我们便可以看到，海德格尔对"本有"（Wesen/Essenz）一词之使用其实还处在西方传统的概念域之内。他将此有之本有限定为存在，而他用"存在"一词以指此有之是有。因此，根据上文的分析，他对此有之基本陈述"此有之'本质'在于它的存在"可以改写为：此有之本有是其是有。这样看来，海德格尔对此有的本有之掌握基本上无大异于传统，尤其当我们忆及他强调于此所谓"是有"绝非指"现实上是有"。值得一提的是，海德格尔在《是有与时间》中除了把"Wesen"与"Essenz"用作同义词外，他偶亦以"Substanz"一词替换之："人之实底是存在（die Substanz des Menschen ist die Existenz）。"①德语"Substanz"等于英语"substance"，皆源自拉丁语"substantia"一词，为拉丁语对希腊语词"οὐσία"的另一译

---

① "Allein die 'Substanz' des Menschen ist nicht der Geist als die Synthese von Seele und Leib, sondern die Existenz." (SZ:117) "Daß Seiendes von der Seinsart des Daseins nicht aus Realität und Substanzialität begriffen werden kann, haben wir durch die These ausgedrückt: die Substanz des Menschen ist die Existenz." (SZ:212) "Die Umgrenzung der Sorgestruktur gab die Basis für eine erste ontologische Unterscheidung von Existenz und Realität. Dies führte zu der These: Die Substanz des Menschen ist die Existenz." (SZ:314)

名。汉语学界一般将之翻译为"实体"，我们提议翻译为"实底"。①
从"Substanz"和"Essenz"两词作为哲学术语原来为对"οὐσία"之
异译来看，"人之实底"与"人之本有"两语词可被视为同义。因此
海德格尔一方面既说，此有之本有是存在，而另一方面又说，人之
实底是存在。

由于我们的分析至此还没有引入海德格尔对"存在"一词的特
殊限定，而只是停留在笼统地以此词为意指此有之是有，是以海德
格尔的基本陈述看来仿佛空言。即使如此，通过上面的笼统分析
我们已然可以得出一个重要结论：海德格尔在《是有与时间》中对
"Wesen""Essenz""Substanz"这些术语之把握，实际上仍然不脱传
统的窠臼。

七、"本有上"等副词何义

上已指出，除了"本有"（Wesen/Essenz）以外，海德格尔也经
常使用"本有上"（wesenhaft）和"本有地"（wesensmäßig）等词来
言陈此有，而且绝大多数时候都没有加上引号。我们在这一节将探
讨海德格尔在《是有与时间》中以何意义使用此等副词，我们将通
过视察与分析其与别的语词之对扬或并置关系以彰显其义。

（一）每刻已经/总是已经

首先，我们留意到，海德格尔在《是有与时间》中对"本有上"
一词之使用，很多时候都联结于"每刻已经"（je schon）或"总是已

---

① 参看梁家荣：《是有、实有、本有》。

经"（immer schon）两语。例如：

> 此有作为在本有上感遇的（befindliches）此有，每刻已经是
> 处在限定的可能性之中。（SZ:144）

> 这在本有上属于此有：随着其世界之决开（Erschlossenheit），
> 此有对自己也是决开的，因此它总是已经理解自己。（SZ:272）

上面两例各包括对此有之两项陈述，前者以"本有上"来修饰，后者以"每刻已经/总是已经"来修饰。为更清楚地展示其结构，突显两陈述之关系，我们将之改写如下：

> 此有本有上是感遇的，因此它每刻已经是处在限定的可能
> 性之中。
> 此有本有上对自己是决开的，因此它总是已经理解自己。

两例中的第一项陈述，显然都是作为第二项陈述之根据而被提出，我们于是用"因此"一词来表达该两项陈述之间的关系。事实上，这两句并非孤例，《是有与时间》中不乏类似的句子，我们可以将之一般化而改写如下：

> 此有本有上是X，因此它每刻已经/总是已经是Y。

既然第一项是第二项之根据，又或者说第二项是从第一项推演出来的，而第一项陈述以"本有上"来修饰，第二项陈述以"每刻

已经/总是已经"来修饰，我们于是可通过分析"每刻已经/总是已经"两词之意义，以揣摩海德格尔以何义使用"本有上"一词。

"每刻已经"和"总是已经"两语无疑都有时间含义。"已经"一词有过去时的含义，意指从过去某段时间以来便体验或经受到。例如，说某人"已经在希腊四年"，乃言陈此人四年以来都在希腊，亦即从四年前开始就在，并且现时还在希腊。加上"每刻"或"总是"一词，把"已经"所覆及的过去时段延伸到过去的每一刻，以至于最终可把"已经"之所覆延伸至黑格尔所谓"无限时过去的"时段。谓此有每刻已经/总是已经理解自己，即言陈此有从无限时的过去至今一直在、总是在、每刻都在理解自己。

（二）偶尔/偶然

跟"每刻已经/总是已经"相对的用语是"偶尔"（zuweilen）。假使此有每刻已经理解自己，则它便非仅仅偶尔理解自己。海德格尔在谈到此有之负疚时谓：

> "负疚的"（schuldig）属此有之是有，不容许增减。它处在任何量化之前——如果这样说有意义的话。本有上为负疚的此有，非偶尔是负疚的，跟着又不是负疚的。（SZ:305）

海德格尔于此以"负疚的"这一限定性为属于此有之是有，同时又谓此有"本有上为负疚的"。这再次显示，在海德格尔看来，此有之本有是其是有，其对"本有"一词之使用和传统一致。据以上的分析，谓此有本有上是负疚的，蕴含谓此有每刻已经/总是已经是负疚的。如果说此有从无限时以来便每刻都是负疚的，这便意味着此有并非某些时刻是负疚的，另一些时刻又不是负疚的。所以海德格尔说："本有上为负疚的此有，非偶尔是负疚的，跟着又不是负疚的。"

与此相关的还有"偶然的"（zufällig）一词。跟"偶尔"一样，"偶然"也意指某时刻如此，而非始终一直如此。海德格尔在《是有与时间》导言中以"偶然的"与"本有上的"两词对扬，指出他对此有之分析目标在于展示其"本有上的结构"而非"任意的和偶然的结构"：

> 通达与阐释之法反倒必须如此选择，以致这一是有者能在其自身从其自身显示自身。诚然，通达与阐释之法应当如其最初和最常（zunächst und zumeist）是有，亦即以其平均的日常性，来显示是有者。于此所应当展示的，并非任意的和偶然的结构，而是本有上的结构，其作为限定是有的（seinsbestimmende）结构，始终保持于实际的此有之每一是有样式中。（SZ:16-17）

海德格尔于此把"本有上的结构"也表述为"限定是有的结构"，此亦证明海德格尔仍然以"是有"来把握"本有"。他以"偶然的"一词与"本有上的"对扬，则证明其使用的"本有上"蕴含"从无限时的过去至今一直"之时效，因此他最后把本有的结构言陈为"始终保持（durchhalten）于实际的此有之每一是有样式中"。

（三）只要它是有

上面指出，"已经"通常意指从某一时段以来，而把"每刻"或"总是"加到"已经"之上，其时效便延伸至无限时的过去。但如果将"每刻已经/总是已经"限于言陈某一特定的物品，则其时效自当变为以该物品开始是有为上限。海德格尔以"只要它是有（sofern es ist），此有便每刻已经／总是已经是Y"之句式来表达此义，他不时以之代替"此有本有上是X，因此它每刻已经／总是已经是Y"。例如：

> 只要它是有，此有便每刻已经依存于一个遭逢的"世界"，这一依存性（Angewiesenheit）本有上属于其是有。（SZ:87）

> 它作为此有每刻已经在自己投画，兼且只要它是有，它便是投画着的（entwerfend）。此有总是已经理解自己，兼且只要它是有，它便总一直从可能性来理解自己。（SZ:145）

在第一例中，海德格尔一方面以"依存性"为属于此有之本有，另一方面又以"只要它是有……"之句式来表达同一义理："只要它是有，此有便每刻已经依存于一个遭逢的世界。"上文指出，海德格尔断言：此有本有上对自己是决开的，因此它总是已经理解自己。现在我们从上面的第二例中可看到另一表述方式：只要它是有，此有便是投画着的，总是已经理解自己，总一直从可能性来理解自己。

（四）先于／先然

对于"每刻已经／总是已经"一语所具有的时间含义，海德格尔有时也以"先于"（vor）一词来表达。由于"投画着的""理解自己"等这些限定性属于此有之本有，它们乃此有自是有以来便一直已经是有的限定性，因此某一意义上有这些限定性皆可谓"先于"此有在其是有以后才开始偶然取得的限定性。海德格尔这样说：

　　　　此有作为这一是有者而存在：在其是有中攸关这是有。
此有本有上迈向自身之前（ihm selbst vorweg），它先于其对
自身之一切纯粹的和事后的审视，便把自身投画在其能是有
（Seinkönnen）之上了。（SZ:406）

　　由于我们的目标至今只在于澄清海德格尔以何意义使用"本有"
（Wesen/Essenz）一词，因此我们在上面一直只满足于笼统地以"此
有之是有"之义来掌握海德格尔对"存在"（Existenz）一词之使用。
但其实海德格尔对此词还有更进一步的限定，而我们在上文第5节亦
已经引用之："这一称号在形式指示上意谓：此有作为理解的能是有
而是有，在如此是有中攸关这一为其本己的是有。"①"存在"一词在
海德格尔那里的意思既不等于"现实上是有"，亦非笼统地意指"是
有"，而是被海德格尔故意限定为意指：理解的能是有，并且在其
是有中攸关其是有。换言之，在海德格尔看来，谓"此有存在"不
等于谓"此有现实上是有"或"此有现前是有"，而是等于谓"此有
每刻已经／总是已经理解，并且在其是有中攸关其是有"。在海德格
尔的使用中，"理解"一词有"投画"之义，意指把自身的是有投画
至可能性中。②因此他在上一小节所引段落中断言："只要它是有，它
便是投画着的……只要它是有，它便总一直从可能性来理解自己。"
（SZ:145）现在我们则看到他亦以"先于"一词来表示同一义理，断
言"它先于其对自身之一切纯粹的和事后的审视，便把自身投画在

---

① "Dasein ist Seiendes, das sich in seinem Sein verstehend zu diesem Sein verhält. Damit ist der formale Begriff
von Existenz angezeigt. Dasein existiert." (SZ:52-53)

② "Das Dasein entwirft als Verstehen sein Sein auf Möglichkeiten." (SZ:148) "Wir versuchen, die Struktur des
die Existenz konstituierenden Verstehens zu verdeutlichen. Verstehen besagt genauer: sich entwerfen auf eine
Möglichkeit, im Entwurf sich je in einer Möglichkeit halten." (GA24:392)

其能是有之上了"。这里他所谓"对自身之一切纯粹的和事后的审视"更确切而言乃指对自身之任何偶尔的、实际上的审视。

对于此有本有上所是有的特性之先在性，海德格尔也以"先然"（apriorisch）一词来表达：

> 忧心（Sorge）作为本源的结构整体，存在论上先然地（existenzial-apriorisch）"先于"此有任何实际上的"持态"（Verhaltung）和"处境"（Lage），也就是说，总是已经在此有任何实际上的"持态"和"处境"中。（SZ:193）

> 忧心之是有样式中的是有构造之"先然"，"更早"于任何此有性质的预设和持态。（SZ: 206）①

"Apriorisch"源自拉丁语"a priori"，其字面意义为：来自更先的、更前的、更早的。在上面第二例中，海德格尔把"更早"（früher）一词放在引号里面，显然意图以之对应于同样也放到引号中的但出于拉丁语的"Apriori"一词。汉语学界习惯把"a priori"翻译为"先天"，但此词原来单纯指"更先"，不必以"天"为判别先后的参照点，在康德的使用中亦如此。因此我提议翻译为"先然"。康德以先于经验或独立于经验为"先然"，而海德格尔则以属于此有本有之限定性为"先然"，以其从此有是有以来便总是已经为此有所是有，早于其任何实际上的持态和处境。

---

① "'Früher' als jede daseinsmäßige Voraussetzung und Verhaltung ist das 'Apriori' der Seinsverfassung in der Seinsart der Sorge." (SZ:206)

（五）本有上vs实际上

在上一小节的例子中，我们已经捕捉到另一个《是有与时间》中常用以对扬"本有上"的字词，即"实际上"。海德格尔断言，忧心先于此有任何实际上的持态和处境，并且总是已经在此有任何实际上的持态和处境之中（SZ:193）。如上所讲，海德格尔自言"选择把'存在'这个称呼给予这一是有者之是有"（SZ:42），亦即故意以"存在"标示此有之是有。[1]而接着他又把此有之是有限定为"忧心"（SZ:57, 121, 180）。[2]既然两词都被用以表述此有之是有，二者当为平行关系，皆用以限定此有之本有。[3]在上例中，海德格尔断言忧心先于此有任何实际上的持态和处境，其实即以此有本有上所是有对扬于此有实际上所是有，并且断定前者先于后者，乃此有先然的限定性。海德格尔经常把"本有上"与"实际上"（faktisch）两词对扬，以彰显前者之特性。例如：

> "此有本有上是伴有（Mitsein）"这个现象学言陈具有一个存在论暨是有论的意义（existenzial-ontologischen Sinn）。它并非意图在是有层次上（ontisch）确立：我实际上不是单独在现前（allein vorhanden），反而还有我的其他同类到来（vorkommen）。

---

① 书中较后部分也还沿用此说法："Verstehen ist das Sein solchen Seinkönnens, das nie als Noch-nicht-vorhandenes aussteht, sondern als wesenhaft nie Vorhandenes mit dem Sein des Daseins im Sinne der Existenz 'ist'." (SZ:141) "Und wenn die Existenz das Sein des Daseins bestimmt und ihr Wesen mitkonstituiert wird durch das Seinkönnen, dann muß das Dasein, solange es existiert, seinkönnend je etwas noch nicht sein." (SZ:233)

② "Das Sein des Daseins ist die Sorge." (SZ:284) "Die Sorge – das Sein des Daseins – besagt demnach als geworfener Entwurf." (SZ:285) "Das Sein des Daseins bestimmten wir als Sorge. Deren ontologischer Sinn ist die Zeitlichkeit." (SZ:364)

③ "Weil das In-der-Welt-sein wesenhaft Sorge ist..." (SZ:193) "Das Sein des Daseins ist die Sorge. Dieses Seiende existiert als Geworfenes verfallend." (SZ:412)

假如"此有之在世是有（In-der-Welt-sein）本有上是由伴有所建构的"这一陈述是此义，则伴有便不会是一存在论的限定性，出于其是有样式，来自其自身，而归于此有，反而会是每时刻（jeweils）都根据他人之到来而随来的一个秉性（Beschaffenheit）。即使当他人不在现前和不被感知到的时候，伴有也在存在论上限定此有。（SZ:120）

除了"本有上"与"实际上"之区分外，这段话也涉及《是有与时间》中的另一重要区分："是有论的"与"是有层次的"。"此有本有上是伴有"言陈此有"本有上"如何，海德格尔于此指出此言有"存在论暨是有论的意义"；换言之，此陈述是一句是有论的（ontologisch）与存在论的（existenzial）陈述，而"伴有"是一个是有论的与存在论的限定性。[①]海德格尔也把是有论的陈述，叫作"本有言陈"（Wesensaussage）[②]：

> 作为伴有，此有因而本有上为他人之故"是有"。此言必须作为本有言陈来理解。即使当此刻的实际的此有（das jeweilige faktische Dasein）并不关注他人，意为不需要他人，又或缺少了他人，它也以伴有之方式是有。（SZ:123）

相对而言，"我实际上不是单独在现前"这句话言陈我"实际上"如何；换言之，此陈述是一句是有层次的陈述[③]，而"单独在现

---

① "是有论的限定性"（ontologische Bestimmtheit）一语见 SZ:381。
② 《是有与时间》中亦有并置"本有上的"与"是有论的"两词之例：wesenhafte ontologische（SZ:179），ontologisch wesenhaft（SZ:184, 187）。
③ 海德格尔曾使用"是有层次暨实际上的"（ontisch-faktisch）一词（SZ:225）。

前"是一个是有层次的限定性（ontische Bestimmtheit）。①海德格尔对"本有上"与"实际上"、"是有论的"与"是有层次的"所做的区分，可比拟于康德对"先然"与"后然"（a posterior）所做的区分。如上所言，海德格尔断言，此有的本有结构即忧心先于其实际上的任何持态和处境，兼且在其实际上的任何持态和处境之中。作为对此有之是有论的限定性，"伴有"亦先于此有任何实际上的处境，兼且在其任何实际上的处境之中；自从此有是有以来，此有便每刻已经是伴有。"我实际上不是单独在现前"这句陈述其真实性可以经验来证实，也可以经验来否证，但"此有本有上是伴有"则不可。因此海德格尔谓："即使当他人不在现前和不被感知到的时候，伴有也在存在论上限定此有……即使当此刻的实际的此有并不关注他人，意为不需要他人，抑或缺少了他人，它也以伴有之方式是有。"意即就算此时此刻此地某一此有只是独处，也不能否证"此有本有上是伴有"。以康德式的术语而言，"伴有"这一限定性在海德格尔那里被用作此有能跟他人相处和能独处之"可能条件"。

除"伴有"之外，"本有上"与"实际上"之区分也频频见于海德格尔在《是有与时间》中对其他存在论的限定之表述，例如害怕：

> 害怕（Furcht）之一切变化模式（Modifikationen）作为感己（Sich-befinden）之可能性都表明：此有作为在世是有是"易害怕的"（furchtsam）。这一易害怕性不可在是有层次的意义上被理解为一种实际上的、"个体化"的品性，而是作为此有笼统之本质上的感遇性（Befindlichkeit）之存在论的可能性，当然这并非唯一。（SZ:142）

---

① 此术语见SZ:83。

从上文可见，海德格尔以"感遇性"为此有本有上所是有。因此他说："此有作为在本有上感遇的此有，每刻已经是处在限定的可能性之中。"（SZ:144）跟"伴有"一词情况相同，海德格尔也故意以存在论的意义来使用"害怕"一词，以之标示此有的感遇性之其一可能性。平常说"某人是易害怕的"乃经验陈述，或海德格尔所谓"是有层次的陈述"，意指适用于某个人的一种实际上的、个体化的品性。然而，"此有本有上是易害怕的"这句话在海德格尔那里则为是有论的与存在论的陈述，用于笼统言陈此有之本有，适用于一切此有，毋论个别此有实际上是否易害怕。

另一例子是作为忧心之其一环节的陷落（Verfallen）。海德格尔在《是有与时间》中说：

> 陷落现象也并非提供某种类似此有之"黑夜面目"，即，一个在是有层次上到来的特性（ontisch vorkommende Eigenschaft），可补充这一是有者之无伤大雅的面貌。陷落揭示此有自身之一个本有上的是有论的结构，这结构与其说限定其黑夜一面，倒不如说建构其日常性中的一切日子。（SZ:179）

陷落是此有之是有其一环节，因为海德格尔断言忧心乃由实际性（Faktizität）、存在和陷落三个维度所构成。[①]跟上述的"伴有"和"害怕"两词一样，在海德格尔的用法中，"陷落"一词也并非意指适用于某些人的个别持态或处境，并非"在是有层次上到来的特性"，而是故意用以标示此有之"一个本有上的是有论的结构"。既

---

① "Das Sein des Daseins ist die Sorge. Sie befaßt in sich Faktizität (Geworfenheit), Existenz (Entwurf) und Verfallen." (SZ:284)

然陷落属于此有之本有结构，则按照海德格尔的说法，只要此有是有，它便每刻已经都在陷落，无论个别的此有持态如何崇高都不能否证此本有陈述。

事实上，在海德格尔看来，不但个别此有实际上如何对他言陈此有之本有或此有之是有没有任何决定性的影响，甚至此有实际上是否存在，他都认为无关紧要。他在《论根据之本有》（"Vom Wesen des Grundes"）一文中这样说：

> 把在世是有作为基本构造宣判给此有，意味着对其本有（其作为此有最本己的内部可能性）有所言陈。至于此有是否恰好实际上存在（faktisch existiert），以及有何此有恰好实际上存在，这些问题于此恰好都能不被视作证明机关。"在世是有"一语并非确立此有之实际上到来，诚然根本并非是有层次的言陈。此语关涉一个本有事态（Wesensverhalt），笼统限定着此有，因而具有是有论的主张之性格。依此而言，此有之所以是在世是有，并非因为并且仅仅因为它实际上存在；相反，因为其本有构造在于在世是有，它才能作为是有者是有（als existierendes sein），也就是说作为此有是有。（Wm:141）

欲掌握此段引文之义理，必先厘清"实际上存在"一语之意义。上文指出，海德格尔在《是有与时间》中故意不以通行意义使用"存在"一词，而改为以之标示此有之是有，或更具体而言标示理解着的能是有。正如上文第4节引用《论人本主义书信》之言谓："'人出住'这个陈述并非回答'人现实上是有否'这一问题，而是回答关于人之'本有'的问题。"（Wm:327）但是，"人实际上存在/

出住"这个陈述的意思却跟"人存在/出住"完全不一样。加上"实际上"一词，把"人存在"这个陈述变为"人实际上存在"后，它便恰恰从回答人之本质或本有之问题，而变为回答人现实上是否是有之问题。如果"实际上存在"这一谓语仍然只是关于此有之本有，则海德格尔又岂能一方面断言"把在世是有作为基本构造宣判给此有，意味着对其本有有所言陈"，而另一方面又说"此有是否恰好实际上存在"能不被视为其"证明机关"？接着，海德格尔谓，"'在世是有'一语并非确立此有之实际上到来，诚然根本并非是有层次的言陈"。此言亦表明他把"实际上存在"等同于"实际上到来"，而从上面的论述已经可见，海德格尔一向把"到来"（Vorkommen）一词用以指在此有之本有以外而只能按个别情况言于此有的特性。他既否定"伴有"为"每时刻都根据他人之到来而随来的一个秉性"（SZ:120），亦表明"陷落"并非"一个在是有层次上到来的特性"（SZ:179）。总而言之，"实际上存在"恰恰是一个是有层次的谓语，用以"确立此有之实际上到来"，也即确立此有之现实上是有。

确定了"实际上存在"一语之意义后，便可见上面引文之论述建立在一重要区分之上：一方面是此有本有上如何，另一方面是此有实际上如何。"在世是有"这一谓语只关涉此有之"本有事态"，纯粹对"其本有有所言陈"，乃是有论的限定性。相反，"实际上存在"乃是有层次的限定性，"此有是否恰好实际上存在"和"有何此有恰好实际上存在"这些关涉此有实际上如何的问题，对言陈此有之本有无关紧要。此有实际上存在，不能被作为此有在世是有之证明，而即使此有并非实际上存在，也不能否定"此有在世是有"这个陈述。

八、比较海德格尔与传统的"本有"概念

在上面第7节分析了海德格尔以何意义使用"本有"和"本有上"等词以后，我们在这一节将进一步展示，海德格尔不但把"本有"一词掌握为一物之是有，因而仍然待在传统的概念域之内，兼且连域内概念之间的罗列或布置（constellation）也大体上和传统一致。

希腊语"οὐσία"一词在拉丁语中有两个不同的译名，一个是"essentia"，此词纯然为翻译"οὐσία"而新制；另一个是"substantia"，为拉丁语固有的词汇。在翻译亚里士多德时，英语学界现在一般跟从后一拉丁语译名，把"οὐσία"翻译为"substance"，而以依前一拉丁译名而来的"essence"一词，来翻译亚里士多德的另一术语。如上所言，亚里士多德在《形而上学》第7卷中指出："言曰是有者（τὸ ὄν）多方，但全皆关于一本元。"[1]而其本元、其第一义就是"彼何是有"（τὸ τί ἐστι），亦即"实有"（οὐσία）。因此，亚里士多德断言，"云何是有者？"之问题亦即"云何实有？"之问题。[2]不过，"实有"一词亦有数个意义。[3]他在《形而上学》第7卷之核心章节中，把"实有"之义进一步限定为"彼何恒是有"（τὸ τί ἦν εἶναι）。英语翻译现在一般便以"essence"来翻译这个术语。"τὸ τί ἐστι"一语由疑问句"τί ἐστι?"［何是有？］构成，前加"τὸ"用以标示此语为答案。而"τὸ τί ἦν εἶναι"一语则为"τὸ τί ἐστι"之加强版，其结构为：定冠词（=the）+疑问代词（=what）+动词"是

---

[1] Aristotle, *Metaphysics*, 1028a10.
[2] 参看 ibid., 1028b4。
[3] 参看 ibid., 1028b33。

有"之未完成式（=was）+动词"是有"的不定式（=to be）。据加拿大学者欧文斯研判[1]，其中的疑问代词应该被解释为句中的主语而非谓语，其意义与"τὸ τί ἐστι"一语之区别归结在未完成式"ἦν"。顾名思义，动词"未完成式"被用于表达仍未完成或结束之事，也就是说过去已经开始但至今仍然余波未了之事。欧文斯这样说："然而，该希腊语未完成式不能取为意指过去时。它在此语里指称仍然现有的东西，同样适用于无限时的分离的型相（Forms）。它表示'无限时的是有'（timeless Being）。"[2]依此，我把"τὸ τί ἦν εἶναι"翻译为"彼何恒是有"。"何是有？"泛泛而问，而"何恒是？"（τί ἦν εἶναι）则进而收窄提问，点出从无限时的角度而言是有。亚里士多德在《形而上学》第7卷第5章结语中谓："因此显然，界定是对彼何恒是有之言说，而彼何恒是有或单单是实有的，又或者说极为、首先、无条件是实有的。"[3]

（一）本有已经既是有

上文指出，从海德格尔在《是有与时间》一书对"本有上"（wesenhaft）一词之具体使用，可以归纳出这个公式："此有本有上是X，因此它每刻已经/总是已经是Y。"由此可以断定，在海德格尔眼中，"本有"（Wesen）一词具有时间含义，从此有"本有上"如何，可推知它从以前开始至今每刻一直都如何。由是，我们可进一步断言，海德格尔对"本有"之掌握，跟黑格尔大体上是一致的。上已

① Owens, *The Doctrine of Being in the Aristotelian Metaphysics*, pp. 180–188；他自言所跟从的是 Trendelenburg、Schwegler、Bonitz、Zeller、Ross等前人的解释，参看 ibid., pp. 181–183, n. 83。
② Ibid., p. 183.
③ Aristotle, *Metaphysics*, 1031a11–14.

言之，黑格尔以gewesen［既是有］来解释Wesen［本有］，指出"本有是过去的然而无限时过去的是有"①。其中"无限时过去的"一语跟海德格尔所谓"每刻已经"或"总是已经"意思相当。现在，经过我们对亚里士多德的术语"彼何恒是有"（τò τί ἦν εἶναι）之分析，我们可再进一步断言，海德格尔与黑格尔两人对Wesen［本有］之掌握，跟亚里士多德对οὐσία［实有］之掌握大体上也是一致的。亚里士多德在《形而上学》第7卷中把"实有"之意义限定为"彼何恒是有"，而后一术语中的关键词"ἦν"，正好对应德语的"gewesen"。无独有偶，黑格尔以"zeitlos"［无限时的］一词来诠释德语的"Wesen"，而欧文斯则以英语中完全对等的"timeless"一词来诠释亚里士多德的术语"τò τί ἦν εἶναι"［彼何恒是有］。至于海德格尔，他在《现象学之基本问题》（ *Die Grundprobleme der Phanomenologie* ）中这样诠释该希腊语术语之意义：

> 这个云何（Was），亦即彼限定τί ἐστι［何是有］者，亚里士多德更细致地把握为τò τί ἦν εἶναι［彼何恒是有］。学院派翻译为：quod quid erat esse，即每一品物依从其物品性（Sachheit），在它现实化以前云何已经曾是有者。每一品物例如窗户、桌子，在其现实上是有以前，已经是有其云何是有，兼且为了做现实化，它必须已经既是有（schon gewesen sein）。观乎其物品性而言，它必须既是有，因为唯有当可思之为可能现实化者，它才可被现实化。每一是有者，即每一现实者之云何已经既是有，德语把它标示为"Wesen"。（GA24:119–120）

---

① Hegel, *Wissenschaft der Logik*, II, p. 13.

海德格尔在这段话中对亚里士多德的诠释，基本上乃依从中世纪学院派以来的诠释架构，立足于"本有义是有"（esse essentiae）与"存在义是有"（esse existentiae）之区别。"τὸ τί ἦν εἶναι"［彼何恒是有］一语在这一诠释架构下单单限于意指前者。海德格尔在上文用了两个稍微不同的方式来表达希腊语的未完成式ἦν："已经曾是有"（schon war）和"已经既是有"（schon gewesen sein）。而他把整个术语表达为"云何已经既是有"（was... schon gewesen ist），兼且同时指出德语以"Wesen"一词来表达此义。从海德格尔半翻译半疏解的表述可见，在他的理解下，亚里士多德的术语"τὸ τί ἦν εἶναι"［彼何恒是有］也显然具有时间含义，意指从以前开始便"已经"如此者，跟他自己对"本有"或"本有上"等词之使用相一致。

黑格尔与海德格尔两人各自对"Wesen"之掌握（即，将之以时间义理解为"无限时过去的是有"和"每刻已经/总是已经"），都跟亚里士多德对"οὐσία"之掌握（即，将之限定为"彼何恒是有"）相一致，这当然不是巧合。毫无疑问，黑格尔与海德格尔两人对是有之思索都深受亚里士多德的启发和影响。

（二）本有是更早者

上面指出，按照立足于"本有义是有"与"存在义是有"之中世纪区别上的诠释架构，"τὸ τί ἦν εἶναι"［彼何恒是有］一语单单限于意指本有。而在上引《现象学之基本问题》段落中，海德格尔所谓"现实化"和"现实上是有"则相当于传统上所谓"是有"。他断言"每一品物例如窗户、桌子，在其现实上是有以前，已经是有其云何是有"，以品物之"现实上是有"对扬"其云何是有"（das, was es is），兼且断定后者在前者"以前"，其所表达的主张其实即相当于萨特意义上的"本质先于存在"。海德格尔两次使用"以前"（bevor）一词，强调亚里士多德所谓"τὸ τί ἦν εἶναι"［彼何恒是有］，乃指一品物"在它现实化以前云何已经曾是有者"，也就是说在它存在以前已经既是有者。[①] 在《现象学之基本问题》中，海德格尔接续上面的话说：

> 在这个 Wesen，亦即 τὸ τί ἦν 之中，有着过去时、更早者之因素。（GA24:119–120）

上一节指出，在海德格尔对"本有上"之使用中，"先于"与"先然"等词是跟其并置的重要词汇之一。他断言忧心"先于"此有任何实际上的持态和处境。此外他也用"更早"一词，断言忧心"更早"于任何此有性质的预设和持态，是以忧心结构堪称"先然"（Apriori）。现在我们则看到，海德格尔也以同样的词汇来展释亚里士多德的术语"彼何恒是有"，指出此语含有"过去时""更早者"之含义。

（三）本有并非偶然

虽然一物之"彼何恒是有"是更早者，先于"其现实上是有"，亦即其存在，但它却不必在任何意义上或任何次列上都居先，至少海德格尔是这样认为的。他在《现象学之基本问题》中接着说：

> 在认识品物之次列中，我们倒习惯以品物之彼限定性开始，

---

① 有别于欧文斯和他所跟从的传统，海德格尔似乎把该希腊语术语中的疑问代词理解为谓词。

这些限定性处于其本有性（Wesenheit）以外，亦即最初落入眼里的、偶然的特性。（GA24:120）

上面指出，海德格尔把对一是有者之限定性区分为是有论的限定性与是有层次的限定性，分别对应于一是有者本有上如何与实际上如何。例如，"伴有"乃是有论的限定性，而"单独在现前"则为是有层次的限定性。此外，他亦把此有之结构区分为"本有上的结构"——也就是限定是有的（seinsbestimmende）结构——与"任意的和偶然的结构"。现在我们则看到，在海德格尔对亚里士多德的术语"彼何恒是有"之诠释中，他同样把对一品物之限定性区分为两类，一类"处于其本有性以外"，他称之曰"偶然的特性"，另一类在本有性以内，当为本有上的限定性。在"本有上的"与"偶然的"此两词之对扬关系上，我们亦同样看到海德格尔对"本有"之掌握跟他对亚里士多德之理解是一致的。

笼统来讲，亚里士多德可说已经区分了对是有者之本有上的言陈和偶然的言陈。《形而上学》第5卷第7章以"是有"为主题，开始于这个区分："言曰是有者，有依于偶行（κατὰ συμβεβηκὸς）而言者，有依于自身（καθ' αὐτό）而言者。"[1] "συμβεβηκὸς"一词汉语一般翻译为"偶性"，英语以往一般翻译为"accidental"[2]，德语可翻译为"zufällige"[3]。此词出自动词"συμβαίνω"的完成式，字面义指"共行""偶行"，引申指"遇上""同意""符合""发生"等。在亚里士多德看来，一个谓语既非必然亦非屡屡言陈于一个主语，便叫

---

[1] Aristotle, *Metaphysics*, 1017a7−8.

[2] 另一译法是"coincidental"，参看 Kirwan, *Aristotle's Metaphysics Books Γ, Δ, E*, pp. 76−77。

[3] 参看 Brentano, *Von der mannigfachen Bedeutung des Seienden nach Aristoteles*, p. 9; GA33, p. 13。

作"偶行"。他说:"言曰偶行者,一方面底根于(ὑπάρχει)某物,真实言之,但另一方面却既非必然亦非屡屡。"[1]又说:"因为,既非常然亦非屡屡是有,我们谓之偶行。例如,在三伏天刮风转冷,我们谓之偶发。"[2]与此相对者,是依于自身而言曰是有。既然依于偶行而言曰是有者,乃既非常然亦非屡屡是有,则与之相对的依于自身而言曰是有者,当为既常言亦屡屡是有。一品物之本有上的是有,便是这样的是有。亚里士多德说:"一物之彼何恒是有乃是依于自身而言者。"[3]

海德格尔一方面以"本有上的结构"对扬于"偶然的结构",以本有上的限定性对扬于偶然的限定性,另一方面他也把此有之本有上的限定性或是有论的限定性言陈为"来自其自身,而归于此有"(SZ:120),亦即以来自自身的限定性为本有上的限定性。在这一点上,他同样和亚里士多德一致。

九、本有与可能性

对于《是有与时间》的基本陈述"此有之'本有'在于它的存在"其义云何,现在让我们先总结一下上文的议论:

1. 纵观《是有与时间》全书或至少自第42页以后,加上引号并不是区别"本有"一词不同用法之标志,更不用说乃警示海德格尔以别于传统的意义来使用该词。依此,我们可把该陈述简化改写为:此有之本有在于它的存在。

---

[1] Aristotle, *Metaphysics*, 1025a14-15.

[2] Ibid., 1026b31-34.

[3] Ibid., 1029b13-14.

2. 海德格尔在书中别处不止一次把关于此有之基本陈述表达为"这一是有者之本有是其存在"。依此，我们可用"是"取代"在于"而把该陈述改写为：此有之本有是它的存在。

3. 海德格尔明白表示，他不是以传统的或惯常的意义来使用"存在"一词，而是"选择把'存在'这个称呼给予这一是有者之是有"。依此，我们可把该基本陈述改写为：此有之本有是它的是有。据此，我们已可发现，海德格尔对"本有"一词之解义，仍顺应传统而未有偏离。自其拉丁语源而言，"本有"（essentia）一词衍生自"是有"（esse）；从形式上来讲，其词义从来都由"是有"一词所限定。海德格尔对此有本有之限定，仍然待在传统畛域之内。

4. 从海德格尔对"本有上"一词之使用可见，他所理解的"本有上"含有"总是已经"或"每刻已经"之义。依此，我们可以断定，在海德格尔的使用中，"本有"一词具有时间意涵，其义可分解为"从来已经是有"或"从来既是有"，恰恰相当于黑格尔所谓"无限时过去的是有"。据此，我们亦可看见，海德格尔对"本有"之理解是跟传统相一致的。

5. 在亚里士多德看来，"一物之彼何恒是有乃是依于自身而言者"，而对海德格尔而言，一物之本有乃"来自其自身"的限定性。对二者而言，对一物之其余的亦即非依于自身而言的限定性则都是偶然的。

学者之所以认为海德格尔所谓"本有"其义有别于传统，主要乃基于《是有与时间》第9节中这一段论述：

> 此有之"本有"在于它的存在。由此，于这是有者上可展示的性格，不是一"看来"如此这般的现前的是有者之现

前的"特性"（Eigenschaften），而乃各个此有可能的是有方式
（möglich Weisen zu sein），仅此而已。这是有者之一切如此是有
（So-sein）首先是是有。因此，我们用以标示这是有者的题号
"此有"所表达的并非它的云何（Was）就如桌子、房屋、树木，
而乃是有。（SZ:42）

　　其中，第一句"本有"一词上加引号之问题，已如上论。我们
在本节将讨论这段文字所涉及的其他问题。海德格尔在当中似乎做
了两个对比：1. 特性与可能的是有方式之对比；2. 云何与是有之对
比。首先须指出，前一对比中的"可能的是有方式"与后一对比中
的"是有"所言是同一事，都是指此有之是有。实际上，两语皆是
对"存在"一词之释义。据达敏尼奥（Jacques Taminiaux）所言，在
海德格尔使用下，"存在"一词"标示开放于某一任务、某一可能
性"，以此"'云何'之问不适用于此有"[1]。达敏尼奥的解说为拨开
海德格尔上引文之迷雾供给了一个重要提示："可能的是有方式"一
语是"存在"一词之释义。据此，则海德格尔引文第二句用上"由
此"（daher）一词便不免有误导之嫌。因为这仿佛表示第二句义是第
一句义，也就是海德格尔的基本陈述之逻辑推演，但查实第二句义
是对第一句文字之释义而非对其句义之演绎。如上所言，海德格尔
故意不依"存在"一词的惯用义，而特以之意谓此有之是有。现在，
我们则进一步看到，他以"存在"一词专指"各个此有可能的是有
方式"。
　　此外，达敏尼奥断言，因为"存在"标示开放于某一可能性，

---

[1]　Taminiaux, "Philosophy of Existence I: Heidegger", p. 47.

故而云何之问不适用于此有。这一观点似乎预设了"云何"与"可能性"两概念为互不相容，尚需斟酌。除了达敏尼奥外，别的学者也同样指出，"云何"或"云何性"（whatness）不适用于此有。[1]这一观点诚然有文本依据，海德格尔在《是有与时间》导言中说明他何故选取"此有"这个名词的时候，便已经指出此有之本有不能通过"举出一品物性质的云何"（Angabe eines sachhaltigen Was）来作成：

> 因为对这是有者之本有限定（Wesensbestimmung）不能通过举出一品物性质的云何来作成，它的本有毋宁在于它得各自是有它的为它自身的是有，所以我们选取"此有"这个题号作为纯粹的是有表达（Seinsausdruck）来标示这是有者。（SZ:12）

然后，在上引第9节的文字中，海德格尔再次重申，"我们用以标示这是有者的题号'此有'所表达的并非它的云何就如桌子、房屋、树木，而乃是有"。接着在数页之后，海德格尔又宣称：

> 存在论相（Existenzialien）与范畴是是有性格（Seinscharakteren）之两种基本可能性。与之对应的是有者要求各别的原初提问方式：是有者是一云谁（存在）或一云何（最广义的现前性）。（SZ:46）[2]

以疑问词"云何"来做哲学区分，至少可溯源至亚里士多德。如上所言，亚里士多德给"是有"一词释义，指出"言曰是有者多

---

[1]　例如Mulhall, *Routledge Philosophy Guidebook to Heidegger and* Being and Time, p. 15。

[2]　"Seiendes ist ein Wer (Existenz) oder ein Was (Vorhandenheit im weitesten Sinne)."

方……它一方面标示彼何是有和此某某，另一方面标示若何、几何，或每一其他所如此指陈者"。从这段文字可见，早在海德格尔之前，亚里士多德便以不同的疑问词来区分"是有"之义。其中"彼何是有"一语由疑问词"云何"组成，以表达"是有者"一方面乃用以标示对"云何是有？"这个疑问之回答。在亚里士多德看来，这并非"是有者"之唯一用法，它另一方面也用以标示对"若何"和"几何"等疑问之回答。两方面一并组成哲学史上所谓"范畴"。

关于海德格尔对"云何"一词的使用，有一点必须先澄清。如上所言，在上面引自《是有与时间》第9节第42页的文字中，海德格尔似乎做了两个对比：1. 特性与可能的是有方式；2. 云何与是有。后一对比很容易令人以为，"云何"与"是有"两词之义是互相排斥的。但从上引《是有与时间》第46页的文字中可以清楚地看到，在海德格尔看来，"云何"之问恰恰对应是有性格之其一基本可能性。"云何"与"云谁"都是对"是有性格"之提问，前一提问开显范畴，而后一提问开显存在论相。换言之，如果"云何"不适用于此有，亦不是由于云何之问所追问者无关乎是有。发问"云何是X？"，恰恰是追问X之是有。

然则，何故"云何"不适用于此有呢？何故不能发问"云何是此有"，而只能发问"谁是此有"呢？有学者诉诸第一个对比，以"云何"指集成一物之"特性"，并且据此断言此有不具本有："假如把本有理解为云何性（例如，树之本有集成自那些特性，它们一并把树造成树），则此有其实不具本有。"[1]此说是否成立，首先赖

---

[1] Gorner, *Heidegger's* Being and Time, p. 25.

于"特性"一词所取何义。"特性"（Eigenschaft、property）一词字面义为：自有物、自所有性或自性。如上所讲，海德格尔认为于此有可分别言来自其自身的与非来自其自身的限定性，他所谓"存在论的限定性"即是"出于其是有样式，来自其自身，而归于此有"（SZ:120）之限定性。以其来自此有自身而言，存在论的限定性恰恰可称为"特性"或"自性"。以此意义言，传统上"云何"或"云何性"一词所意谓者确实便是特性。例如，假如我们问"云何是人？"，我们所欲追问的恰恰是来自人自身的，属于人自身的，为人自身所是有、所恒是有的特性，正如上已引用海德格尔解释亚里士多德之言谓："这个云何，亦即彼限定 τί ἐστι［何是有］者，亚里士多德更细致地把握为 τὸ τί ἦν εἶναι［彼何恒是有］。"（GA24:119）既然海德格尔认为于此有上可言来自其自身的限定性，则就其字面义而言，我们没有理由认为"特性"一词不能用于此有。同理，我们也没有理由认为，由"特性"字面义所限定的"云何"一词不适用于此有。如果海德格尔主张对于此有不可言"特性"与"云何"，则他所谓"特性"想必不是取其上述的字面义。

海德格尔在《是有与时间》书中不止一处用到"特性"一词，从这些用例来看，他确实不是以其字面义来使用"特性"一词。上面引文中已有一处提到"特性"：

> 陷落现象也并非提供某种类似此有之"黑夜面目"，即，一个在是有层次上到来的特性，可补充这一是有者之无伤大雅的面貌。陷落揭示此有自身之一个本有上的是有论的结构，这结构与其说限定其黑夜一面，倒不如说建构其日常性中的--切日子。（SZ:179）

另外，有一段引自《现象学之基本问题》之文字，亦提到"特性"：

> 在认识品物之次列中，我们倒习惯以品物之彼限定性开始，这些限定性处于其本有性以外，亦即最初落入眼里的、偶然的特性。（GA24:120）

除此以外，我们还可举出《是有与时间》书中另外两个用例：

> 如前所言，是在（In-Sein）不是此有偶尔所具又偶尔不具的"特性"，具不具之此有都一样能是有。（SZ:57）

> 分析此有之是有性格，是一存在论的（existenziale）分析。这表示：这等性格不是一现前者之特性，毋宁说是本有上存在论的是有方式。（SZ:133）

以上"特性"诸例，跟《是有与时间》第9节第42页上出现的"特性"一样，都附加了修饰词："在是有层次上到来的特性""偶然的特性""此有偶尔所具又偶尔不具的特性""现前者之特性""一看来如此这般的现前的是有者之现前的特性"。这些表达可以分别为两类：1. 前三者可统称为"偶然的特性"；2. 后二者可统称为"现前的特性"。第一类所谓"特性"无疑可用于此有，第二类特性则在某意义上也可用于此有，只不过这两类特性均不能用以标明此有之本有而已。兹分述如下：

1. 传统上把"特性"又区分为"本有上的特性"（essential property）与"偶然的特性"（accidental property），但所谓"偶然的特性"既非一物所自有，查实不应称为"特性"，而只宜称为"偶性"（accident）或"属性"（attribute）。顾名思义，偶然的特性只是偶然降临于一物上，为一物偶尔所具偶尔所不具，亦即非一物从无始以来所既是有。海德格尔并不否认此有也是有这样的偶然性质，上面引文中所谓"黑夜面目"即为其例，他只是否认他所谓"存在论相"（例如，陷落与是在）属于这样的偶然性质。在海德格尔看来，存在论相尽皆"在本有上属于此有"，也就是说每刻已经属于此有，而非仅仅某刻属之某刻又不属之。假如"云何"一词仅指偶然的属性，则此有之本有固然不能由云何性所限定。但这一用法却违背了"云何"一词的传统意义。如上所言，传统上"云何"或"云何性"恰恰用以指一物所自有的特性。

2. 虽然海德格尔在《是有与时间》第9节第46页断言，"是有者是一云谁（存在）或一云何（最广义的现前性）"，似乎非此即彼，但他其后在第12节却提出，此有"在一定义法（Recht）上在一定界限内可被立义（aufgefaßt）为仅仅现前者"（SZ:55）。既然此有在一定义法上也可被立义为仅仅现前者，则就算"特性"仅仅指"现前的特性"，也无碍此词在某意义上可用于此有。当然，以海德格尔的"基本陈述"为大前提，即此有之本有在于它的存在，则此意义上的"特性"无疑不能用以限定此有之本有。而假如"云何"一词仅仅指现前的特性，则此词自亦同样不适用于表述此有之本有。但问题是，传统上的"云何"或"云何性"是否仅仅指现前的特性呢？

当达敏尼奥断言，因为"存在"一词标示"开放于某一可能性"，所以"云何"一词不适用于此有，他似乎已经把海德格尔使用下的"云何"理解为仅仅指现前的特性。上已指出，海德格尔在《是有与时间》中选择把"存在"一词单独留给此有，而"存在"一词的传统功能则改以"现前是有"一词来承担（SZ:42）。因此，传统上说，"上帝存在"，在海德格尔将改为说，"现前是有上帝"。而到了《论人本主义书信》中，他重申此改变谓："'人出住'这个陈述并非回答'人现实上是有否'这一问题，而是回答关于人之'本有'的问题。"（Wm:327）他以"本有"对扬"现实上是有"。由此可见，传统所谓"存在"在海德格尔看来亦相当于指"现实上是有"。换言之，海德格尔所谓"现前是有"跟一般所谓"现实上是有"同义，"现前性"亦即"现实性"（Wirklichkeit）。据此，海德格尔所谓"现前的特性"，以一般的术语而言即相当于"现实的特性"。假如不把"可能性"以"无逻辑上的矛盾"之义来理解，而毋宁把"可能性"与"现实性"视为两种是有模式，则某种程度上可把二者视为对立的概念。达敏尼奥似乎便是这样理解海德格尔所谓"存在"与"现前性"的，以前者指可能的是有方式而以后者指现实的是有方式。加之海德格尔又以"云谁"与"云何"两疑问词来对应这两种是有方式，暗示了他所谓"云何"仅仅意指现实的特性，所以达敏尼奥便可以断言，因为海德格尔所用"存在"一词意指开放于一可能性，故而"云何"（即仅仅意指现前的特性的"云何"）之问不适用于此有。据此，我们便能够看到，海德格尔在《是有与时间》第9节第42页上引文字中所做的第一个对比，严格而言并非"特性"与"可能的是有方式"之对比，而实乃"现前的特性"与"可能的是有方式"之对比，其重点尤在"现前的"与"可能的"之差别，而不在"特性"一词。

不过，如果因为海德格尔把"云何"一词限于指现前的，亦即现实的特性，以致"云何"不适用于表述此有之本有，便断言此有没有本有，抑或断言海德格尔所谓"本有"其义大异于传统，则恐怕演绎过当矣。

诚然，自从其出现于阿维森纳（Avicenna）《第一哲学》之书中以来，"云何性"（quidditas）便被看待为"本有"之别称。例如，托马斯·阿奎那在早年作品《论是有者与本有》（*De ente et essentia*）中，便指出"quidditas"与"essentia"两术语可以替换，并谓："Quidditas 一名取之于其为界定所标示者，而称之为 essentia 则由于是有者以此和在此得到是有（habet esse）。"[1]界定是对"云何是 X？"之回答，聚焦于"云何"此疑问词，则界定所标示者可称为"云何性"（quidditas）；聚焦于其为 X 始终所具之是有，则界定所标示者可称为"本有"（essentia）。[2]

然而，因为传统上以"云何性"为"本有"之别称，而海德格尔以"云何"不适用于此有，便断言此有不具本有，抑或断言海德格尔所谓"本有"其义大异于传统之学者却忽略了一点：海德格尔对"本有"之使用不必异于传统义，只要在他的使用下"本有"不再等同于"云何"。如上所言，海德格尔所谓"云何"仅仅限于意指现前的特性。在此义下，"云何"虽然在一定界限上亦能用以言陈此有（因为此有在一定界限内能被立义为现前者），但却不能用以表述其本有（因为此有之本有是它可能的是有方式）。其实，假如我们像海德格尔那样把"云何"仅仅理解为现前的特性，则不仅对于此有，甚至连其他是有者之本有我们也不能用"云何"来表述。这是因为，自从中世纪学院派以来，"本有"便被看待为一物之可能性。

上已指出，"是有"一词在中世纪学院派手上被分别为"本有义是有"（esse essentiae）与"存在义是有"（esse existentiae）。所谓

---

[1] Aquinas, *Opera omnia*, Vol. 16, p. 330.
[2] 参看梁家荣:《是有、实有、本有》。

"存在义是有"，更严格而言乃指"现实存在义是有"（esse actualis existentiae）。①上面第8节引自海德格尔《现象学之基本问题》解释亚里士多德的一段文字，便立足于此中世纪的区分：

> 　　这个云何，亦即彼限定τί ἐστι［何是有］者，亚里士多德更细致地把握为τὸ τί ἦν εἶναι［彼何恒是有］。学院派翻译为：quod quid erat esse，即每一品物依从其物品性，在它现实化以前云何已经曾是有者。每一品物例如窗户、桌子，在其现实上是有以前，已经是有其云何是有，兼且为了做现实化，它必须已经既是有。观乎其物品性而言，它必须既是有，因为唯有当可思之为可能现实化者，它才可被现实化。每一是有者，即每一现实者之云何已经既是有，德语把它标示为"Wesen"。（GA24:119-120）

　　既然一物之"本有"乃指"在它现实化以前云何已经曾是有者"，则本有固然便不能被表述为一物之现实的特性。因此，如果"云何"限于指一物之现前的亦即现实的特性，则此词固然不适用于表述一物之本有，不论对此有或非此有皆然。但从海德格尔上面这段文字已经清楚可见，传统上所谓"云何"无疑并非仅仅限于指现实的特性，否则便谈不上一物"在其现实上是有以前，已经是有其云何是有"。相反，在其传统意义上，也就在其与"本有"一词共指称的意义上，"云何"首先是被思为"可能现实化者"，亦即相对于现实性而言的可能性。事实上，自从中世纪学院派以来，受造

---

① 参看 Henry of Ghent, *Quodlibet I*, p. 52; Suárez, *Disputationes metaphysicae*, XXXI, p. 224。

物之本有便被看待为可能的是有，以别于必然的是有亦即上帝，以及上帝造物后亦即使其现实化后之现实的是有。直到康德，一物之本有仍然以"可能性"来被限定，他在《自然科学之形而上根基》（*Metaphysische Anfangsgründe der Naturwissenschaft*）中界定"本有"谓："本有是一切属一物可能性之第一内部元理。"[1]

至此，我们可以清楚地看到，当海德格尔在《是有与时间》中提出，"此有之'本有'在于它的存在"，并且表明他所谓"存在"是指"各个此有可能的是有方式"时，他完完全全仍是根据传统义来使用"本有"一词，并没有任何偏离。传统上所谓"本有"，恰恰意指一物之可能的是有方式。上已引用出自《论根据之本有》的一段文字，可让我们更清楚地看到这一点：

> 把在世是有作为基本构造宣判给此有，意味着对其本有（其作为此有最本己的内部可能性）有所言陈。至于此有是否恰好实际上存在，以及有何此有恰好实际上存在，这些问题于此恰好都能不被视作证明机关。（Wm:141）

海德格尔在这段文字中自己明白表示，此有之本有即是其"最本己的内部可能性"，这个表达的意义正相当于康德所谓"属一物可能性之第一内部元理"。我们在上面已然指出，海德格尔于此所谓"实际上存在"其义相等于"现实上是有"。现在，我们可以更加明了，何故海德格尔断言，在对此有本有之限定上，"此有是否恰好实际上存在"这个问题并没有决定性的影响。尽管海德格尔别出心裁，

---

[1]　Kant, *Sämmtliche Werke in chronologischer Reihenfolge*, Band 4, p. 357.

既自制了众多新的术语，也刻意改变了一些传统术语之用法，但至少在《是有与时间》中，他的基本思维模式仍然在形而上学轨迹内。恰恰因为海德格尔仍然沿用着传统形而上学之"本有"概念，所以他才可以断言，对于表述一物之本有，也就是在其现实化以前之始终既是有而言，此物现实上是否存在之问题无关紧要。此言之立足点就是传统的本有与存在之区分。

第二章　是有与形而上学

——海德格尔对纯粹理性批判的解释

海德格尔在1929年出版的《康德与形而上学之疑难》(*Kant und das Problem der Metaphysik*)一书中，把康德的纯粹理性之批判阐释为"形而上学之奠基"(Grundlegung der Metaphysik)(GA3:1)。此讲法固然已为学界所熟知，然而到底何谓"形而上学之奠基"？对此问题学者却较少给予深究。这一忽略不难理解：形而上学是哲学传统上之一个部门，"形而上学之奠基"一语显而易见是指替这一门学问铺下地基，建立基础，对此名词又有何值得深入追问之处呢？我们在本章将会指出，此词之意义实际上并不是那么显而易见的：首先，海德格尔所谓"奠基"就跟通常的意义不一样；其次，他所谓"形而上学"也跟康德所言不尽相同。

一、"奠基形而上学"释义

（一）"奠基"释义

在"Grundlegung der Metaphysik"一语中，"Metaphysik"一词显然是"Grundlegung"之宾语；换句话说，其中的属格"der"应被解释为宾语属格(genitivus obiectivus)。因此，"Grundlegung der Metaphysik"翻译为汉语，严格而言当为"对形而上学之奠基"。简单起见，我们在下文将翻译为"奠基形而上学"。

"奠基"无疑是比喻的说法。此词本义指给建筑物铺下地基，海德格尔本人亦指出："此表达在建筑领域直观化其义。"（GA3:1）既然形而上学不是"现前的建筑物"（GA3:1），则把"奠基"一词用于形而上学便无非是比喻。若按"奠基"一词的通常意义，将之用于形而上学，其喻义当建立在地基之于建筑物跟纯粹理性批判之于形而上学此两方面所具有的对称关系之上（地基之于建筑物 = 纯粹理性批判之于形而上学）。如是，则按海德格尔的阐述，纯粹理性之批判便应是形而上学之地基。但这却恰恰不是海德格尔的意思。他对"奠基"一词的使用跟通常的用法不一样。在他的使用下，"奠基"不是指给建筑物铺下物质上的地基，而仅仅是指给建筑物画建筑图：

奠基是投画（Entwerfen）建筑图自身，即建筑图一并给予指示，建筑将被建基于何处，以及如何被建基。（GA3:2）

建筑图和建筑物的地基无疑是完全不同的物类：地基可说是整座建筑物的一部分，但建筑图则不可；建筑物可说坐落在地基上，但却不可说坐落在建筑图上。画建筑图和铺地基自然也是完全不同的能力和行为：懂得画图的人不一定懂得铺地基，懂得铺地基的人也不一定懂得画图；在画图的人不是在铺地基，在铺地基的人也不是在画图。因此，我们切不可混淆"奠基"一词的通常用法和海德格尔的特殊使用，误以为海德格尔用铺地基来比喻。实际上，他的比喻之模本是图而非地基，而他所谓"奠基"是指画图而非铺地基。

海德格尔之偏离平常用法，特以"投画建筑图"来限定"奠基"一词之义，断非无因。归根结底，他所谓"奠基形而上学"，既非指建立一形而上学系统，亦非指重建形而上学，而是指限定形而上学之"内部可能性"（innere Möglichkeit），亦即限定其"本有"（Wesen）。海德格尔接续上文说：

> 不过，奠基形而上学作为投画建筑图亦非空洞地产出一系统和其分支，而是像建筑师般（architektonisch）圈限和标示形而上学之内部可能性，也就是说，具体地限定其本有。（GA3:2）

继后海德格尔也一再重申，他所谓"奠基形而上学"乃指"对形而上学做本有限定意义上的奠基"（GA3:9），或"圈限其内部可能性意义上的奠基形而上学"（GA3:10）。通过第一章的论述，我们已经理解到"本有"与"内部可能性"两概念之关系。从中世纪学院派以来，"本有"便被掌握为一物之可能性，以别于其现实存在。海德格尔把一物之"本有"理解为其"内部可能性"，表明他仍然沿袭传统形而上学之"本有"概念。既然在海德格尔的意义上，"奠基形而上学"即是"对形而上学做本有限定"，则"奠基"自不宜被解释为"铺下地基"。这是因为，假如把形而上学比喻为"现前的建筑物"，则其地基自当也是现前的建筑物，尽管为还没完工的建筑物。但据传统义，一物之本有却非现实存在，因此不宜被比喻为现前的建筑物。所以，海德格尔便别出心裁，变更"奠基"一词的惯用义，而以之指"投画建筑图"。海德格尔把一物之本有比喻为建筑图，想法与传统形而上学一脉相承。我们在第一章开首曾引用萨特《存在主义是一种人本主义》中的一段文字："当我们将神把握为造物主，神很多时候就被比附为一位无上的技师；……当神创造，他明确知道他之所创造。……因此，个人实现了在神知性中的某一概念。"[1]把

---

[1] Sartre, *L'existentialisme est un humanisme*, p. 20.

对形而上学之本有限定比喻为画建筑图，相当于传统上上帝造物把品物现实化前先有品物之观点。

（二）形而上学抑或知识理论？

海德格尔把康德的纯粹理性批判阐释为奠基形而上学，是有特殊的针对性的。海德格尔心目中有一个他意欲以此阐释来推翻的论敌，后者就是在19世纪下半叶对德国哲学界影响巨大的新康德主义。海德格尔于1929年在达沃斯（Davos）与卡西尔（Ernst Cassirer）之对话，非常形象化地呈现了他跟新康德主义之交锋。作为新康德主义之殿军，卡西尔本人无疑很清楚海德格尔有意把当时势力已衰的新康德主义摆作论敌，以突显他自己的阐释立场。所以卡西尔一开始便要求对方澄清：“海德格尔云何理解新康德主义？谁是海德格尔所针对的敌人？”（GA3:274）

在海德格尔看来，新康德主义是19世纪“哲学困境”之产物，当一切可被认识的是有者都已经为各门科学所瓜分，“云何”为哲学所专门研究的领域，便成为哲学家所不得不面对的问题。在海德格尔看来，新康德主义对此问题之基本观点是，哲学并非关于是有者之知识，而是关于科学之知识，亦即关于对是有者之知识之知识。以现在的用语来说，哲学无非是科学哲学。新康德主义者对纯粹理性批判之解读，立足于此观点上。他们把纯粹理性批判视为关于自然科学之知识理论（Theorie der Erkenntnis）。海德格尔不认同这样的解释。在他看来，纯粹理性批判所面对的问题，便是传统形而上学的问题。他在达沃斯回应卡西尔谓：

> 我把新康德主义理解为对纯粹理性批判之这一立义，它把

一直到超越论辩证（transzendentale Dialektik）的部分，联系于自然科学，说明为知识理论。我意在指出，于此被淘取为科学理论的东西，对康德而言是非本有的。康德不是想要提供关于自然科学之理论，而是想要指出形而上学之疑难，亦即是有论之疑难。我意在把纯粹理性批判此积极元素之核心内容，积极地纳入处理到是有论之中。（GA3:275）

《纯粹理性批判》（*Kritik der reinen Vernunft*）中超越论辩证这个部分，一般被视为其消极面，主旨在打击传统形而上学。海德格尔则反而以积极面视之，将之解释为"是有论"（Ontologie），也就是传统形而上学之主干部分。至于前面的超越论分析部分，海德格尔则将其看待为服务于超越论辩证，故此他自谓"积极地纳入处理到是有论之中"，也就是他解释下的超越论辩证之中。

诚然，海德格尔的看法有其文本依据。无论在《纯粹理性批判》的第1版还是第2版中，康德都清楚地指出，纯粹理性批判的工作，是以形而上学为主题的：

> 但是，我并非将之（即纯粹理性批判。——引者注）理解为对书本和系统之批判，而是对理性能力笼统而言之批判，视乎其不依赖于一切经验而可求的一切知识而言，并且是对形而上学笼统而言为可能或不可能之判决，以及对其源头、范围和界限之限定，但一切皆出自元理。[①]

---

① Kant, *Kritik der reinen Vernunft*, Axii. 按，本书对康德之引用，依学界习惯，全部根据普鲁士王家科学院版《康德全集》之页码。汉语翻译参考了李秋零译注《纯粹理性批判（注释本）》。

　　现在，此纯粹思辨理性批判之事务在于，尝试扭转形而上学至今之步骤，以几何学家和自然研究者为范例，对形而上学从事一次完全的革命。①

　　从上面康德的两段文字清楚可见，如果要说纯粹理性批判跟某一门学科有关，则这门学科无疑是形而上学，而非自然科学或物理学。他清楚地表明，纯粹理性批判之任务是"对形而上学笼统而言为可能或不可能之判决"，是"对形而上学从事一次完全的革命"。

　　但另一方面，把纯粹理性批判解说为知识理论，也不能说完全是错误的。这是因为，如果对康德来说形而上学是一门知识，则"对形而上学笼统而言为可能或不可能之判决"便是对一门知识之可能性之探讨。换言之，如果纯粹理性批判是关于形而上学之论述，而形而上学是一门知识，则纯粹理性批判便是关于一门知识之论述，其中所提出的理论便是关于一门知识之理论。诚然，据康德所言，纯粹理性批判所关心的知识是形而上学，而不是自然科学。但撇开这一点不论，先不管分别言它所关注的是哪一门知识，只要纯粹理性批判所考虑的是某一门知识之可能性，则笼统而言将之视为一"知识理论"亦非全然无据。

　　在上引康德对纯粹理性批判主旨之说明中，有一点值得我们特别注意。康德在出自第2版"序言"的文字中表示，纯粹理性批判旨在"扭转形而上学至今之步骤""对形而上学从事一次完全的革命"。如果康德意在对传统形而上学进行革命，则纯粹理性批判之工作是否还能以传统形而上学之架构来解释，便是一个不得不考虑的问题。

---

① Kant, *Kritik der reinen Vernunft*, Bxxii.

如上所言，海德格尔对纯粹理性批判之阐释，却恰恰意在将之纳入"是有论"这个传统形而上学概念中。我们在下文将以"形而上学"这个概念为切入点，来论述海德格尔对康德的纯粹理性批判之阐释。

二、康德对形而上学之限定

首先，我们将考察康德本人如何限定形而上学。康德在《道德形而上学》（*Die Metaphysik der Sitten*）中，将形而上学笼统限定为"出于单纯概念的先然知识系统"[1]。我们在下面将会看到，这个限定也同样适用于《纯粹理性批判》。在康德的理念中，形而上学是一种知识，而且不仅是一种知识，它还是一门科学，虽然它至今还没有踏上"科学的安定步伐"[2]，虽然"作为科学的形而上学至今还根本不存在"[3]。不过，康德同时也信心十足，认为通过他对纯粹理性的批判，形而上学终于可以成为一门真正的科学。

上述康德对形而上学的界定，可以分析为几个不同的构成部分。康德在《未来任何形而上学序论》（*Prolegomena zu einer jeden künftigen Metaphysik*）中，讨论到界定一门科学的方法。他首先指出，"如果我们希望将一种知识呈现为科学，那么我们就首先必须能够确切限定它跟其他科学并不共同具有的差别，以及因而为它所独有的东西"[4]。接着他指出，一门科学所独有的东西，可以在于它的"对象（Objekt）、知识源头（Erkenntnisquelle）或知识样式

---

[1] Kant, *Die Metaphysik der Sitten*, p. 216.

[2] Kant, *Kritik der reinen Vernunft*, Bxiv.

[3] Kant, *Prolegomena zu einer jeden künftigen Metaphysik*, p. 369; *Kritik der reinen Vernunft*, B21–22.

[4] Kant, *Prolegomena zu einer jeden künftigen Metaphysik*, p. 265.

（Erkenntnisart）之差别，或其中一些，或所有加在一起"①。

形而上学与其他科学的差别，首先在于"知识源头"上的差别。"先然"就是对形而上学的知识源头的限定。在康德的用法中，"先然"首先是指"绝对不依赖于一切经验的"，或"不依赖于一切感官印象的"。②所以，先然知识，就是不依赖于一切经验的或不是源自经验的知识。康德认为，"它（即形而上学。——引者注）不能够是经验的，这一点已经内在于它的概念中"③。换言之，说"形而上学是不依赖于经验的知识"，只能算是一个分析陈述。这大概代表了当时的一般看法。康德似乎甚至干脆将"形而上的"这个谓语的意义等同于"非经验的"。他说：

> 它（即形而上学。——引者注）的元理（不但包括它的基本命题［Grundsätze］，还包括它的基本概念）因此必须永不能取自经验：因为它不应该是形物的（physische），而应该是形而上的（metaphysische），即，处于经验以外的知识。④

值得注意的是，康德上述对先然知识的一般限定，是依赖于"经验"这个概念的。"不依赖于经验的"是一个反面的限定性，即，它是对"依赖于经验的"的否定。因此，我们对"先然知识"的理解，就依赖于对"经验"的理解；要知道什么是"先然知识"，我们就必须先理解"经验"意指什么。而如果单单通过这个限定，我们就只能从反面知道先然知识的源头不是经验，却不能从正面知道

---

① Kant, *Prolegomena zu einer jeden künftigen Metaphysik*, p. 265.

② Kant, *Kritik der reinen Vernunft*, B2-3.

③ Kant, *Prolegomena zu einer jeden künftigen Metaphysik*, p. 265.

④ Ibid.

它的源头是什么。《纯粹理性批判》第2版第1节对先然知识的限定，就维持在这种不确定性之中。不过，康德在别处对先然知识也有正面的限定，例如在《未来任何形而上学序论》中，他就将之限定为"出于纯粹知性和纯粹理性的"①。所以，康德也把先然知识称为"理性知识"。形而上学作为先然知识，因此也是一种理性知识。

形而上学知识跟其他知识的另一个差别，在于"知识样式"上的差别。"知识样式"是一个很空泛的语词；不同于"知识源头"，它本身根本上不能告诉我们这是一个关于什么的差别。毕竟，"知识源头"上的不同，也可以说是"知识样式"上的差别；先然知识可以说是一个样式的知识，而经验知识是另一个。或许因为找不到很恰当的名词，因此康德才不得已用了一个如此空泛的语词。在《未来任何形而上学序论》中，知识样式上的差别专指就内容而言（dem Inhalte nach）的两种判断上的差别，即分析判断与综合判断的差别。就内容而言，于此涉及的不是判断的形式，而是判断中主语与谓语的意义之关系。康德认为，构成形而上学知识的判断是综合判断，而不是分析判断，即，其谓语的概念处在主语的概念之外，或谓语的概念"越出"（hinausgehen）了主语的概念。②这一点应该是康德的创见。早在1755年的《对形而上学知识的第一元理之新澄清》（*Principiorum primorum cognitionis metaphysicae nova dilucidatio*）中，康德就已经批评了莱布尼兹（Leibniz）暨沃尔夫（Wolff）哲学中以矛盾律（康德后来将之视为分析判断的元理）来论证形而上学知识的做法。③而在《未来任何形而上学序论》中，康德亦特辟一节来说

①　Kant, *Prolegomena zu einer jeden künftigen Metaphysik*, p. 266.

②　参看Kant, *Kritik der reinen Vernunft*, B11。

③　参看Guyer, *Kant and the Claims of Knowledge*, p. 11。

明这个区分对形而上学的重要，以及指出在他以前没有人对之有清楚的区分。①这个区分在上述康德在《道德形而上学》中对形而上学的限定中是没有的，因此我们亦可以将之修订为："出于单纯概念的先然综合知识系统。"

结合上面的两个区分，康德将形而上学知识限定为"先然综合知识"。②上面提到，按照康德的说法，可用以限定一门科学的，除了知识源头和知识样式外，还有对象。但就康德的"形而上学"概念而言，对象却似乎并不能用以区别形而上学与其他科学。知识总是对某东西的知识，因此形而上学作为一种知识不免也有它的对象。但按康德的想法，形而上学的对象却是与其他科学共有的，它自己并没有特殊的对象。康德把形而上学分为两个部门，即自然之形而上学和道德之形而上学③，二者各有不同的对象。但这两门形而上学的对象却不是它们所独有的，对应于这两门形而上学，也有两门经验的也就是非形而上的知识处理同样的对象。对应于自然之形而上学者为物理学之经验部分，对象与道德之形而上学相同者，康德称之为"实践的人类学"（praktische Anthropologie）④或"道德的人类学"⑤。

不过，结合了知识源头和知识样式的"先然综合知识"这个限定，其实也还不足以完全区别形而上学与其他科学。因为在康德看

---

① Kant, *Prolegomena zu einer jeden künftigen Metaphysik*, p. 270；另参看 Kant, *Kritik der reinen Vernunft*, B19。

② 参看 Kant, *Kritik der reinen Vernunft*, B18。

③ 参看 Kant, *Kritik der reinen Vernunft*, A841/B869; *Grundlegung zur Metaphysik der Sitten*, p. 388。

④ 参看 Kant, *Grundlegung zur Metaphysik der Sitten*, p. 388。

⑤ 参看 Kant, *Die Metaphysik der Sitten*, p. 217。按，康德以"物理学"（Physik）和"人道学"（Ethik）为总名，他没有给予前者的经验部分特别的名称，其纯粹部分他称之为"自然之形而上学"；后者的经验部分为实践的或道德的人类学，纯粹部分除了"道德之形而上学"一名外，康德也称之为"道德学"（Moral）。参看 Kant, *Grundlegung zur Metaphysik der Sitten*, p. 388。

来，数学与物理学也同样以先然综合判断为其元理，所以，要区别形而上学与数学和物理学，我们还需要上述三种以外的其他区分方式。其中形而上学与物理学的区别比较容易处理，因为康德认为，物理学虽然也先然地限定它的对象，但却并不是"完全纯粹地"。[①]康德所谓"纯粹"（rein），是指"根本没有经验的东西与之混合"的先然知识。[②]换句话说，物理学不是纯粹先然知识，这是它跟形而上学和数学的分别。

形而上学与数学的区别则较难掌握。它们有同样的知识来源，兼且都是纯粹的先然知识；而它们的知识样式也一样，二者都完全由综合判断所构成。[③]另外，如上所言，形而上学又没有其本身独特的对象。那么，二者的分别在哪里呢？我们在上面说，康德将形而上学限定为"出于单纯概念的先然综合知识系统"。"出于单纯概念"这个限定性就是专属形而上学的，它与数学的不同，就在这个地方。

康德在《纯粹理性批判》的"超越论方法论"中花了不少篇幅来讨论哲学知识和数学知识的分别。康德认为哲学与数学的对象有些是相同的，所以二者的不同不能以对象来限定。它们的差别其实在于"通过理性处理它（即对象。——引者注）的样式"[④]。我们在上面已经指出，"样式"是一个很空泛的字词。这里所谓"样式"与上面所说的"知识样式"不同，即不是指分析判断和综合判断的分别。

---

① 参看Kant, *Kritik der reinen Vernunft*, Bx。康德举了一个例子："每一变化都有它的原因。"这是一个先然判断，但却不是纯粹的，因为其中"变化"是一个经验概念。参看Kant, *Kritik der reinen Vernunft*, B3。

② 参看ibid., B3。

③ "Mathematische Urteile sind insgesammt synthetisch." (Kant, *Prolegomena zu einer jeden künftigen Metaphysik*, p. 268; *Kritik der reinen Vernunft*, B14); "Eigentlich metaphysische Urteile sind insgesammt synthetisch." (Kant, *Prolegomena zu einer jeden künftigen Metaphysik*, p. 273)

④ Kant, *Kritik der reinen Vernunft*, A715/B743.

于此所谓"样式"的差别，康德将之归结为："哲学知识是出于概念的理性知识，数学知识是出于概念建构的理性知识。"①

康德所谓"建构"，是指"先然地呈现"（a priori darstellen）；所谓"概念建构"，是指"先然地呈现对应它的直观"。②在数学研究中，我们就某个概念（例如"三角形"），呈现一个与之对应的具体直观对象——"或通过单纯想象，在纯粹直观中，或按照想象也在纸上，在经验的直观中"③——，然后在这个具体直观中研究不但涵盖这一个具体的三角形，并且也同时包含其他无数的具体三角形的"三角形"概念。因此康德说，数学知识"在具体的东西中审视普遍的东西"④。康德的具体论述相当隐晦，前后似乎也有不一致的地方。对于我们的论题来说重要的一点是，按照康德的说法，数学知识由于它特殊的研究方法，或它运用理性的特殊样式，是不能脱离直观的，即使只是纯粹直观。它的研究对象必须是可以建构的，也就是说可以在直观中呈现的。⑤所以，康德也将数学对理性的运用称为"通过概念建构的、直觉的理性运用（intuitiven Vernunftgebrauch）"⑥。这是它与形而上学的最重要的差别⑦，也是我们在形而上学中要防备理性的超越运用，但在数学中却不用的原因。

相反，同样是先然知识的哲学，却尝试完全不通过直观来认识

---

① Kant, *Kritik der reinen Vernunft*, A713/B741. "Alle Vernunfterkenntnis ist nun entweder die aus Begriffen, oder aus der Konstruktion der Begriff; die erstere heißt philosophisch, die zweite mathematisch." (ibid., A837/B865)

② Ibid., A716/B744; A713/B741.

③ Ibid., A713/B742.

④ Ibid., A714/B742.

⑤ "Die Form der mathematischen Erkenntnis ist die Ursache, daß diese lediglich auf Quanta gehen kann. Denn nur der Begriff von Größen läßt sich konstruieren, d.h. a priori in der Anschauung darlegen." (ibid., A715/B743)

⑥ Ibid., A719/B747.

⑦ 在《纯粹理性批判》的第2版中，康德其实早在"前言"中就已经指出了这个区别，只不过还没有详细说明而已。参看ibid., Bxiv。

对象。对康德来说，认识只能通过两种表象，要么通过直观，要么通过概念。既然哲学完全不通过直观，那么就只是单纯通过概念。所以康德说，哲学是"出于概念"或"出于单纯概念"的先然知识，而它对理性的运用，就称为"根据概念的、曲行的理性运用（diskursiven Vernunftgebrauch）"①。虽然康德在说明这一区分时所用的名词是"哲学"与"数学"，但他于此所谓的"哲学"，指的其实就是形而上学。他在"超越论方法论"差不多最后的部分就说，"出于纯粹概念的理性知识……无非就是形而上学而已"②。

三、包姆伽藤的"形而上学"概念

既然海德格尔尝试将康德的纯粹理性批判阐释为"奠立形而上学的基础"，那么他当然有必要说明于此所谓"形而上学"指什么。而事实上，海德格尔也清楚地将之列为其中一个有待说明的问题（GA3:5）。但是，海德格尔对此的说明，却首先不是从康德的文本内部出发，而是从外借助于"形而上学之传统概念"（GA3:5; GA25:11）：他首先从包姆伽藤（Alexander Baumgarten）的界定出发，然后再回溯亚里士多德的所谓"第一哲学"。

包姆伽藤将形而上学界定为"包含人类知识之第一元理的科学"，并将之分为是有论（ontologia）、宇宙论（cosmologia）、灵魂论（psychologia）和自然神学（theologia naturalis）四个部门（GA3:5）。海德格尔说："康德从中观看形而上学，以及他的奠基

---

① Kant, *Kritik der reinen Vernunft*, A719/B747.

② Ibid., A850/B878.

必须在其内开始的视野，大致可以通过包姆伽藤的界定来标出。"（GA3:5）包姆伽藤的"形而上学"概念无疑是对康德影响最直接的传统"形而上学"概念，他一直都用包姆伽藤的书《形而上学》（*Metaphysica*）作为教学的课本。但同样无疑的是，他对包姆伽藤的界定并不满意。首先，康德在《纯粹理性批判》中明白地批评了上述的界定，认为它并不能突出形而上学与经验科学的分别。康德说：

> 当人们说：形而上学是关于人类知识之第一元理的科学，人们由此并没有标明一种完全特殊的知识，而只是一个视乎普遍性的等级，因此它也就不能被清晰地区分于经验的东西。①

康德认为经验知识也有它的元理，而哪些是"第一"的则只关乎普遍性的程度，越普遍的就越在前，所以"第一元理"这个限定性并不能区分形而上学与经验科学。反之，对形而上学的界定只能从知识源头着手。康德说：

> 由此可见，单纯上下次序的级别（特殊的东西在普遍的东西之下）不能限定一门科学的界限；反之，在我们的案例中，限定界限的是本源之完全异类性和差别。

这里所谓"本源"，相当于上面所说的"知识源头"。如上所言，康德将形而上学限定为"先然知识"，而"先然"则是指"不依赖于经验"。这是一个关乎知识来源的区分。当然，单凭知识源头也

---

① Kant, *Kritik der reinen Vernunft*, A843/B871.

不能完全区分形而上学与其他科学。所以康德接着就说："但在另一方面仍然暗翳了形而上学的基本理念的是，它作为先然知识与数学显出了一定的同类性，就先然的本源而言，这同类性使它们彼此相关。"[①] 二者的区别，康德再次重申，在于"出于概念的知识样式"和"单纯通过建构概念来先然地判断的样式"之不同。[②]

此外，虽然康德看似仍然沿用了包姆伽藤对形而上学的部门划分，但我们却不可忽略，在《纯粹理性批判》中，宇宙论、灵魂论和自然神学被归到了"超越论辩证"之中；也就是说，它们包含的不是知识，而只是"假象"（Schein）。而既然它们不是知识，它们当然就不属于作为科学的形而上学。于此我们要指出康德在《纯粹理性批判》中对形而上学所做的一个重要区分。如上所言，康德此书以探讨形而上学的可能性为目标。但这里包含的却不是一个问题，而其实是两个问题。因为康德所谓"形而上学"有两个意义：一是作为"自然禀赋"（Naturanlage）的形而上学，二是作为科学的形而上学。所以，康德在第2版的"导论"中对形而上学的可能性就提出了两个问题："作为自然禀赋的形而上学如何可能？"，以及"作为科学的形而上学如何可能？"。[③]他在《纯粹理性批判》中要说明的不单是后者，他同样也要说明前者。对后者的说明在"超越论感性学"和"超越论分析"中，对前者的说明则在"超越论辩证"中。所以，如果我们将形而上学限定为先然知识，那么严格来说宇宙论、灵魂论和自然神学就不算是形而上学。至于康德本人对形而上学之部门划分，即作为科学的形而上学的部门划分，则最重要的是自然之形

①　Kant, *Kritik der reinen Vernunft*, A844/B872.

②　参看ibid。

③　参看ibid., B22。

而上学和道德之形而上学的区分。这是传统形而上学中所没有的观念，是康德个人的创新。综上两点，我们已经可以看到，康德的"形而上学"概念不能通过包姆伽藤的来了解。

四、一般形而上学和特殊形而上学

就海德格尔对康德的阐释而言，更为重要的是他的回溯于亚里士多德以掌握"形而上学"之传统概念。在简述了亚里士多德的后来被称为《形而上学》的书名来历以后，海德格尔指出了这部书据说不同的但却又同时被归入"第一哲学"（πρώτη φιλοσοφία）的两个主题。他将第一个表述为"对是有者作为是有者之知识"（Erkenntnis des Seienden als Seienden）（GA3:7）。这是他对亚里士多德在《形而上学》第4卷中的限定之翻译；亚里士多德的原文是：θεωρεῖ τὸ ὂν ᾗ ὄν，"以是有者来审视是有者"。[①]海德格尔将另一个表述为"对是有者整体（das Seiende im Ganzen）由此被规定的、最优先领域的是有者之知识"（GA3:7）。这是他对亚里士多德在《形而上学》第6卷中的限定的翻译；亚里士多德的原文是：περὶ τὸ τιμιώτατον γένος，"关于最可贵的种类"。[②]海德格尔又将第一个限定表述为"对是有者本身的知识"（Erkenntnis des Seienden als solchen）（GA3:8），而他后来又把第二个限定简称为"是有者整体"。综合二者，他于是就说："形而上学是对是有者本身和整体之元理知识。"（GA3:8）

17世纪的学者基于希腊语的词根，以拉丁语创造了"是有论"

---

① Aristotle, *Metaphysics*, 1103a20.

② Ibid., 1026a22.

（ontologia）这个名词，并按照亚里士多德的说法，将之限定为"就其为是有者那样审视是有者的科学"（scientia quae speculatur ens, prout ens）[①]。据海德格尔的看法，在"形而上学之学院概念"（Schulbegriff der Metaphysik）中——海德格尔应该是指德国学院派哲学之代表沃尔夫学派——，是有论成了"一般形而上学"（metaphysica generalis），以"就普遍而言的是有者"（das Seiende im allgemeinen）为对象（GA3:9）；而对是有者整体的研究，则基于把是有者整体划分为"上帝、自然和人类"的想法，变成了三门"特殊形而上学"（metaphysica specialis），即神学、宇宙论和灵魂论（GA3:9）。于是，亚里士多德的第一哲学，流变为以沃尔夫和包姆伽藤为代表的德国学院派形而上学。

在海德格尔看来，一般形而上学和特殊形而上学不是没有内在关联的。海德格尔以为，康德跟他的德国学院派前辈一样，都以特殊形而上学为形而上学的最终目的（GA3:9-12, 206, 220）。但由于在对是有者整体之内的任何特殊领域（即使是对"最优先的领域"）有所认识以前，被认识的是有者必须已经是开显的，所以特殊形而上学的可能性的问题，就必须回溯到"关于是有者本身之笼统开显之内在可能性"这个"更普遍的问题"（GA3:10），也就是必须回溯到一般形而上学亦即是有论之可能性问题。海德格尔认为，将奠基形而上学之问题，回溯于是有论可能性之问题，就是康德的"哥白尼式转向"的真正意义所在。他说："奠基形而上学整体意味着：揭开是有论之内在可能性。这是康德一直被误解的所谓'哥白尼式转向'的形而上的（与作为唯一主题的形而上学有关的）意义，所以也就

---

① 这是克劳伯格（Johannes Clauberg）之界定，参看 Mora, "On the Early History of 'Ontology'", p. 42。

是它的真正意义。"（GA3:12; cf. GA3, 17）海德格尔因此也就将康德所谓"超越论哲学"（Transzendentalphilosophie）解释为一种是有论（GA3:16）。

五、是有论与形而上学

我们在上面指出，对于康德而言，作为科学的形而上学是指单纯出于概念的先然知识。接着我们看到，海德格尔将康德在《纯粹理性批判》中论述形而上学的可能性的工作，阐释为"揭开是有论之内在可能性"。换句话说，他将康德的形而上学解释为是有论，即对是有者作为是有者的知识。那么，海德格尔的这种说法是否是对康德所谓"形而上学"的恰当解释呢？我们是否可以通过海德格尔所谓"是有论"来了解康德的批判哲学的意图呢？这是我们在下面所要探讨的问题。

首先，我们必须指出，海德格尔在《康德与形而上学之疑难》中并没有充分区分我们在上面提到的康德在《纯粹理性批判》中所包含的两个意义的"形而上学"，即作为自然禀赋的形而上学和作为科学的形而上学。当海德格尔说到，康德仍然"紧守"（festhalten）德国学院派的"形而上学"概念，而以特殊形而上学为形而上学的最终目的时，海德格尔所举的证据是康德在1791年所写的论文《自莱布尼兹和沃尔夫的时代以来，形而上学在德国达成了的现实进步为何？》（"Welches sind die wirklichen Fortschritte, die die Metaphysik seit Lebnitzens und Wolf's Zeiten in Deutschland gemacht hat?"，以下简称《进步》）（GA3:9）。但当康德在《进步》中说，形而上学的最终目的，是"通过理性从对感性东西的知识前进到对超感性东西的知识

（Erkenntnis des Übersinnlichen）"[1]，他指的其实只是理性"想要形而上学干什么"[2]。换句话说，这其实只是作为自然禀赋的形而上学所希望做的事情。至于我们实际上是否能够通过理性，以单纯出于概念的方式来取得关于"超感性东西"的知识，却是另一个问题。

康德把所谓"特殊形而上学"的课题放在"超越论辩证"之中。这就已经显示，康德并不认为，我们能通过理性，以单纯出于概念的方式得到关于"超感性东西"的知识。相反，纯粹理性批判让我们了解到，对超感性东西的知识是不可能的。不过，从另一个意义上来看，纯粹理性批判也的确可以被视为"奠基形而上学整体"，也可以被视为对"形而上学的希望"提供了帮助。[3]对此，康德在《纯粹理性批判》第2版的"前言"中有一个著名的说法："因此，我们必须扬弃认知，以给信仰找到位置。"[4]在这个意义上，虽然纯粹理性批判不是在认知上奠基形而上学整体，但康德认为它对此还是有正面的作用的。

但假设我们能撇开纯粹理性批判和特殊形而上学的关系之问题，海德格尔将纯粹理性批判看作对是有论（一般形而上学）的内在可能性之探讨，这又是否是一种恰当的解释呢？这又是否有助于我们对康德的了解呢？抑或它作为对康德的一种阐释，却非但没有增进我们对康德的了解，反而对之还有所阻碍呢？

开始，对于"是有论"这个名称，康德虽然也曾使用，但却显然不是完全认许的，顶多只能说模棱两可。他在"超越论分析"中

---

① Kant, "Welches sind die wirklichen Fortschritte", p. 260.

② Ibid., p. 259.

③ 参看Kant, *Kritik der reinen Vernunft*, Bxxi。

④ Ibid., Bxxx.

将"是有论"称为一个"自负的称号"：

> 它（即知性。——引者注）的元理单纯是展述现象的元理；自诩能够给予对事物笼统（Dinge überhaupt）的先然综合知识于一个系统性学说中的是有论，它自负的称号必须让位于这个谦逊的称号：对纯粹知性单纯的分析。[1]

于此，康德认为"是有论"这个名称是自负的，显然是由于它所指称的学问自诩能够给予"对事物笼统的先然综合知识"。这是康德对传统意义上的是有论的看法。在这个脉络中，跟"事物笼统"相对的是"感官对象"，康德在稍前的段落中说：

> 纯粹知性的元理只能在与可能经验的普遍条件的关系中关联于感官对象，但却永不能关联于事物笼统。[2]

从超越论分析的角度来看，我们只能对感官对象具有先然综合知识，它把先然知识的范围规限在感官对象之内，所以这是谦逊的。而传统意义上的是有论则以为我们可以毫无限制地对事物具有先然知识，所以它是自负的。

继后，到了《纯粹理性批判》差不多结尾的部分，康德才再次提到"是有论"。这次的说法则看来比较正面，他甚至将"是有论"等同于"超越论哲学"，将之限定为："在关联于对象笼统（Gegenstände überhaupt）的一切概念和元理的系统中，审视知性和理

---

① Kant, *Kritik der reinen Vernunft*, A247/B303.

② Ibid., A246/B303.

性自身，而不假设有会被给予的客体（Objekte）。"①这个界定的意思相当令人费解。第一个问题是，这样界定下的是有论，与上面所说的"自负的"是有论，是相同的东西吗？第二个问题，如果是相同的，那么为什么康德之前斥责它"自负"，并且将之对立于"谦逊的"对纯粹知性的分析，而现在却把它等同于超越论哲学？如果是不同的，不同又在于什么地方？康德又为什么要把两样不同的东西都叫作"是有论"？

可以肯定的是，跟"自负的"是有论一样，这里所说的是有论也是一个系统。问题在于，二者是关于相同的东西，抑或是关于不同的东西的系统？我们在上面指出，"自负的"是有论之所以被康德视为"自负的"，是因为它自诩对事物笼统具有先然知识。换言之，它是关于事物笼统的。而这里所说的是有论，按康德的说法，则是关于"对象笼统"的。那么，"对象笼统"与"事物笼统"是否意指相同的东西呢？康德上述的界定最让人费解之处，在于加上了"而不假设有会被给予的客体"这句话。这是因为，这似乎表示，对象笼统是可以与感性无关的，所以"对象笼统"其实就是指事物笼统。但如果对象笼统是可以与感性无关的，它又怎么能被称为"对象"？康德在《纯粹理性批判》中一再强调，对于人类来说，对象唯有在感性中才能被给予。②

这个难题可以通过《进步》对是有论的论述来解决。跟在《纯粹理性批判》的"超越论方法论"中一样，康德在《进步》里也把是有论看作形而上学的一部分，并将之等同于超越论哲学，因此我

---

① Kant, *Kritik der reinen Vernunft*, A845/B873.

② "Vermittelst der Sinnlichkeit also werden uns Gegenstände gegeben, und sie allein liefert uns Anschauung." (ibid., A19/B33)

们有理由相信两处谈的是同一回事。康德在《进步》中把是有论界定为这样一门"科学"，它"构成所有知性概念和元理的系统，但仅仅当它们涉及可能被给予感官，并因此可能被经验所印证的对象时"[1]。这个界定就比"超越论方法论"中的那个清楚很多，它明白指出，是有论仅仅关于"可能被给予感官"的对象，关于这种对象的知性概念和元理。如果这里所说的是有论，的确如我们所言，跟"超越论方法论"中所说的是同一回事，那么后者的限定中所谓"对象笼统"，就无非是指可能被给予感官的对象。而由此看来，"超越论方法论"中所说的是有论，与"自负的"是有论就不是同一样东西。

但如果《纯粹理性批判》前后所说的两个是有论并不是相同的东西，那么为何康德要把二者都叫作"是有论"呢？这的确是另一个让人困惑的问题。我的看法是：因为康德要把他自己的系统套进德国学院派的传统形而上学的架构中，以显示形而上学的总体发展历史。这一用心在《进步》中是相当清楚的。但这种套接，就我们对康德本身的系统之了解来说，无疑会引起误会。一方面，撇开"是有论"这个概念，我们也完全可以了解康德本身的系统；实际上"是有论"这个名词在《纯粹理性批判》中就只出现过两次，即使我们不知道它的传统意义也不妨碍我们对此书的阅读。另一方面，康德对它的使用却引起了很多对了解康德本身的系统来说不必要的问题，因此我们在上面才需要花上很多精力来分疏。无论如何，不可否认的是，在把是有论等同于超越论哲学的时候，康德的"是有论"概念是不同于传统的"是有论"概念的，他清晰地表达了对后者的不以为然。

---

[1] Kant, "Welches sind die wirklichen Fortschritte", p. 260.

六、是有者与事物

海德格尔的"是有论"概念则出自传统形而上学。如上所言，他将是有论（一般形而上学）界定为"对是有者作为是有者的知识"。这个界定基本上就是对亚里士多德在《形而上学》第4卷中的界定的一种翻译。就此而言，他与德国学院派的代表人物沃尔夫的做法没有什么分别。沃尔夫在1730年出版的《第一哲学或是有论》（*Philosophia prima, sive Ontologia*）中将是有论限定为"关于是有者笼统或就它是是有者而言的科学"（scientia entis in genere seu quatenus ens est）[1]，这其实也是对亚里士多德在《形而上学》第4卷中的界定的一种翻译。只不过海德格尔用的是德语，而沃尔夫用的是拉丁语。因此，如果康德认为沃尔夫的是有论是自负的，那么对于海德格尔的"是有论"概念，他大概也会认为是自负的。

在海德格尔和沃尔夫对是有论之界定中，最关键的概念都是"是有者"。但在上述康德对是有论的两个界定中，我们却都看不到"是有者"这个概念。如果我们要比较海德格尔和康德的界定，我们就先要在它们之间架建一道桥梁，这样二者之间才能够沟通。那么，在康德对是有论的界定中，有没有一个与海德格尔和沃尔夫所谓"是有者"对应的概念呢？在《纯粹理性批判》中，我们看不到德语的"das Seiende"，不过却能够看到拉丁语的"ens"；而从康德对后者的使用来看，在康德那里可能与之对应的德语概念有两个：一个是"Wesen"，另一个是"Ding"。康德曾经以"Wesen"来翻译"ens"，例如，他把"ens realissimum"翻译为"allerrealeste Wesen"。[2]

---

[1]　引自J. Ritter & K. Gründer (eds.), *Historische Wörterbuch der Philosophie*, Band 6, p. 1192。

[2]　参看Kant, *Kritik der reinen Vernunft*, A608/B636。

他也曾经以"Ding"来翻译"ens",例如,他把"ens rationis"翻译为"Gedankending"。①在上述康德对是有论的两个界定中,我们看不到"Wesen",但却可以看到"Ding"一词:康德认为"自负的"是有论是关于"事物笼统"的。我们在上面指出,沃尔夫将是有论限定为"关于是有者笼统或就它是是有者而言的科学"。康德的"事物笼统",很可能就是对沃尔夫的"是有者笼统"(entis in genere)的德语翻译。

康德所谓"事物",可以广泛地指任何东西,包括经验对象(或现象)和事物自身(Ding an sich)。②但当康德说到"事物笼统"时,则通常是对比于现象或经验对象,指不受任何条件所限(特别是不受感性条件所限)的事物,简单来说也就是任何事物。对于康德来说,当事物不受任何感性条件所限时,它们就是"如它们所是有"(wie sie sind);而当它们受感性条件所限时,它们就只是"如它们所显现"(wie sie erscheinen),即,如它们对我们所显现。③传统是有论以为,我们可以对事物(是有者),单纯就它们是是有者而言,不以任何其他条件为前提,而取得先然知识;这对于康德来说是"自负的",因为他认为这根本不可能。相反,康德以为我们只能对事物,就它们对我们显现而言,就它们作为我们的感官对象或经验对象而言,取得先然知识。由此看来,海德格尔的是有论,也就是对是有者作为是有者的知识,对于康德而言,无疑也属于自负的一类。

---

① 参看Kant, *Kritik der reinen Vernunft*, A337/B394。

② "Nun wollen wir annehmen, die durch unsere Kritik notwendiggemachte Unterscheidung der Ding, als Gegenstände der Erfahrung, von eben denselben, als Dingen an sich selbst, wäre gar nicht gemacht..." (ibid., Bxxvii)

③ "Wenn wir nun eine restringierende Bedingung weglassen; so amplifizieren wir, wie es scheint, den vorher eingeschränkten Begriff; so sollten die Kategorien in ihrer reinen Bedeutung, ohne alle Bedingungen der Sinnlichkeit, von Dingen überhaupt gelten, wie sie sind, anstatt, daß ihre Schemata sie nur vorstellen, wie sie erscheinen..." (ibid., A147/B186)

七、结　语

相反，从海德格尔那方面而言，他想以"对是有者作为是有者的知识"来解释康德的什么概念呢？海德格尔将对是有者作为是有者的知识称为"是有论知识"（ontologische Erkenntnis），与此相对的是"是有层次的知识"（ontische Erkenntnis）（GA3:11），二者的分别涉及海德格尔所谓"是有论的差异"（ontologische Differenz）。我们在上面说，海德格尔的"是有论"概念出自传统是有论，他对"是有论"之界定，基本上只是对亚里士多德之界定的一种翻译。但"是有论差异"，以及"是有论知识"和"是有层次的知识"的区分，却是海德格尔个人对"是有论"的特殊展述。海德格尔认为，"是有论的差异"是是有论的基础，唯有在这个差异之上是有论才能被建构起来。他在《现象学之基本问题》中说：

> 我们说过：是有论是关于是有之科学。但是有总是某一是有者之是有。是有本有地分别于是有者。……这分别不是任意的，而是这样的分别，通过它我们才首次获得是有论之主题，并因此才首次获得哲学自身之主题。它是一个首次建构是有论的分别。我们把它称为是有论的差异，即是有与是有者之间的分异。（GA24:22）

海德格尔所谓"是有论的差异"，指"是有与是有者之间的分异"。从字面上看来，海德格尔一般把"是有论的"和"是有层次的"之分别，对应于"是有"与"是有者"的区别。例如：

> 科学必然有两种基本可能性：关于是有者之诸科学，即是有层次的诸科学；以及关于是有之那一门科学，即是有论的科学、哲学。（Wm:48）

所以，是有论知识和是有层次的知识之分别，其实就是关于是有的知识与关于是有者的知识之分别。我们在上面说，海德格尔根据亚里士多德的界定，将是有论限定为"对是有者作为是有者的知识"，那样为什么海德格尔又将之称为"是有论知识"，也就是关于是有的知识呢？这是因为海德格尔认为，"把是有者限定为是有者的东西"，就是"是有者之是有"（GA3:222）。

"是有论的"与"是有层次的"是海德格尔的是有论之基本概念。在《康德与形而上学之疑难》中，海德格尔主要就是运用这对概念来阐释康德的形而上学概念的。他以"是有论的"和"是有层次的"之区分，来对应康德的"先然的"和"经验的"之区分。所以他说：

> 纯粹理性批判不是一个关于是有层次的知识（经验）之理论，而是关于是有论知识之理论。（GA3:17）

海德格尔的这一对比之基础在于一种笼统的先后关系：康德的先然知识是先于经验知识的，而海德格尔的是有论知识是先于是有层次的知识的。"Apriori"原来是拉丁语，它的字面意思是：出于更先的，更前的，更早的。我们在上面说，康德将"先然"界定为"不依赖于经验的"。但康德有时也按它的拉丁语原义，将之了解为"先于"感官经验的。例如：

空间与时间是它的（即感性的。——引者注）纯粹形式，感觉笼统是质料。只有前者我们能够先然地——先于一切现实的感知——认识，因此它叫作纯粹直观；而后者则是在我们的知识中的、令它称为后然知识（Erkenntnis a posteriori）——经验的直观——的东西。[①]

至于海德格尔，他在《康德与形而上学之疑难》中指出，在认识是有者之前，也就是取得是有层次的知识以前，我们对是有要有一种"先行的理解"（vorgängige Verstehen）。他将这种先行的理解叫作"是有论知识"：

> 因此，令与是有者的关联（是有层次的知识）可能的，是对是有构造（Seinsverfassung）之先行的理解，即是有论知识。（GA3:11）[②]

当然，有关对是有的理解和对是有的认识，海德格尔在别的著作中是有清楚的划分的（例如SZ:5）。但在《康德与形而上学之疑难》对康德的解释中，他却似乎有意忽略当中的重要分别。这种忽略当然不是偶然的。

海德格尔的区分与康德的区分虽然有上述的交会，但除笼统的前后关系以外，前者的对比和后者的对比在其他方面却有很多的不同。因此海德格尔以他的区分来阐释康德的形而上学，便产生了不

---

① Kant, *Kritik der reinen Vernunft*, A42/B60.

② 另参看GA24:27："Die terminologische Bezeichnung für diesen Charakter der Vorgängigkeit des Seins vor dem Seienden ist der Ausdruck apriori, *Apriorität*, das Früher. Das Sein ist als Apriori früher als das Seiende."

少问题。

如上所言，康德对先然知识和经验知识的区分是有关"知识源头"的区分；先然知识就是"出于纯粹知性和纯粹理性的"知识。它与经验知识的分别，单纯在于知识来源，而不在于认识对象。康德意义上的形而上学，即出于单纯概念的理性知识，是没有其本身的特殊认识对象的。但海德格尔对是有论知识与是有层次的知识的区分，相反却不是有关知识源头，而是有关认识对象的。是有论知识是关于是有的知识，而是有层次的知识则是关于是有者的知识。囿于他自己的区分，海德格尔把康德意义上的形而上学的主题以认识对象来解释，将之解释为"非感性的东西"（das Nichtsinnliche）（GA25:15）。他在《对康德的纯粹理性批判的现象学解释》（*Phänomenologische Interpretation von Kants Kritik der reinen Vernunft*）中说：

> 因为，康德式的形而上学的主题不只是超感性的东西，是有论也处理处于感性的东西以外的东西，但这不是超感性的东西。（GA25:15）

对海德格尔来说，是有论即关于是有的科学，是处理"处于感性的东西以外的东西"亦即"非感性的东西"的，因为是有并不是感性的东西。乍看起来，康德好像也说过类似的话。他在《未来任何形而上学序论》中说，形而上学的元理，"应该是形而上的，即处于经验以外的知识"[1]。但其实康德所谓"处于经验以外的"，并不是指关于处于感性经验以外的东西的认识，而是指知识源头处于经验

---

[1] Kant, *Prolegomena zu einer jeden künftigen Metaphysik*, p. 265.

以外的，也就是不依赖于经验的知识。二者是有很大的分别的。由于康德把形而上学限定为"出于单纯概念的理性知识"，在这个意义上，我们既可以谈论关于经验的形而上学，也就是康德所谓"自然之形而上学"[①]；我们也可以谈论关于超感性的东西的形而上学，也就是传统的特殊形而上学。前者是康德所谓"作为科学的形而上学"，而后者虽然是"形而上学的希望"，但在康德看来却是不可能的。因此，当海德格尔以他自己以认识对象之分别为基础的"是有论"概念，将康德的"形而上学"或"是有论"解释为关于"处于感性的东西以外的东西"时，他就扭曲了康德的"形而上学"和"是有论"概念。康德意义上的作为科学的形而上学和康德意义上的是有论（即"构成所有知性概念和元理的系统，但仅仅当它们涉及可能被给予感官，并因此可能被经验所印证的对象时"），都是关于可能的经验对象的。

如上所言，当海德格尔基于笼统的前后关系，将康德的先然知识对应于他的是有论知识。他同时也将康德的经验知识，对应于他的是有层次的知识。但海德格尔所谓"是有层次的知识"或"是有层次的科学"，就其与是有论知识或是有论的对比而言，本身却不是专指经验知识或经验科学。是有层次的科学也就是关于是有者之科学，海德格尔也称之为"实证科学"（positive Wissenschaften）（Wm:48; SZ:11）。海德格尔所谓"实证科学"，与通常的意义不同。凡是关于某一领域的是有者之科学，海德格尔都称之为"实证科学"。在他的意义上，数学与神学都是实证科学（Wm:49; GA24:28）。由此我们又可以看到，海德格尔将他的"是有论的"和"是有层次

---

① 于此"自然"指"经验对象之总摄"。（Kant, *Kritik der reinen Vernunft*, Bxix）

的"之区分对比于康德的"先然的"和"经验的"之区分所带来的不协调。在康德看来，数学是先然知识；如果"先然的"对应于"是有论的"，那么以海德格尔的话来说，数学就应该是是有论知识。但在海德格尔看来，数学却是是有层次的知识。在康德看来，传统的自然神学以先然知识自诩；如果"先然的"对应于"是有论的"，那么以海德格尔的话来说，自然神学就应该是是有论知识。但在海德格尔看来，神学却是是有层次的知识。

由于在海德格尔看来，凡是关于某一领域的是有者之知识，都是是有层次的知识，因此传统的特殊形而上学在他看来都是是有层次的知识（GA24:175）。但如果是这样，传统的特殊形而上学与经验科学又如何区别呢？这单纯用海德格尔的区分是无法解释的。单纯以他的术语来说，二者都是是有层次的知识。而如果他维持在《康德与形而上学之疑难》中与康德的术语的对比，那么前者就应该叫"是有论知识"（先然的），而后者才是是有层次的知识（经验的）；但海德格尔又不能容许把特殊形而上学叫作"是有论知识"，因为他认为是有论知识（亦即一般形而上学）是先于特殊形而上学的，前者是后者的基础。因此，他混合了他自己的区分和康德的区分，造出了一个相当奇怪的术语："是有层次的先然知识"（a priori ontische Erkenntis）。他说：

> 我们已经指出，对于康德来说，关于一般形而上学（是有论）之可能性的问题，如何源自关于传统的特殊形而上学之可能性的问题。后者想要理性地（出于单纯概念）认识超感性的是有者。对是有层次的先然知识的自诩，在于纯粹概念（范畴）。（GA3:85）

　　然而，康德想要以"超越论哲学"——对超越（Transzendenz）之本有之揭开——的称号，来取代"是有论的自负称号"。只要"是有论"是取传统形而上学的意义，这做法是在理的。传统是有论"自诩能够给予对事物笼统的先然综合知识"。它超升至是有层次的先然知识，这知识只属于无限的本有。（GA3:124）

　　"是有层次的先然知识"这个术语的奇怪之处首先在于，对于构成这个术语的两个组成部分，即"是有层次的"和"先然的"，我们必须分别按照海德格尔和康德本身的意义来理解。前者我们要按海德格尔一般的意义，将其理解为"关于是有者的"，而不能按照与康德的术语对比时的意义，将其理解为"经验的"；因为传统形而上学不是关于经验对象的。而后者我们则必须按照康德的意义，将其理解为"出于纯粹理性的"，而不能按海德格尔本身所使用的意义，以之指对是有的理解之先于对是有者的知识；因为如果按照这个意义，传统形而上学只能说是"后然的"（在对是有的理解之后的），而不能说是"先然的"。总而言之，海德格尔所谓"是有层次的先然知识"，是指"关于是有者的、出于纯粹理性的知识"。

　　海德格尔这个独特术语的另一个问题在于，它根本不能区分传统的形而上学与别的科学。对海德格尔来说，数学也是关于是有者的；而在康德的意义上，数学也是出于纯粹理性的。所以，数学也属于海德格尔所谓的"是有层次的先然知识"。但对于这种知识，数学也只是自诩取得但却从未获得，抑或实际上已经取得呢？如果是后一种情况，那么"是有层次的先然知识"就不一定是自负的，就不是"只属于无限的物类"的。

那么康德意义上的形而上学又如何呢？海德格尔的术语能不能被用来区分康德式的形而上学与传统形而上学呢？海德格尔当然会认为，康德式的形而上学是是有论的，而不是是有层次的。但我们正在讨论的问题，却正是他的这个基本区分，即他的"是有论的差异"是否能够用来充分解释康德的"形而上学"概念。不可忘记，海德格尔的区分是关于认识对象的区分，但康德式的形而上学却没有其本身独特的认识对象。康德认为形而上学与数学有共同的对象，二者的分别只在于运用理性的样式不同。而按照康德的想法，对应于他的形而上学的两个部分，即自然之形而上学和道德之形而上学，分别有两门经验科学，即经验的物理学和人类学，是跟它们有共同对象的。如果海德格尔认为物理学和人类学是是有层次的科学，那么他就必须同时认为康德式的形而上学是是有层次的科学，因为后者跟前二者的对象是相同的；否则海德格尔的解释就难免会陷于不一致。

此外，康德式的形而上学其实亦未尝不可被称为"是有层次的先然知识"，只视乎我们怎么解释"关于是有者的"。如上所言，在康德的术语中，对应于"是有者"（ens）的语词之一是"事物"（Ding）。所以，"是有层次的先然知识"，换成康德的说法，就是"关于事物的先然知识"。而"事物"在康德那里，既可以指"现象"或"经验对象"，也可以指"事物笼统"。如果"事物"现在是指"作为经验对象的事物"[1]，指是有者作为现象"如它们所显现"，那么康德意义上的形而上学就是"是有层次的先然知识"。但如果"事物"是指"作为事物自身的事物"[2]，指是有者作为是有者"如它们所

---

[1] Kant, *Kritik der reinen Vernunft*, Bxxvii.

[2] Ibid.

是有"，那么康德式的形而上学就不是"是有层次的先然知识"。

　　通过以上的分析，我们可以看到，海德格尔以他的"是有论"概念来解释康德的形而上学，其中潜藏了不少问题。但当然，我们的主要论题只是海德格尔对康德的"形而上学"概念的解释。在《康德与形而上学之疑难》一书中，海德格尔对康德的其他概念的阐释当作别论。而且，我们的讨论也只是把海德格尔的论述看作对康德的一种解释，而不是就它本身的哲学价值而言。

第三章　此有与心智

——海德格尔与赖尔对理论化之批评

一、引　言

当代的西方哲学似乎清清楚楚地分开为两个阵营，一个叫"分析哲学"，另一个叫"欧陆哲学"，双方之间基本上没有什么沟通可言，各有自己的一套特别术语、自己的游戏规则，拥有自己的学术阵地，壁垒分明。就像接壤相连而操不同语言、具有不同生活习惯的民族那样，双方成员对对方总有某种莫名的敌意，说起对方——通常是在各自成员之间——时，总有某种莫名的优越感，认为对方搞错了哲学之真正目标，败坏了哲学事业。

诚然，自古希腊以来，哲学家从来就很喜欢相互批评，而批评也确实是哲学的重要工作之一。但分析哲学与欧陆哲学之"分裂"（split）①，其问题却在于，双方之间并没有真正意义上的相互批评可言。一般来说，双方都是不怎么理睬对方的，主要是双方根本都不知道对方在说什么。当万不得已、必须碰头的时候，根深蒂固的不信任甚至厌恶感一般都会胜过哲学家号称拥有的冷静判断力。有些学者的耳朵的确是向两方都张开的，但他们毕竟只是例外。对两个阵营之坚定捍卫者来说，他们总是显得形迹可疑，看来像双面间谍

---

① 参看Friedman, *A Parting of the Ways*, p. ix。

或者涉嫌变节者。

哲学之内的这种分裂情况无疑是很可叹的，但却还不至于没有缓解的希望，尤其当我们意识到，分裂出现的时间其实并不长。就在不久以前，现今两个阵营各自所宗的先祖还没有认为自己是在不同的阵营，他们"仍然说相同的哲学语言……就共同的哲学疑难主动互相接触"①。例如，罗素（Bertrand Russell）曾受到迈农（Alexius Meinong）的影响，而胡塞尔（Edmund Husserl）与弗雷格（Gottlob Frege）互通书信。正如达米特（Michael Dummett）所认识到的，"如果双方都花工夫去理解，各自的哲学风格如何从那些人的作品而来，那么沟通会较容易产生。这些人一度彼此颇为亲近，而且肯定没有表现出要建立分化的学派"②。但我们同时也要认识到，这对双方来说都不是容易的任务。对于从来受分析哲学训练的学者来说，要读海德格尔的书而不落入卡纳普式的分析练习，肯定需要很多的工夫、耐心和宽容。同样，对于以看海德格尔和尼采（Friedrich Nietzsche）的书来培养哲学能力的学者来说，要沿着弗雷格的数学化论述方式而不犯困，也肯定需要同等程度的工夫、耐心和宽容。

以此来看，赖尔（Gilbert Ryle）无疑是分析阵营领军人物中之异类。赖尔对现今公认的欧陆哲学开宗人物有相当深入的了解。甚至在他成为知名的分析哲学家以前，赖尔就因此而在牛津"扬名"了：他"开了一门没人让他开的课，叫'逻辑客观主义：波尔查诺（Bolzano）、布伦塔诺（Brentano）、胡塞尔和迈农'。不久以后在牛津这些人物就被认作'赖尔的三个奥地利火车站和一种中国赌博游戏'"③。在他的学术生涯中，赖尔写了几篇关于现象学的评论，第一

---

① Friedman, *A Parting of the Ways*, p. xi.

② Dummett, *Origins of Analytical Philosophy*, p. ix.

③ Ryle, "Autobiograhical", p. 8.

篇刊登于1928年，是对海德格尔《是有与时间》的书评。此书评出版的时候，《是有与时间》问世也只有一年。因此可以说，赖尔是这部书最早的读者之一。

对于任何愿意花工夫修接分析哲学与欧陆哲学之间之"荒谬鸿沟"[①]的人来说，研究赖尔与欧陆传统之关系，均有多方面的参考价值。首先，赖尔是两方面的学者中最早认识到，虽然现在两个阵营仿佛为一条不可逾越的鸿沟所阻，但其实双方都是自同一片田地演化出来的人之一。也就是说，鸿沟不是从来都在，而是后来掘出来的。赖尔将这片共同田地描述为"反抗休谟（Hume）和密尔（Mill）的观念心理学（idea-psychology）"。他在一篇发表于1962年、原文为法语的论文中说：

> 在世纪之交，胡塞尔所面对的许多思想压力，与迈农、弗雷格、布拉德雷（Bradley）、皮尔士（Peirce）、摩尔（G. E. Moore）和罗素的相同。他们同样都在反抗休谟和密尔的观念心理学。他们同样都要求把逻辑学从心理学中解放出来。[②]

赖尔的反思已经被证明是相当有启发作用的。像达米特这样的人物也承认，他取得相似的认识，是源于"重拾赖尔年轻时的脚步"[③]。

---

① 参看 Dummett, *Origins of Analytical Philosophy*, p. xi。

② Ryle, "Phenomenology versus 'The Concept of Mind'", in Ryle, *Collected Papers, Vol. 1: Critical Essays*, p. 180. 在一篇更早的刊登于1946年的书评中，赖尔亦已表达了相同的看法："The major trends of philosophy of the past hundred years in both the English and the German speaking world have derived directly or indirectly from recoil against the British school of thought which began with Locke and culminated in John Stuart Mill. Subsequent theories of knowledge, perception, deduction, induction, probability, mathematics and semantics can nearly all be traced back to revolts against the conclusions and the premisses of this school." 参看 Ryle, "Review of Martin Farber: 'The Foundations of Phenomenology'", in Ryle, *Collected Papers, Vol. 1: Critical Essays*, p. 215。

③ Dummett, *Origins of Analytical Philosophy*, p. ix.

其次，赖尔就现象学或海德格尔所写的评论显示，在两个阵营之间，认可与真正意义上的批评也是可能的，只要我们愿意花上足够的工夫，以及有足够的宽容。就这方面来看，赖尔为《是有与时间》所写的书评尤其值得我们注意。对于那些预期会看到攻击海德格尔的语言、将之分析为废话的人来说，这篇书评肯定会让他们大失所望。关于赖尔与海德格尔的哲学立场之关系，我们在下面会讨论。我们现在先来看看赖尔对待海德格尔的态度。笼统而言，赖尔的语调充分表达了他对海德格尔的欣赏和尊重。[①]对于海德格尔独特的哲学语言，赖尔当然没有忽略，他报告——我们不要忘记当时还没有英译本，而且在其后的30年内也不会有——说："海德格尔把铸造一套全新术语的艰难任务加在自己身上，也把了解这套术语的可畏任务加在我们身上。"[②]赖尔本人至少是准备承担这个可畏任务的。我们没有看到赖尔抱怨说，海德格尔的话没有"认知意义"，或者违反了日常语言之句法。我们反而看到他说，他是"怀着谦卑和保留"而提出批评意见的，因为他清楚地意识到自己"离了解这部困难作品有多远"。[③]不错，赖尔对海德格尔铸造新词之元理是有顾虑的，但很令人惊讶，他抗拒的却不是海德格尔的新词太晦涩，而是它们太平常，或——用赖尔的原话来说——太"幼儿园"（nursery）了！[④]在赖尔看来，海德格尔的新术语是建基于一个假设上的，即"某些

---

① 布拉韦尔（Lee Braver）对此有相当好的概括："The review is humble, largely positive, and well informed about the book's background in Husserlian phenomenology. Ryle makes a number of points that will become standard analytic objections, but with a tone of sympathy and respect rather than dismissive contempt." 参看Braver, "Analyzing Heidegger: A History of Analytic Reactions to Heidegger", p. 236。

② Ryle, "Heidegger's *Sein und Zeit*", in Ryle, *Collected Papers, Vol. 1: Critical Essays*, p. 206.

③ Ibid., p. 215.

④ 参看ibid。

'幼儿园'字词和语汇具有一种原始性",适合于表达"原始的意义"。①而赖尔觉得这是危险的假定。除此以外,赖尔对海德格尔还有好几个批评,但这却不妨碍他在书评之结尾对海德格尔表达敬意:

> 通过他对意识极为细微和彻底的考查,通过他在方法和结论上的大胆无畏和原创性,以及通过他在尝试不按正统哲学和心理学之惯用范畴而思考时所表现出的不懈精力,他显示出自己是一位真正重要的思想家。②

再次,通过他对两个传统的共同根源之反思,以及他对关于心智之"官方学说"之详细批评,赖尔让我们看到,两边阵营的成员其实是可以抱持相同的教条的。由于分析哲学和欧陆哲学之敌对关系,人们很容易就会把事情简化,以为如果一方是对的,那么另一方就肯定是错的。但赖尔却不这么看。在指出了胡塞尔、弗雷格、摩尔、罗素等人都是在反抗"观念心理学"以后,他接着指出:

> 他们几乎所有人都仿佛在说,哲学之概念探索止于对某些超级对象(super-objects)之超级审视(super-inspections),仿佛概念探索毕竟就是超级观察的探索。……胡塞尔对直观本质之谈论,多少相当于摩尔对审视概念之谈论,以及罗素对亲知共相(acquaintanceship with universals)之谈论……③

---

① Ryle, "Heidegger's *Sein und Zeit*", p. 206.
② Ibid., p. 222.
③ Ryle, "Phenomenology versus 'The Concept of Mind'", p. 180.

赖尔在胡塞尔、摩尔和罗素的论说中，看到其中不约而同都出现了"超级审视"之教条。他们也许给予了这种特殊认知不同的名称，他们也许有很不相同的论述风格，但他们面对的却是相同的困难，而他们所提供的解答也大致相近：假如逻辑知识不能基于经验直观，那么它们就必须基于非经验的直观，否则逻辑学就是不可能的。如果为回应相同的问题而产生的相同教条可以同时在"鸿沟"的两岸找到，那么我们为什么就不能接受，也可以同时在双方的阵营里找到针对同样教条之类似的回应或批评呢？赖尔本人看来是愿意把任何跟他一起攻击相同教条的人视为战友的，无论这人站在哪一边。例如，在关于想象之问题上，他就指出他自己跟萨特皆"攻击相同的概念错构（conceptual misconstruction）"[1]。

诚然，随着分隔时间日长，积习越深，双方无论在术语使用还是在论述风格上，距离似乎都越来越远。现在一方想要弄懂另一方在说什么，以至于开始互相认可，甚至在破除不熟悉的语言所造成的障碍后，渐渐明白大家其实不无共同之处，这些似乎都要比赖尔的时代更难。但如果我们也认为分隔的鸿沟"荒谬"，而愿意花工夫搭起沟通的桥梁，那么我们总得先拿起一条木板，一步一步走过去。

本章的目标之一，就在于搭起一块木板，而方法是通过比较海德格尔和赖尔对"心智"之一些看法，尤其是他们对理论化之批评。海德格尔对欧陆哲学之重要性毋庸赘言；赖尔则是日常语言学派的奠基人物。选择二者并不是随意的。赖尔对沟通两个传统的参考价值，我们在上面已经指出，而且赖尔与海德格尔两人的哲学确实有很多相通之处。甚至有人认为，赖尔的成熟时期思想有很多得益于

---

[1]　Ryle, "Phenomenology versus 'The Concept of Mind'", p. 193.

海德格尔之处。[1]但选择赖尔还有另外一层理由。海德格尔现在对哲学之影响还是十分巨大，研究他的著作数不胜数。但赖尔今天却可能已经没有多少人在阅读，更不用说研究了。[2]我觉得这是相当可惜的事。因为赖尔对心智哲学的"教条"之批评，在今天仍然是富有意义的；因为赖尔所批评的教条，其实至今仍然潜伏在心智哲学，以及相关的认知科学，乃至神经科学之中，只不过改头换面了而已。

　　由于两个阵营使用的术语相当不同，如果想要沟通二者，似乎不能不通过某种意义上的"翻译"。但翻译总是以一方的语言翻译另一方的，并没有中立的语言这种东西。本文的取向是把海德格尔的此有分析"翻译"为心智哲学。所以标题中的"心智"概念其实具有双种意义：一是指作为哲学论题的"心智"概念，二是指赖尔的名著《心智概念》（*The Concept of Mind*）。

二、此有与意识

　　要做有意义而非无益的比较，我们首先要找出比较对象所共同面对的论题。如上所言，我将把"心智"概念看作海德格尔与赖尔共同的论题。赖尔本人无疑就是这么看的，他把胡塞尔的现象学等同于"心智哲学"[3]，而把海德格尔在《是有与时间》中的成果描述为"对人类灵魂根本运作之现象学分析"[4]。奥拉夫森（Frederick Olafson）

---

[1] 参看 Murray, "Heidegger and Ryle: Two Versions of Phenomenology"; Baldwin, *Contemporary Philosophy*, p. 48; Kenny, *Philosophy in the Modern World*, p. 63。

[2] 赖尔在牛津的学生丹尼特（Daniel Dennett）就说："*The Concept of Mind* is one of those books that is often cited by people who haven't read it but read about it, and think they know what is in it."参看 Dennett, "Re-introducing *The Concept of Mind*", p. xii。

[3] 参看 Ryle, "Phenomenology versus 'The Concept of Mind'", p. 180。

[4] Ryle, "Heidegger's *Sein und Zeit*", p. 213.

在《海德格尔与心智哲学》（*Heidegger and the Philosophy of Mind*）一书中说，"当我们从构成心智哲学之一组问题"来对待海德格尔的思想时，其哲学重要性是"最明显的"。①这种看法有其合理之处，特别是就早期海德格尔对当今的哲学讨论的重要性而言。但正如奥拉夫森所预期的，以心智哲学来形容海德格尔的思想肯定会招致争议。对于可能的质疑，可举数个理由为回应，另外也可举出一个额外的好处。先说后者。心智哲学是当今最热门的一个哲学研究领域，如果我们可以显示，海德格尔对之有重要的贡献，那么我们也许就可以帮他争取到额外的读者群，有助于我们"搭桥"的目标。相反，如果我们坚持，海德格尔的哲学只能用海德格尔的话来讨论，那么我们将难以沟通他与其他跟他用词品位不同的哲学家。

再说理由。首先，如果我们只能以"心智"（mind）来指某种无形的实底（incorporeal substance）——传统二元论以为，这种实底以某种特殊的方式与无心智的形状体（mindless body）结合，形成一个完整的人——，那么，把"心智哲学"用于赖尔，也跟用于海德格尔一样不恰当。这是因为，对二者来说，他们所研究的对象都是完整的人，即就某特殊面向来看的完整个人（person）②，而不是什么无形的实底。因此，如果我们对把"心智哲学"用于赖尔没有异议，那么我们也尽可把海德格尔也接纳进去。赖尔本人就是这样做的。

---

① Olafson, *Heidegger and the Philosophy of Mind*, p. xiii.

② Heidegger: "Aber die kritische Frage kann hier nicht stehen bleiben. Die Frage steht nach dem Sein des ganzen Menschen, den man als leiblich-seelisch-geistige Einheit zu fassen gewohnt ist." (SZ:48) Ryle: "It follows that it is a logical solecism to speak, as theorists often do, of someone's mind knowing this, or choosing that. The person himself knows this and chooses that, though the fact that he does so can, if desired, be classified as a mental fact about that person." 参看 Ryle, *The Concept of Mind*, p. 168。按，因为要与舍勒（Max Scheler）的立场区分，海德格尔在《是有与时间》中不太用"Person"这个词来正面表达他的论题。但在较早以前的讲课中，他也用过"personales Dasein"的说法，参看GA59:81。

其次，海德格尔在挪用"此有"（Dasein）一词来专指人以前，也曾用"Geist"来描述现象学的论题[1]，而"Geist"之其中一个英语翻译就是"mind"。[2]再次，即使在海德格尔已经定下使用"此有"以后，他还继续使用"Geist"和其他的传统用语，来指出他的此有分析所面对的课题（SZ:46）。事实上，如果没有这层与传统用语的关联，我们根本就不可能明白海德格尔想用"此有"来表达什么。

最后，可能有人认为，如果我们想以较通用的说法，而不用特殊术语来表达海德格尔的论题，那么我们就应该用"人"而不应该用"心智"，因为"心智"是有理论负担的（theory-laden）字词。但是，"心智"其实也是日常的字词，平常使用这个词的人不见得就是二元论者。而且更重要的是，对于海德格尔而言，"人"也是有理论负担的字词（SZ:48f.），程度不见得比"Geist"轻许多。此外，海德格尔挪用"此有"来指人，其实是想突出人的一个特征，即"不封闭之特征"（den Charakter der Unverschlossenheit），海德格尔称之为"此"（Da）或"决开性"（Erschlossenheit）（SZ:132）。海德格尔用"决开性"来指某种"开启"（Eröffnung），但显然不是任何意义上的开启，绝不是海德格尔所谓"现前是有"（Vorhandensein）意义上的开启，而是更接近于谓某事情"对我们的意识开启"（open to our consciousness）意义上的开启。实际上，海德格尔后来在解释尼采的"意志"概念时所说的一句话就正好表达了这层意义："如果这里感受和意志被把握为一种'意识'、一种'知'（Wissen），那么很清楚就显出在意志自身中之那种开启成分了；但这开启不是审视，而是感受。"（NI:64）为什么把意志把握为意识，就显出它当中的开启

---

[1]　GA58:147: "Phänomenologie geht auf konkrete Ausdrucksgestalten des Geistes."

[2]　赖尔《心智概念》的德语译名就是 *Der Begriff des Geistes*。

成分呢？因为在海德格尔看来，意识之本有特性就是开启。在《是有与时间》中，海德格尔甚至不介意用那些传统上经常用来描述意识的字词——例如"照亮"（Erleuchten）和"光"（Licht）（SZ:133, 350）——来形容他的决开性。

总结来说，如果我们可以说，赖尔提出了一种心智哲学，那么我们也可以在同样的意义上说，海德格尔提出了一种心智哲学。关键是我们不要受制于海德格尔的特殊用语，而能够把其意义恰当地"翻译"出来，并提供充分的说明。

三、共同的敌人：笛卡尔

在探讨海德格尔与赖尔对理论化之批评以前，我们先讨论一个更一般的主题，以显出两人对心智之共同立场。海德格尔与赖尔两人最显著的共同点，是他们有共同的假想敌。这体现在笛卡尔（Descartes）这位历史人物身上，通过与之对比，他们的心智学说就能够格外鲜明地表现出来。赖尔告诉我们，他所谓的"官方学说"，即《心智概念》一书要攻击的学说，"主要源自笛卡尔"[①]。赖尔因此也将之称为"笛卡尔神话"（Descartes' Myth）。而海德格尔在《是有与时间》中也告诉我们：

> 在历史学的取向上，存在论分析之目标可以这样厘清：笛卡尔——人们认为他发现了现代哲学的出发点cogito sum——在某范围内研究了ego的这个cogitare。不过，他留下了sum完全没

---

① Ryle, *The Concept of Mind*, p. 11.

有讨论，尽管它被定为跟cogito同样本源。存在论分析提出关于sum之是有之是有论问题。（SZ:45-46）

事实上，海德格尔和赖尔不但有相同的敌人，他们对这个敌人也有近似的抱怨。根据赖尔的分析，官方学说的错误主要跟一个预设有关，即我们可以用"存在"（to exist）一词以相同的意义说"身体存在"和"心智存在"。赖尔并不否定心智存在，他所指的错误在于，把这里所谓"存在"与我们说"石头存在"时所谓"存在"等同起来，或认为二者是同一个类（genus）下之两种（species）存在。他在《心智概念》中说：

> 在一种逻辑语调下说心智存在，而在另一种逻辑语调下说身体存在，是完全恰当的。但这些说法并不是意指存在之两不同的种，因为"存在"不是一个类词（generic word），跟"有色的"（coloured）或"性别的"（sexed）不同。它们是"存在"之两个不同意义。[①]

对此误解之分析引出了赖尔最为人知的一个概念"范畴错误"（category-mistake），即"把心智生活之事实表达为好像它们属于一个逻辑类型或范畴，而实际上它们却属于另一个"[②]。

至于海德格尔，众所周知他把事物（Ding）之是有与此有之是有区分开来，前者被他称为"现前是有"，而后者被他称为"存在"（Existenz）。换句话说，海德格尔认为，当我们说"是有此有"

---

① Ryle, *The Concept of Mind*, p. 23.
② Ibid., p. 16.

时，这时候"是有"的意义，与我们说"是有石头"时是不一样的。然而，海德格尔在谈到"是有"一词在使用上的这一歧义时，用词有时不是很小心，容易让人混淆。他有时将之称为"是有意义"（Seinssinn），但更多的时候他将之称为"是有类型"（Seinsart），后者可以被解释为"是有种类"，因为德语的"Art"有"种"的意思，相对于"Gattung"（类）而言。不过，我们知道，对于亚里士多德的著名判断"是有不是一个类"，海德格尔是相当熟悉的，而且在《是有与时间》的开头就已经引述过（SZ:3）。因此我们似乎应该假定，海德格尔实际上指的是"是有"之意义，而不是是有之种类。①

跟赖尔一样，而且比赖尔更早，海德格尔也认为，对此有和对事物有不同的言陈方式。传统上，言陈任何东西之最普遍的概念被归类为不同的"范畴"（categories）。在较早时期的讲课中，海德格尔也谈到"此有之范畴"（例如GA63:30）。但在《是有与时间》中，基于他认为传统的范畴只适用于物，所以他拒绝把"范畴"这个术语用于此有，而铸造了"存在论相"（Existenzialien）（SZ:44）这个新的术语以为替代。这对我们的比较当然造成了一些用语上的不便，因为严格而言我们就不能说，对海德格尔而言，以谈论事物的方式来谈论此有是"范畴错误"。但撇开用语上的不同，可以肯定的是，赖尔和海德格尔两人都认为这是错误。

可能有人认为，赖尔与海德格尔的区分，其性质是完全不同的；海德格尔对此有和事物之区分是"是有论区分"（ontologischen Unterschied）②（SZ:56），而赖尔的范畴则只是"逻辑类型"。但事情

---

① 在《是有与时间》的一些地方，海德格尔显出在矫正自己有时不太恰当的用语。例如："Die vorausgesetzte Wahrheit, bzw. das 'es gibt', womit ihr Sein bestimmt sein soll, hat die Seinsart bzw. den Seinssinn des Daseins selbst."（SZ:228）

② 这个区分与在《是有与时间》后才出现而较为人所熟悉的"是有论差异"（ontologische Differenz）不同，不能混淆。

并没有表面上看那么简单。这是因为，一方面，海德格尔认为是有论与逻辑是有紧密关系的，以至于他把是有论研究也称为"创作性逻辑"（SZ:10）；另一方面，赖尔的范畴也可以如威廉姆斯（Bernard Williams）所言，被解释为"不只是单单对语言表达之归类"，而是"对应于真正的是有论范畴"，"对应于在世是有之某些方式"。①赖尔所谓"逻辑"，不单是形式逻辑，正如维特根斯坦（Ludwig Wittgenstein）所谓"文法"（grammar）并不单是语言学的文法。

　　赖尔称为"范畴错误"的迷误，海德格尔称为"是有论颠倒"（ontologische Verkehrung）（SZ:250）。笛卡尔就犯了这种颠倒的错误，他"以把握res extensa之是有之相同方式，来把握'此有'之是有，即把握为实底"（SZ:98）。"实底"是传统范畴之一。而在海德格尔看来，传统范畴只是事物之范畴，所以笛卡尔将"我思"把握为"思想的实底"，就已经犯了是有论颠倒的错误。乍看起来，海德格尔的说法好像有矛盾，他一方面说笛卡尔将"此有"把握为实底，而另一方面又说"他留下了sum完全没有讨论"。实际上，我们应该把这两个表述视为相互补充而不是相互矛盾的说法，即，因为笛卡尔一开始已经把"我思"把握为实底，所以他对"我思"之是有没有正面的讨论，而只有"负面的"（negative）讨论②：因为"我思"不是外延的实底，所以它必须是另一种实底。笛卡尔没有想到，"我思"可能根本就不是实底，而是其他东西。在这一点上，赖尔也有相同的看法，他认为对笛卡尔而言，"心智之运作只得以对身体之特定描述之单纯反面来描述；它们不是在空间中，它们不是运动，它

---

① 参看 Rorty (ed.), *Linguistic Turn*, p. 304。

② "Vielmehr wird der kategoriale Bestand der traditionellen Ontologie mit entsprechenden Formalisierungen und lediglich negativen Einschränkungen auf dieses Seiende übertragen." (SZ:22)

们不是物质之模态变化，它们不通达于公开观察"①。

四、赖尔对理论化之批评

海德格尔与赖尔的另一个显著共通点，是他们都认识到西方哲学传统具有理论化（theorizing）的倾向，以及这对我们了解心智有所妨碍。作为哲学家兼出色的数学家，笛卡尔也显出了突出的理论化倾向，但他却远不是第一个具有这种倾向的西方哲学家。事实上，这种倾向可说与哲学事业从来就密不可分，可以一直追溯到古希腊。重视理论显出了哲学传统对"单纯观看"之重视。"理论"是英语"theory"之翻译，此词出自古希腊语名词"θεωρία"，其动词形式为"θεωρέω"，意指注视、观看，但不是一般意义上的观看，而是专指对所看的事情不参与而纯粹旁观意义上的观看，像我们的成语所谓"袖手旁观"。旁观者之特点在于，除了观看之兴趣外，他对所看的事没有其他兴趣，也就是说，他只是为了观看而观看。古希腊人一直认为这是θεωρέω之特点，亚里士多德就说："看来只有它是为了它自己而被喜爱的。这是因为，除了看到外，没有什么东西自它产生，但从实践活动中，除了行动外，我们或多或少制造出额外的东西。"②这种"单纯观看"在哲学传统里一直占有很特殊的地位。我们现在都说，客观是科学研究之美德，其实就是由此而来。"客观"是"旁观"之继承者。

理论态度，也就是单纯观看的态度，当然对很多事情都很有好处。但它对一些事情其实也能带来负面的影响。由于理论态度为我

---

① Ryle, *The Concept of Mind*, p. 20.

② Aristotle, *Nicomachean Ethics*, 1077b.

们带来了很多好处，我们为我们的这种能力而感到十分自豪，以致我们干脆就以这种态度来界定我们自己，认为心智之特点就是理论化。赖尔就看到了这方面的毛病，他把西方传统之理论化倾向称为"理智主义传说"（intellectualist legend）。[1]他说："哲学家和门外汉都倾向于把理智操作看待为心智行为之核心；也就是说，他们倾向于以各种认知概念来界定其余一切的心智行为概念。"[2]而"理智"（intellect）或"理智能力"首先就是指构成理论化之操作。[3]换句话说，哲学传统上把理论化视为心智活动之"本有功能"。[4]赖尔认为，这是导致"官方学说"或即他所谓"机械中的幽灵教条"（the dogmas of the ghost in the machine）之基本假定之一。他说："认为理论化是心智之首要活动，以及认为理论化内涵上（intrinsically）是一种私人的、静默的或内在的操作，这两个假定之结合，一直是机械中的幽灵教条之一主要支持。"[5]赖尔明显对理论化倾向抱持否定的态度。他说："本书的目的丝毫不是为了壮大知识论或感知理论之队伍。相反，本书的动机之一就是要表明，很多以此为名的理论都是多余的副机械性（para-mechanical）假说，或体现了这些假说。"[6]事实上，在《心智概念》一书中，"理论家"（theorist）差不多就等于对心智抱有错误想法的人。

因为理论化之目标就是取得"对真命题或事实之知识"，所以理智主义传统倾向于把所有知识都化约为命题知识。[7]《心智概念》的

---

① Ryle, *The Concept of Mind*, p. 29.

② Ibid., p. 26.

③ 参看ibid。

④ 参看ibid., p. 137。

⑤ Ibid., p. 27.

⑥ Ibid., p. 222.

⑦ 参看ibid., pp. 26-29。

任务之一，就是要矫正这种偏颇的看法。赖尔认为，"有很多活动都直接展示心智品质，但本身既不是理智操作，亦非理智操作之效果。睿智的实践不是理论之养子。相反，理论化是其他诸多实践中之一种"①。赖尔区分了"智力"（intelligence）和"理智"（intellect），以及对应的"睿智的"（intelligent）和"理智的"（intellectual）两个概念。理智是智力之一方面，但既不是其全部，也不是其本有；它只是智力之一个特殊方面。相应于这个区分，赖尔在《心智概念》中也区分了两种"知"，一种被他称为"知怎样"（know how），另一种被他称为"知这样"（know that）。后者相当于命题知识，而前者是指我们做某些事的能力，比如说知怎样开车。

理智主义传统认为，凡是做任何涉及智力的事，都要先认知某些关于此事的一些命题："根据这个传说，在做某事的时候心想着自己在做什么，就总是在做两件事，即在考虑某些恰当的命题或规条，以及把这些命题或规条所责令的事付诸实践。"②赖尔认为这种看法是荒谬的。首先，我们做很多事情都要运用智力，但却不是凡做这些事情都要运用理智，都要先取得命题知识，而且一些智力活动根本就没有可以明确说出来的规条。其次，这种看法会导致无穷后退。取得命题知识也是智力活动之一，如果凡是智力活动都必须先认知某些命题，那么认知某些命题之前就必须先认知另一些命题，无穷无尽。最后，规条总带有某种程度的普遍性。我们怎样把它应用于实践呢？普遍的规条和具体的实践之间总有某种距离，所以应用规条是无法完全被化约为接收规条的。总括而言，赖尔认为，"'睿智的'不能以'理智的'来界定，'知怎样'不能以'知这样'来界定"③。

① Ryle, *The Concept of Mind*, p. 26.
② Ibid., p. 29.
③ Ibid., p. 32.

为什么传统哲学中会有上述的理论呢？赖尔认为，其中一个原因，是理论家认识到，要决定一个行为是否是智力行为，不能单单看这个行为本身，而要"看远一点"（look beyond）。[①]机智的人妙语如珠，但笨蛋也有可能碰巧说出一句一模一样的话。那么，为什么一句是机智话，另一句是笨蛋话呢？理论家认为，既然从可见的（或可听的）东西不能决定，那么能决定的就一定是不可见的东西；机智话所以是机智话，是因为它有一个不可见的原因，它是一个不可见的内心理智行为之效果。传统理论之错误在于，以为"看远一点"是去"看"一些不可见的内心行为。"看远一点"其实只是指不要单单看一个行为，而多看几个。如果原先被以为是笨蛋的人，不断说出妙语的话，我们就会开始疑心他其实不是笨蛋，而只是装笨。我们有这样看法的改变，不是因为我们突然"看到了"他心智里面不可见的行为，而是我们发现了他有说妙语的能力。说一句妙语难保不是碰巧，不断说就显出某种能力了。赖尔将能力视为性向（disposition）之一种。对于机智（一种能力）与机智话之关系，赖尔将其看作性向与其运用（exercise）之间的关系。他说："传统心智理论把性向和运用之类型区别（type-distinction），误构为不可见证的心智原因与其可见证的物理效果之间的神秘分叉。"[②]

五、海德格尔对理论化之批评

海德格尔在他哲学生涯最初的阶段，就开始反思理论化对心智研究之妨害。他对理论化之批评不但比赖尔更早，而且也更深

---

① Ryle, *The Concept of Mind*, p. 45.

② Ibid., p. 33.

入。在海德格尔现存最早的弗莱堡大学讲课、1919年战时权充学期
（Kriegsnotsemester）的"哲学之观念与世界观问题"（"Die Idee der
Philosophie und das Weltanschauungsproblem"）中，海德格尔对理论
化就已经有相当深入的批评了。这时海德格尔当然还没有挪用"此
有"，他也没有用"Geist"。他用以表达他所关心的论题的，是取自
狄尔泰（Wilhelm Dilthey）和胡塞尔的"体验"（Erlebnis）这个术语。
海德格尔认为，体验不是由事物或对象，而是由"含义东西"（das
Bedeutsame）所构成的。含义东西组成周遭世界（Umwelt），所以体
验总是周遭世界体验（Umwelterlebnis）。"活在一个周遭世界中，对
我来说时刻和到处都散发含义，一切都是世界性的，'它世界化'
（es weltet）。"（GA56/57:72–73）

跟赖尔一样，海德格尔也指出，理论化只是心智的一个特殊方
面。"我们经常，可以说大部分时候，都在周遭世界中体验。……
相反，我们只是在例外情况中，才处于理论态度中。"（GA56/57:88）
但是，由于理论态度在哲学和科学研究上的重要作用，人们觉得
理论态度就是心智之"本有功能"。海德格尔这样说："从客体科学
（Objektswissenschaft）看来，理论思维仿佛就是心智（Geist）之基本
态度。"（GA58:236）

海德格尔不但认识到理论化只是心智的一个特殊方面（所以我
们不应该以理论态度来界定心智），他还进一步认为，理论态度是
不能用来认识心智的，因为这种例外的态度恰恰摧毁了心智之本来
面目。"周遭世界体验这些包含意义的现象不能如此说明：摧毁其本
有的特征，放弃它的意义，而投画理论。"（GA56/57:86）"当我试图
理论地说明周遭世界时，它就塌下来了。"（GA56/57:86）这是因为，
心智就是"亲历"（Erleben），而所有理论态度都是"一种去生命的

（entlebend）态度"（GA56/57:100）。海德格尔于此所谓"去生命"，当然不是指平常所谓"夺去生命"，而是指夺去亲历中的本有成分，也就是其含义性或世界性。海德格尔在战时权充学期中对此有很细致的描述：

> 作为对象、作为客体的东西本身没有触动我。确立的自我，已不再是我。确立作为体验，只是体验的一种残余；它是一种去生命。对象性东西、被认知的东西本身是离去的（ent-fernt），从本己的体验中被抽出的。被客体化的发生，作为对象性的、被认知的发生，我们称为"过程"（Vor-gang）；它简直是走过（vor-bei-gehen），在我的认知自我（erkennendes Ich）前面走过，它与这种苍白的、把体验化约到最低程度的自我关涉性（Ichbezogenheit）仅有被认知的关系。仅仅和恰恰在认知中，即在理论举止态度中给予自身，以及对理论自我给予自身，这是品物和品物联结之本有。在理论举止态度中，我朝向某东西，但我没有（作为历史自我）向着这些或那些世界性东西活着。（GA56/57:73-74）

海德格尔所谓"确立"（feststellen）是指一种理论行为。它把所体验的东西确立为客体。如上所言，理论态度就是旁观者的态度，而旁观者的态度就是"事不关己"的态度。他对所观看的事情，除了观看外，没有其他的兴趣。这时候所看的事情"没有触动"他。因为他置身事外，所以所看的事情是"离去的"，跟他没有切身关系；仿佛在看表演一样，所看的东西在他"前面走过"，对他来说不过就是"过客"。平常生活中的"我"，海德格尔称之为"历史自我"。在平常生活中，周遭的东西对我来说总是有单纯观看以外的兴趣的。基于这些兴趣，周遭的东西对我来说充满各种不同的意义。但在理论态度中，也就是在单纯观看这种特殊态度中，我对所看的东西没有观看以外的兴趣，所以我跟它就只剩下看与被看的关系，或海德格尔所谓认知与被认知的关系。这时候的"我"，海德格尔称之为"理论自我"或"认知自我"。对于有生命的东西来说，周围的东西对他总是息息相关的。但在理论态度中，这种息息相关之性质被压抑，我们只是冷漠地观看事物。所以海德格尔认为，理论态度是去生命的态度。

海德格尔认为，跟周遭世界息息相关的性质是心智之本有特性，而理论态度却恰恰是一种压抑这种息息相关性质的态度。所以他认为，对我们了解心智来说，理论态度是巨大的障碍。"但是，理论的东西已经渗入我们的骨子里了，对真正去概观周遭世界体验这个主宰领域，这是巨大的妨碍。"（GA56/57:88）如上所言，哲学传统给予理论态度特殊的地位，海德格尔指出，"把真正的问题扭曲的，不是如人们认为的那样（胡塞尔《逻各斯》论文），只是自然主义，而是理论的东西之一般支配，是理论的东西之优先"（GA56/57:87）。所以，打破理论之优势，就是现在我们了解心智之必要条件："这种理论的东西之优势必须被中断，却不是以宣布实践的东西居先的方式，不是为了带出其他某些从一个新面向显示问题的东西，而是因为理论的东西自身和本身回溯到一种前理论的东西（ein Vortheoretisches）。"（GA56/57:59）

从某种程度上来说，赖尔也同样注意到，科学所讲求的旁观者态度限制了我们对心智之了解。他说："有些心智状态我们不可能冷静查索，因为我们在这些状态中就意味着我们是不冷静的，而我们是冷静的就意味着我们不在这些状态中。没有人可以在内省中查索惊恐状态或盛怒状态；这是因为，根据对'惊恐'和'盛怒'之界定，在科学观察中所运用的无动于衷状态，就不是如此激动中的人之心智状态。"[1]但赖尔于此所说的，只是"有些心智状态"，并且他只是就"内省"这种研究方法来说；而海德格尔则认为，我们在理论态度中是无法了解心智的。

海德格尔在《是有与时间》中进一步反思认知（Erkennen）之"例外"性质。在这部书中，海德格尔特别强调认知被奠基的性质。说认知是被奠基的，也就是说它是被奠基于某些更本源的东西。在《是有与时间》中，海德格尔将此有——我们将之看待为心智——之是有限定为"忧心"（Sorge），将它对待世界的方式限定为"操心"（Besorgen），将对待他人的方式限定为"关心"（Fürsorge）。他也将操心表达为"是有诸世"（Sein-bei-der-Welt），认知就是奠基于此有这种基本状态。海德格尔说：

> 认知本身先行基于一已经是有诸世（Schon-sein-bei-der-Welt）——此有之是有本有上构成为此。这是有诸，首先不单纯是一种对纯粹现前是有者之瞪目注视。作为操心，在世是有沉迷于他所操心的世界。认知作为对现前是有之审视的限定，它如果可能，操心着的与世界相涉就先行需要有某种短缺。在抑止所有制作、从事的时候，操心就把自己置于是在（In-Sein）当下唯一还余下的模式中，也就是仅仅仍逗留诸。（SZ:61）

人们在世是有，平常总是在从事某些事，总是为某些事操心。

---

[1]　Ryle, *The Concept of Mind*, p. 166.

这时候周遭的东西首先是跟我们所操心的事有关而对我们显现。这样显现的东西，海德格尔称之为"器具"（Zeug），它们为我们所用，它们的是有类型被他称为"上手是有"（Zuhandensein）。这是我们的存在之通常情况。但也有例外情况。认知就是例外情况。海德格尔认为，在认知时我们需要暂停从事，我们把手闲下来，只用眼睛看，单纯审视，"瞪目注视"。这时候周围的东西就不再是器具，因为我们已经不是在用它们；这时候它们也不再是上手是有，因为我们已经把手闲下来。在我们单纯注视的时候，周围的东西变成了事物，而它们的是有类型就变成现前是有。

如果确实如海德格尔所言，认知只是心智一例外状态，如果我们像笛卡尔那样，以认知作为世界通达于我们的基本方式（SZ:95），则对于心智与世界之关系，我们难免就只会得出一幅偏颇甚至扭曲的图像。我们的心智首先并不是用来让我们坐在火炉旁边沉思的，而是用来让我们能办各种各样的事情的。需要使用锤子的人，看到锤子正好在手边，拿起来就用了，不会无故考虑它是否真的是有；肚子饿的人，饭菜端出来就吃了，也不会无故先停下来思考饭菜是否真正存在。只有当我们"抑止所有制作、从事"，而挠起手来，单单以旁观者之姿态来观看周围的事物时，我们才会无故疑心周围的东西是不是真的存在。外在世界之实在性问题，其实只是一个由理论态度所引起的问题。

六、结　语

丹尼特在2000年为他的老师赖尔50多年前出版的书《心智概念》所写的新"导言"中说："在20世纪末，《心智概念》比赖尔在世纪中写这部书的时候，是一部更为丰富的文本。……在当今认知科学中，作为热辣新方向而涌现的许多主题，与赖尔那些久已无人问津的主题，都有惊人的相似性。"[1]为什么赖尔的书现在会显得更丰富？因为阅读的脉络不同了。在这60多年间，认知科学、心理学、生物学和神经科学发展迅速。从某种意义上来说，我们对心智比赖尔所知的多得多，我们现在用来研究心智的技术非赖尔的时代可以想象。但是从另一个意义上来说，我们其实并没有比赖尔所知更多。科技让我们多知道了一些关于心智之事实或资料，但对于心智到底是什么，科技至今没能给予我们答案。为什么呢？是因为科技还没有足够进步？还是我们提的问题根本就不对？在赖尔看来，情况无疑是后者。[2]在这60多年间发展起来的认知科学，其基本架构仍然是笛卡尔式的，只不过以计算机取代了机械，以"桶中之脑"取代了机械中的幽灵。[3]最近，很多学者正在开始反思这方面的问题。正如丹尼特所言，一些认知科学家最近提出的所谓新观念，其实与赖尔50多年前就提出的十分类似。

丹尼特就赖尔所说的话，其实也适用于海德格尔。我们在上文讨论到海德格尔在战时权充学期对理论化之批评，这门课讲于1919年，距今已经100多年。而最近一些学者提出有关心智之一些"新观念"，竟然与海德格尔当时就提出的"有惊人的相似性"。例如，诺亚（Alva Noë）在几年前出版的一部书中说：

> 我们对他人拥有心智之信心，其基础是实践性的。我们不

---

[1] Dennett, "Re-introducing *The Concept of Mind*", p. x.

[2] 例如，赖尔认为，心智与身体关系之问题是"不恰当的问题"，但学界至今还在问这样的问题。参看Ryle, *The Concept of Mind*, p. 168。

[3] 参看Wheeler, *Reconstructing the Cognitive World*; Noë, *Out of Our Heads*。

能认真看待他人没有心智这种可能性，因为这样做需要我们采取一种理论的、疏离的立场来面对他人，而这是与我们已经跟他们共享的生活方式不相容的。这一切都指向有关心智科学之某种吊诡：科学要求疏离，但只有我们采取一种完全不同的、更投入的态度时，心智才可以成为焦点。[①]

诺亚想要说的，其实海德格尔在一个多世纪前就已经说了，而且在某些方面他的分析比诺亚更精细。但这期间，研究心智哲学之学者大部分似乎都没有留意海德格尔已经表达了他们想要表达的观点，或已经有力地批评了他们的某些立场。现在已经没有多少人在研读赖尔，大概是由于大家都认为他抱持一种过时的行为主义立场。研究心智哲学的，特别是属于分析哲学传统的学者，没有多少人理会海德格尔，则很大程度上是由于分析哲学与欧陆哲学之分裂。本章的一个目标就在于显示，如果我们能够对海德格尔的术语做恰当的"翻译"，那么我们就有可能发现海德格尔对心智哲学之贡献。

---

① Noë, *Out of Our Heads*, p. 25.

第四章　心情与世界

——《是有与时间》的情感论

情感近年成了学界之热门课题，但其实仅仅在40年前，它在哲学界却属冷门研究。所罗门（R. C. Solomon）于1976年出版的《情感》（*The Passions*）一书，现在享誉为先驱著作。作者在写于1992年的新版"自序"中，回顾了初版时之冷门情况：

> 《情感》出版于1976年，当时"情绪"（emotions）这个题目在英美哲学界几乎无人问津，在社会科学界也少人注意。德国和法国之境况也好不了多少，当时新科学主义与结构主义已经遮盖了现象学和存在主义之光芒……[1]

所罗门此书无疑开情感研究之风气，但它仍免不了是"站在巨人之肩膀上"。为其提供肩膀的巨人非止一人，其中最主要的当属20世纪50年代开始被统称于"存在主义"名下的那些哲学家，尤其是海德格尔和萨特。所罗门在新版"自序"中又说："我主张：情绪本身是理性的（因此也有时是非理性的）。它们是在世界中观看和介入之方式，以海德格尔可喜的隐喻而言，即我们'被调节'（being tuned）入世之方式。"[2] "Being tuned"一词出自《是有与时间》，它限定了所罗门对情感研究之整体思路。

---

[1]　Solomon, *The Passions*, p. viii.

[2]　Ibid., pp. viii-ix.

一、基本用语释义

本章的目标是重新展释海德格尔在《是有与时间》中对情感之论述，特别是他对"感遇性"（Befindlichkeit）之三个本质限定。在开始讨论之前，我们需要先做一些用语上的澄清。

Passion，我翻译为"情感"。在我的使用中，"情感"包括情绪和心情。"Passion"现时一般翻译为"热情"或"激情"，我译为"情感"是取其广义或历史意义。"激情"顾名思义乃指激烈的情感，这对应"passion"现时较狭义的用法。但从前哲学史上的"passion"却是一切情绪或感受之通名，不但在奥古斯丁和阿奎那那里如是，即使到了笛卡尔和休谟那里仍然如是。相反，"emotion"取而代之，则只是在不久以前（详见下文）。"Passion"源自拉丁语"passio"，原义指被受或受动，意义跟"actio"即行动或施动相对。施动与受动是变动一事之两面，原来并非专指心理现象。心理义的"passion"，实乃"灵魂之受动"（passio animae）之简称，我以"情感"翻译的就是此一意义。奥古斯丁以"passio"来翻译希腊语"πάθη"[①]，前此西塞罗则译为"perturbatio"意即扰动[②]，两人都视之为"灵魂之变动"（motus animi）。"Passio"固然只是变动之一面，故此西塞罗进一步将情感限定为"灵魂之不服从理性的变动"[③]。

Emotion，我翻译为"情绪"。从字面已可见，"emotion"本义亦跟变动（motion）有关。在笛卡尔看来，"émotions"一词不但笼统带有"变动"之义，而且似乎还是激烈的"扰动"。他在《论

---

① 参看 Augustine, *De civitate Dei*, 9.4。

② 参看 Cicero, *Tusculanae disputationes*, 3.4.7。

③ Ibid.

情感》①中说:"将之称为灵魂之变动(émotions de l'âme)也许更佳,不仅因为此词可用于其中的一切变动,亦即来到灵魂上的一切不同思绪(pensées),特别还因为在灵魂可有的各种思绪中,对灵魂之躁动和震动,没有比情感更强烈者。"②依此看来,笛卡尔所谓"émotions de l'âme",正相当于奥古斯丁所谓"motus animi"。根据狄克森(Thomas Dixon)的研究,"emotion"从19世纪中开始逐渐取代"passion"而变成心理研究之标题概念。其中最关键的人物,是苏格兰哲学家布朗(Thomas Brown)。狄克森称他为"情绪之发明人"③,并以他于1820年出版的《人类心智哲学讲义》(*Lectures on the Philosophy of the Human Mind*)为转变之标志,书中以"emotions"统称一切不属于感觉(sensations)之非理智的(non-intellectual)心理状态。值得一提的是,在布朗那里,"emotions"同样是指受动的状态。④

中国古人也认为"情"有"动"之意味。南朝贺玚以静、动来区别性、情,孔颖达《礼记正义》疏《中庸》第一句"天命之谓性"云:

> 贺玚云:"性之与情,犹波之与水,静时是水,动则是波;静时是性,动则是情。"……情之所用非性,亦因性而有情,则性者静,情者动。故《乐记》云:"人生而静,天之性也。感于物而动,性之欲也。"故《诗序》云"情动于中"是也。⑤

①　此书标题直译为《灵魂之受动》(*Les passions de l'âme*),我意译为《论情感》。
②　Descartes, *Œuvres*, Vol. IX, p. 350.
③　Dixon, *From Passions to Emotions*, p. 109.
④　参看 ibid., pp. 23, 124。
⑤　标点据李学勤主编、北京大学出版社1999年简体字版的《十三经注疏》。上海古籍出版社2008年繁体字版的《礼记正义》则把整段都标为贺玚的话。

据贺场看来，波之于水，等于情之于性，前者动，后者静。[1]如果说波是水之动，情就是性之动。性何以动而生情？按《乐记》的说法，就是因为"感于物"，即被物所感动。

Feeling，我翻译为"感受"。此词之范围要广于"情绪"。布朗把情绪视为感受一类[2]，后来心理学也跟从这一用法。例如，一部于1905出版的《哲学与心理学词典》就这样描述"emotion"一词：

> "Emotion"一词在英语心理学中的使用比较现代。休谟有此词，但即使他一般也宁用"passions"或"affections"。当"emotion"一词变得流行后，其应用很广泛，覆盖各种各样的感受，除了那些本源上是纯粹感觉性的（sensational）以外。[3]

这里所谓"那些本源上是纯粹感觉性的"感受，大概相当于现在所谓"身体感受"（bodily feeling），例如冷、暖等。由此可见，情绪可称"感受"，但某些感受却不是情绪。这其实也不是当代心理学之新发现，笛卡尔已经有此区分。[4]

二、感遇性与心情

海德格尔在《是有与时间》中主张，"在世是有"是"此有之本有结构"（SZ:56）。这即是说："只要此有是有，它便在一世界

---

① 引文第一句"性之与情，犹波之与水"，理应为："情之与性，犹波之与水。"

② 参看Dixon, *From Passions to Emotions*, p. 23。

③ 引自ibid., p. 17。

④ 参看Descartes, *Œuvres*, Vol. IX, p. 350。

中是有。"（GA24:241）[1]他早在第12节中已经指出，"在"（In）字用在"人是在世"上和用在"衣服是在柜子"上，意义是不一样的（SZ:54）。第五章接续这点，专门讨论此有之"是在"（In-Sein）。海德格尔于此提出"决开性"概念，用以限定人之"是在"或"在此"（Da）。他说："'在此'一词意指这本有的决开性。"（SZ:132）换言之，将人称为"此有"（Da-sein），既表示他"是在世"（In-der-Welt-sein），也表示他是"其决开性"（SZ:133）。海德格尔同时提出，决开性有三个"同样本源的"（gleichursprünglich）环节，即Befindlichkeit、理解和话语。他对情感的讨论隶属于前者。

Befindlichkeit，我在本书中将尝试翻译为"感遇性"。此词极难翻译，故英语中也有很多不同译法，莫衷一是。[2]此词并不见于日常德语，是海德格尔根据"sichbefinden"一词构造出来的（GA20:351）。"Sichbefinden"用法很多，海德格尔所用之义，大概出自日常问候句："Wie befinden Sie sich？"[3]困难在于，此词的诸多意义难以在别的语言中统一表现出来。但既然"Befindlichkeit"也是海德格尔所自制，我们也不妨自制一词来翻译：我翻译为"感遇性"，而将动词"sichbefinden"翻译为"感己"。[4]

"感遇性"概念跟情感、感受等之关系，就我所见，以1927年夏季学期的讲课"现象学之基本问题"表述得最清楚：

---

[1]　人与世界的这种本质关系，其实已显现在中文的日常语言中：我们说一个人在生，也可说她"在世"；说一个人不在生，就说她"去世""过世""逝世""离世""辞世"，等等。这些用语无非表示：只要人在，她就在世。

[2]　参看Ratcliffe, "Why Mood Matters", p. 158。

[3]　参看BT, p. 172, n. 2; Dreyfus, Being-in-the-World, p. 168。

[4]　现代中文中没有"感己"一词，但古代是有的。例如王符《潜夫论》第8卷："感己之好敬也，故接士以礼，感己之好爱也，故遇人有恩。"

一切理解本有上都关联于一感己，它属于理解本身。感遇性是我们称为心情（Stimmung）、情感（Leidenschaft）、感触（Affekt）和类似东西之形式结构，它建构一切对是有者之取态，但感遇性不是单独使之可能，而是总跟理解合一而使之可能，理解给每一心情、每一情感、每一感触以明亮。（GA24:397-398）

换句话说，"感遇性"是一个是有论概念，它所表达的是此有之"形式结构"，亦即"在世是有"结构之一环。"感遇性"结构在是有层次之表现，就是日常所谓"心情""情感"和"感触"等等。

Leidenschaft、Affekt，我分别译为"情感"和"感触"。此二词其实都同样可追溯至希腊语"πάθη"一词，"Leidenschaft"是其德语翻译，意义等于"passion"，而"Affekt"则直接取自拉丁语。奥古斯丁提到："πάθη"在拉丁语中有不同的译法，有人译为"perturbationes"（西塞罗），有人译为"passiones"，也有人译为"affectiones"或"affectus"。[1] "Passio"和"perturbatio"已见前文。"Affectus"例见塞内卡对愤怒和畏惧之论述[2]；另外，西塞罗亦有"affectus animi"之说法[3]。可见"passio"和"affectus"其实是同义词，我把后者翻译为"感触"，除了有别异之用，还因为它跟英语"affect"一样，可用为动词。

Stimmung，我翻译为"心情"。此词英译为"mood"。就英语而言，一般以为"emotion"和"mood"即使不能截然分开，但依然有某些区别。被受时间之长短，往往被取为分辨标准；另一区

---

[1] 参看 Augustine, *De civitate Dei*, 9.4。

[2] 参看 Seneca, *De ira*, 1.1.7。

[3] 参看 Cicero, *Tusculanae disputationes*, 5.14.47。

别是，情绪有特定的意向对象，而心情则没有。[①]但必须注意，这只是英语内之区分。海德格尔在《是有与时间》中对情感的讨论主要围绕"Stimmung"一词展开，我们却不能以英语为本位，以为他只关注"mood"而不关注"emotion"。首先，德语里其实并没有对应"emotion"的字词，故此也没有上述区分。"Emotion"在德语中是"Gefühle"，即感受，而感受也以感遇性为形式结构。海德格尔在《是有与时间》中即已表示：感遇性所涉及的现象，"早就在'感触'和'感受'之名称下为人所认识，并且已一直在哲学中为人所审视了"（SZ:138）。其次，几乎众所周知，海德格尔的用词并不受一般用法所限。在他的讨论中，我们看不见有对应英语"emotion"和"mood"之区分。[②]例如，畏惧（Furcht）以英语而言是一种情绪（emotion），但在海德格尔那里也属于"心情"。[③]

　　海德格尔之采用"Stimmung"一词，恐怕最主要还是跟此词本身之字形和多义性有关，而不是因为它限于指某些感受。"Stimmung"原义指调音，即调节乐器之音调（Stimme）。海德格尔的使用兼具此义，因此相关的"Gestimmtheit"一词，英译者翻译为"attunement"。在海德格尔看来，心情正是我们"被调节"入世界之方式，这一多义性难以在别的语言中被充分表达，我在下文中将把"Gestimmtheit"翻译为"情怀"，而把相关的形容词"gestimmt"翻译为"怀情的"。另外，"Stimmung"和"Bestimmen"在字形上之关联，大概也是海德格尔选用"Stimmung"的原因之一。海德格尔后来在《尼采》（Nietzsche）书中的一句话可以为例："陶醉之心情

---

① 参看 Burton, *Heaven and Hell*, p. 4。

② 参看 Ratcliffe, "Why Mood Matters", p. 163。

③ 参看 Dreyfus, *Being-in-the-World*, p. 169。

（Stimmung）倒是一种情怀（Gestimmtheit），即最高和最适度的限定性（Bestimmtheit）。"（NI:134）其中我特别注明的三个德语词在字形上的关联，在汉语或英语中都难以表现出来。海德格尔对心情之看法，其实可以简单归结为：心情本有上限定了此有。

既然此有即是其决开性，而感遇性是决开性之一环，那么感遇性便可谓限定了此有之本有。在西方哲学史上，情感一般很少被视为人本有之构成部分。相反，情感往往被看作对人本有的理性之干扰，它在西塞罗那里被称为"扰动"，绝非偶然。依此看来，《是有与时间》对待情感之态度就是反传统的。事实上，海德格尔本人对此也有充分的自觉，他谈到情感一直备受冷落："这些现象被以为最无关紧要和最匆匆即逝而至今不受重视。"（SZ:134）他甚至说："对感触性东西（des Affektiven）笼统而言元理上的是有论解释，自亚里士多德以来就几乎未能取得任何值得一提的进步。相反，感触与感受落在心理现象之标题下，通常跟表象和意求（Wollen）并肩，排在第三类别，沦为附带现象。"（SZ:139; cf. GA20:353）

在海德格尔看来，现象学传统对此已有所补救："现象学研究的功劳之一，是再创造了一比较自由的目光，来看待这些现象。"（SZ:139）但无论在布伦塔诺还是胡塞尔那里，情感从某种意义上来说则依旧是附带现象。胡塞尔虽然认为感受行为本身也是意向性的，但他却仍然接受布伦塔诺的看法，主张感受行为是被奠基的，必须以表象（或胡塞尔所谓"客体化行为"）为基础。换言之，相对于感受行为而言，表象行为依旧具有优先性。海德格尔则主张，任何经验都有感遇性之参与。他说："此有总已经是怀情的。"（SZ:134）借用康德的术语，感遇性可谓经验之可能条件。在日常生活中，它具体表现在我们的各种心情、情绪或感受中。因为感遇性属于此有本有，所以此有每刻总是已经怀着某种心情，即使在胡塞尔所谓"纯粹表象"中亦不例外。依此看来，人不但是理性的动物，也是情感的动物。

三、怀情的感己

海德格尔在《是有与时间》中对感遇性提出了三个"本有限定"（SZ:137），并以此阐明感遇性如何是日常经验之可能条件。以下我们将逐一予以讨论。

> 1. 感遇性决开在其被投掷性中的此有，而且首先和通常以逃避背离之方式。（SZ:136）

海德格尔以"被投掷性"（Geworfenheit）一词指"托付之实际性"（SZ:135），"实际性"指关于人性之既成事实，以别于物之事实性。"托付之实际性"指这一事实：人总是已经被托付为那种是有者，"它是有而且必得是有"（SZ:134）。海德格尔并且提出，人对于他已经是有之既成事实，亦即其被投掷性，在某种意义上来说总是有所知晓的。当然这里所谓"知晓"并不是指一种认识。海德格尔以"感己"来表达这样的知晓：

> 此有这种是有者，是以如下的方式在此：它感己之被投掷，不论明述与否。在感遇性中，此有总是已经被带到自己面前，它总是已经找到自己，但不是以感知的觅得自己（Sich-vorfinden），而是以怀情的感己。（SZ:135）

这里特别强调"不是以感知的觅得自己",是为了避免误解,表明他所谓"感己"不同于胡塞尔所谓"反思",不是指一种对自己的心理体验之认识。所以他随后又指出:"感遇性跟觅得一灵魂状态这类事情相差很远。"(GA20:352)相反,"一切内在的反思之所以能觅得'体验',只因为在此(das Da)已经在感遇性中被决开了"(SZ:136)。换言之,感己不是反思,而是反思之可能条件。

人之感己具体表现在各种心情上。换言之,海德格尔主张,人们首先是通过各种心情或感受而"知晓"自己是活在世上,而且不得不活在世上这一既成事实的。这一"知晓"并不是认识(Erkennen),亦即不是从概念上的掌握而来的。海德格尔强调,这里"被决开不是指被认识如此(als solches erkannt)"(SZ:134),不是指我们取得了这样一个命题:"我们在世而且必得在世。"跟现时情感研究之"认知主义者"(cognitivists)不同,海德格尔并没有把情感化归为判断或信念。他一方面主张心情替我们把世界决开,另一方面又否认这样的决开是一种认识。因为归根结底,海德格尔否认只有认识能替我们决开世界,否认概念认识是替我们带来信息之唯一渠道。在情感研究方面,海德格尔对传统之其一最大突破,即主张认识决开,情感也决开,二者是不同方式的决开性。这实际上让海德格尔的立场超越了现时情感研究中的感受理论和认知理论之争。进言之,海德格尔甚至主张,就决开性而言,情感相比于认识甚至有某种意义上的优先性。他说:"心情把此有带领到其是有、其在此面前,相对于心情这种本源的决开,认识之决开可能性携程太短了。"(SZ:134)传统上把感受排在"心理现象"之第三位,处在认识和意求之后。但海德格尔则主张,心情之决开"先于认识与意求,并超出它们的决开范围"(SZ:136)。

四、心情与意向性

> 2. 心情每刻已经决开在世是有整体，并且首先令朝向……
> 成为可能。（SZ:137）

这一句话包含了两个主张：1. 心情总已经决开在世是有整体。
2. 心情之决开在世是有整体，首先令朝向……成为可能。先讨论
第一点，海德格尔对此的另一表述是："感遇性是对世界、伴此有
（Mitdasein）和存在之同样本源的决开性之一种存在论基本方式，因
为这本身本有上即是在世是有。"（SZ:137）在上面的第一个本有限
定中，海德格尔已经指出，此有通过心情对自己决开。既然此有本
有上即是在世是有，那么此有对自己决开，其实已经意味着在世是
有整体对此有决开，包括自己、他人（伴此有）和世间事物。海德
格尔在《是有与时间》较后部分明白地指出了这一点："但本有上属
于此有的是，其世界被决开之同时，它自己也被决开，故它总是已
经理解自己。"（SZ:272）

接着我们讨论第二点。只要读者对胡塞尔的著作稍有涉猎，相
信都能领略"朝向……"（Sichrichten auf...）一语所指的就是意向行
为之特征。因此，这一点相当于宣称：心情是意向行为之可能条件。
海德格尔惯用"取态"（Verhalten）一词来涵盖一切意向行为，他
在上引《现象学之基本问题》的一段话中，声言感遇性"建构一切
对是有者之取态"（GA24:398），所表达的就是相同的主张。《是有
与时间》书中很少明白提到意向性，但海德格尔后来在1929年发表
的《论根据之本有》一文中表示："如果人们把一切对是有者之取态
都标识为意向的，那么意向性就只有在超越之基础上才是可能的。"

（Wm:135）他所谓"超越"，在该文中就是指在世是有（Wm:139）。换言之，海德格尔于此明白断言：在世是有是意向行为之可能条件。如果感遇性属于在世是有之本有结构，而在世是有又是意向性之可能条件，那么感遇性便是意向性之可能条件。

五、此有之被碰击和依存于世

> 3. 存在论上，在感遇性中有一决开着的依存于世，从中碰击的东西（Angehendes）能被遇上。（SZ:137-138）

首先必须指出，对于感遇性之第三个本有限定，海德格尔在《是有与时间》中的陈述，并没有像前两个那样清楚。[①]论述较为浓缩，当中的关键字词又充满歧义，因此一直为学者所误解和忽视。但其实这是十分重要的一点，以下将比较详细地提出我的解释。

海德格尔接续上一点说：世界之决开让世内事物被我们遇上，而感遇性是世界对我们决开之一条件，它属于其决开性之本有结构。在这一点中，海德格尔将告诉我们感遇性是如何参与决开世界的。他首先指出日常生活中的"让被遇上"（Begegnenlassen）有何特点。他说："让被遇上起初是周察的（umsichtig），并非仅仅是感觉或注视。"（SZ:137）"周察"是前此已经提出的一个重要概念，专指我们日常生活中看待器具之方式（SZ:69），相对于以旁观者的态度来单纯观察或注视事物。器具是我们平常用之来办事的东西，不是我们观看之对象。但我们能把器具抓在手上使用，其中亦已含有某种看

---

① 我所列出的三个本有限定，在《是有与时间》中都是整句以斜体印出的，这是一个主要线索。

待之方式，至少我们得看到它有何用处。故此，广义而言，不但袖手旁观是在看事物，动手办事也是在看事物，只是两种看之方式并不一样。器具总是跟别的东西有关联才成为一器具，所以察看器具之用途需要一种通盘之眼光，把整体脉络收于眼底。海德格尔于是将之称为"周察"，此词带有"周延"（um-）之含义。

海德格尔接着指出，从感遇性之角度来看，可以看到跟万物相遇有一特别之处："周察的、操心的让被遇上具有被触及之性格。"（SZ:137）"操心"（Besorgen）也是前此已经提出的重要概念①，指我们日常生活中对待周围事物之态度。在海德格尔看来，在"自然态度"中我们首先总是在操心世事，而不是把身边事物当作客观对象来观察。这一海德格尔眼中的"自然态度"，就被他称为"周察的操心"。他在这里提出，在周察的操心中跟事物相遇，有"被触及之性格"。这即是说，跟事物相遇是被触及的相遇。我以"被触及"来翻译"Betroffenwerden"一词。此词是理解第三个本有限定的关键之一，但其重要性一直被忽略。此词本身充满歧义大概是原因之一，翻译可能也有关系。

对于理解"Betroffenwerden"在这里所用的意义，我认为有以下线索。首先，海德格尔在《现象学之基本问题》中，以"Betroffenwerden"来阐释康德有关感性之"感触"（Affektion）概念。②他说："某东西被居先给予或被给予我们，总是只有通过感触，即通过我们被其他东西即我们本身不是的东西所触及（betroffen）、所碰击。"（GA24:205）换言之，海德格尔用"Betroffenwerden"来描

---

① 跟《是有与时间》中译本不同，我把"Besorgen"翻译为"操心"，把"Sorge"翻译为"忧心"。

② Kant, *Kritik der reinen Vernunft*: "Alle Anschauungen, als sinnlich, berufen auf Affektionen, die Begriffe also auf Funktionen." (A68/B93)

述感性之"接受能力"（GA24:205）。其次，在五官之中，海德格尔不止一次单单用有关触觉之词汇来概括此有如何遇上万物。在第12节提出"在"字有两种不同意义时，他便谓：严格而言我们不能说"椅子触碰墙壁"，因为"触碰"（berühren）一词之使用已经预设了墙壁能被椅子所遇上（SZ:55），这当然是不可能的。只有此有能被万物所触碰。在第29节接下来的一段中，正如海德格尔申述感遇性之第三个本有限定时一样，他又再次以偏概全地使用"触碰"一词。他说："而只因为'感官'（Sinne）在是有论上属于一是有者，它具有感遇的在世是有之是有样式，它们才能'被触碰'和'对……有感'，以致触碰者显示在感触中。"（SZ:137）显然，海德格尔这里的主题是心情，而不是五官之一的触觉。然则他何以使用"触碰"一词呢？因为无论是汉语的"触碰"、德语的"berühren"还是英语的"touch"，除了能被用于感官义的触觉，它们也都能被用于情感。上面的"betroffen"显然跟这里的"gerührt"相类，因此我把前者翻译为"被触及"。此外，汉语"触及"也有"涉及"之意义，在这一意义上亦能对应德语的"betroffen"。

我们日常跟世事万物相遇，总是在被触及中相遇。海德格尔接着进一步提出，我们是如何被身边的事物所触及的：

> 但被上手东西之无用性、抵抗性、威胁性所触及，只有在以下情况下才会在是有论上为可能：是在（In-Sein）本身存在论上先行被如此限定，即它能以上述这些方式被世内遇上的东西所碰击（angegangen）。这可被碰击性（Angänglichkeit）基于感遇性，作为感遇性它已经将世界从例如威胁性方面来决开。只有在畏惧或无畏之感遇性中者，才能把周遭世界中的上手东

西发现为有威胁的东西。感遇性之情怀，在存在论上建构此有之世界开放性（Weltoffenheit）。（SZ:137）

我上面对这段话的重新翻译跟现有的翻译很不一样，因为我认为现有中英译本都淹没了文中最关键字词之意义："angegangen"和"Angänglichkeit"。前者我翻译为"被碰击"，后者为"可被碰击性"。此二词也充满歧义，所以难以把握。在上引《现象学之基本问题》阐释康德的一段文字（GA24:205）中已见此词，那里它已经跟"被触及"并列。这里海德格尔则专门以之表述我们是如何被周围事物"所触及"的。"Angehen"既有"关涉"的意义，但亦有"袭击"的意义。前一义跟"Betreffen"共通，固然相关，但我认为后一义也不能忽略。如果无视此义，只取其前一义，则"angegangen"和"betroffen"就变得没有差别了。日常语言里也常言我们被情绪"所袭击"，在海德格尔看来，这"被碰击"之特征恰恰是心情决开世界之特色，这是它跟注视那种决开性所不同之处。海德格尔在《时间概念史序论》（*Prolegomena zur Geschichte des Zeitbegriffs*）中清楚地对比了二者：

> 世界碰击操心。也就是说，世界作为在操心中之所发现、与之相遇的不是对现前东西（etwas Vorhandenes）之单纯直视和盯视。与之相遇的，起初和一直都毋宁是忧心着的是在此。也就是说，在世是有仿佛一直被世界之威胁性和无威胁性所呼唤。（GA20:350-351）

在海德格尔看来，盯视已经预设了我们已经被世事所碰击和触及。盯视所看到的，只是现前东西，而不是世事万物。世内之事才叫"世事"。也就是说，当事物已经在世界中占一位置，它始为世事。但盯视者眼中却没有世界，所以也没有世事。盯视者眼中只有空间和运动，它们是现前物之特性。世事万物所有，而现前事物所缺的，海德格尔称为"适事"（Bewandtnis）。[①] "适事"指适用于某事，它是一个关系概念。如上所言，看待器具需要把整体脉络收于眼底，海德格尔所谓"世界"，就是世事万物从中取得其适事之整体脉络。世界之结构，由意蕴所构成（SZ:87）。上面引文中所谓"威胁性"和"无威胁性"，就是意蕴之例子，另外"可用性"和"有益性"等亦是。他在《时间概念史序论》中说：

> 我们已说，操心沉湎于意蕴；它以操心的方式逗留诸世，逗留诸世界之有益性、可用性之类。只要世界是这样在意蕴这些性格中被遇上，它就是被操心所遇上。也就是说，世界仿佛一直投寄予一是有，它依存于世界，它具有忧心，即在为某事所忧心之意义。这操心着的依存于世限定了此有之是有样式，它一直如此这般地被世界自身所碰击。（GA20:350）

世界首先以威胁性和无威胁性等性格对我们决开，海德格尔将之归功于感遇性。换言之，我们总是首先把世事万物辨别为有威胁的东西和无威胁的东西、有益的东西和有害的东西等。海德格尔把这些意蕴对我们决开的方式称为"碰击"，这是世事万物触及我们的特殊方式。将之称为"碰击"，意味着它发自世界，故此海德格尔说感遇性是"依存于世"的，我们听候世事万物对我们的呼唤和碰

---

① 关于此词之翻译，参看梁家荣：《本源与意义》，第297页。

击。①此外，我们自身也必须有承受事物碰击之能力，这一属于感遇性之被受或承受的能力，海德格尔称之为"可被碰击性"。

诚然，这里所谓"碰击"，某种程度上来说是一种借喻说法。我们不是被世界中的硬物所碰击，我们是被世事所唤起的情感所碰击，正如我们平常说某人"大受打击"，也都是从情感上来说。在海德格尔看来，心情或情感就是我们被碰击的方式（GA20:351），不同的心情即是我们不同的被碰击方式，畏惧是一种，愤怒是另一种。一方面，这些都是我们身上的"情怀"（Gestimmtheit）。该德语词的字面义是"被调节"，情怀之出现是我们与世事"协调"之结果。所以另一方面，情怀也是世界之决开性。海德格尔因此说："感遇性之情怀在存在论上建构此有之世界开放性。"某些世事之被发现为有威胁的东西，乃由于我们对此有有畏惧之情。一般而言，意蕴之被发现，乃由于我们能有情感。海德格尔说：

> 事实上，我们必须在是有论元理上把对世界之起初发现，转让予"单纯心情"。纯粹直观即使穿入现前东西最内在的血脉，也永不能发现有威胁的东西之类。（SZ:138）

某些世事对我们而言是有威胁的，这是我们对世界之"起初的"、日常生活中的发现。威胁性并不是现前东西之客观性格，而是我们被碰击而生的畏惧之情所显现的性格，所以海德格尔说这是"纯粹直观"所永不能发现的。情感之决开性有认识所不能取代之处，这是海德格尔一直特别强调的。

---

① "依存于世"中的"世"，海德格尔很多时候写成"Welt"（例如SZ:87），这表示"世"指世事万物。

六、结　语

在海德格尔看来，情感既不单单是主观的心理状态，但亦不是事物客观特性之反映。他在《是有与时间》中说："心情既不自'外'也不自'内'而来，而是生起自在世是有自身，乃在世是有之方式。"（SZ:136）简言之，在海德格尔看来，心情是人的一种活在世界上的生存方式，而不是能完全脱离现实、单单依附于主体之上，甚至能跟形体分开的意识流心理状态。对于人活在世上的生存方式，海德格尔总体上将其把握为"忧心"。操心是忧心之一面相。我们在上一节中已经看到，海德格尔以为心情是我们在操心着的日常生活中跟世事万物相遇之一特殊方式。他在《时间概念史序论》中说：

> 只有此有自己本身就是忧心，世界才因而在其威胁性即其意蕴中被经验到。这不是指，忧心着的此有"主观上"把世界如此立义，这是完全颠倒了实情。毋宁说，忧心着的是在（In-Sein）发现世界于其意蕴中。（GA20:351）

只因为有一种是有者，它为世事操心，所以世上之物才会显现为有威胁性。一方面，假如宇宙里从来只有石头，没有操心世事的是有者，也就不会有威胁性这样的意蕴被经验到。但另一方面，威胁性也不是单单依附于"主体"的东西。它属于世间事物，而不是属于主体。威胁性之被发现有赖于操心世事者，但威胁性却属于世间事物之性质。

海德格尔主张，认识决开，情感也决开，世界对此有决开并非只有认识一途。这是海德格尔对传统之重要突破。情感不是概念上的认识，不是判断也不是信念，但这不妨碍情感也是决开世界之一途，也是世事万物对我们显现的方式之一。海德格尔一方面强调，感遇性与理解是同样本源的。也就是说，二者是相互独立的决开性，不能把一者化归为另一者。但另一方面，他也指出二者通常是相互合作的。在正常情况下，情感"总跟理解合一"，这时候"理解给每一心情、每一情感、每一感触以明亮"（GA24:398）。但在特殊情况下，我们却可发现二者之分离。瑞士心理学家克拉帕雷德（Édouard Claparède）在100多年前所做的一个实验，可为它们分离之助证。克拉帕雷德有一位严重的失忆症患者，隔天就已经不认识他。他有一次手里藏着一根针来跟这位患者握手，结果第二天患者虽然依旧不认识他，却坚拒跟他握手。这是因为这个患者有关认识方面之记忆力虽然受损，但有关情绪方面之记忆力却没有。①患者看到他感到畏惧，把他分辨为有威胁的东西，行动上表现为拒绝握手。他既然连克拉帕雷德是谁也不知道，自然不可能在概念上把他判断为"有威胁的人"。但患者之行动或表情却可以显示，克拉帕雷德已经被发现为有威胁的人了。

---

① 参看 Dehaene, *Consciousness and the Brain*, pp. 53–54; Ramachandran, *A Brief Tour of Human Consciousness*, pp. 157–158。

第五章　身体与感受
——拉特克利夫的存在论感受与海德格尔

从20世纪80年代开始，情感从几乎无人问津慢慢变成哲学研究之热门课题。当前的情感研究可以归结为两大阵营，即感受理论和认知理论。由于情感跟感受尤其是身体感受之关联密切，因此前者试图以感受来限定情感之本有；由于情感具有意向性，因此后者则尝试将情感还原为一种认知状态，例如判断。最近不少研究者寻求提出一种折中理论，俾既能容纳感受之核心位置又能说明情感之意向性。值得注意的是，当中不少具有英美背景的学者都借鉴了海德格尔在《是有与时间》中对情感之讨论。英国学者拉特克利夫（Matthew Ratcliffe）就是其中比较突出的一位，他近年提出的"存在论感受"（existential feelings）概念颇受瞩目。本章旨在阐明这一概念及其与海德格尔思想之关系。

一、"感受"一词之多种用法

拉特克利夫近年出版了两部关于情感与现象学之专著《存在之感受：现象学、精神病学与实在感》（*Feelings of Being*）和《抑郁经验：现象学研究》（*Experiences of Depression*），结合现象学、神经科学和精神病理学对情感进行讨论。拉特克利夫之研究聚焦于他所谓"存在论感受"。这个名称是他本人所创，但从"存在论的"这个形容词已能推测，此概念脱胎自海德格尔在《是有与时间》中对情感之论述。拉特克利夫的理论跟海德格尔的理论之关系，我们将在下文详细讨论。现在我们先要说明一下他所谓"感受"之意义。

很多哲学家和心理学家都已指出，"感受"一词有多种用法，包括意向的和非意向的用法。例如，根据肯尼（Anthony Kenny）之分析，"感受"可用来意指感觉（sensations）、情绪（emotions）或感知（perceptions）三种不同的感受①；他认后二者是意向的，而感觉或即身体感觉（bodily sensations）则不是意向的。纽丝鲍姆（Martha Nussbaum）认为，应该区分两种"感受"："具丰富意向内容之感受"和"不具丰富意向性或认知内容之感受"；在前一种用法中，"感受"一词只不过是"感知"和"判断"之代名词，而后一种感受则无异于"身体上的状态"，"它们既可能伴随某种情绪，也可能不"。②纽丝鲍姆自己的用法主要限于后者，她显然认为，非意向的感受才是"感受"一词之本义。心理学家本－泽耶夫（Aaron Ben-Ze'ev）指出，"感受"一词之意义包括："对触觉性质之知觉、身体感觉、情绪、心情、知觉笼统而言（awareness in general），等等。"而他本人的用法则限于指"那些知觉模态，它们表达我们自己的状态，而不朝向特定的对象"，亦即"不是意向的"。③在这个意义上，本－泽耶夫把感受列举为情绪之"四个基本组成部分"之一。④

在当前对情绪之哲学研究中，有所谓"感受理论"与"认知主义"之争。⑤感受理论认为情绪是一种感受，或情绪不过是单单感

① 参看 Kenny, *Action, Emotion and Will*, p. 38。

② Nussbaum, *Upheavals of Thought*, p. 60.

③ Ben-Ze'ev, *The Subtlety of Emotions*, pp. 64–65.

④ 参看 ibid., p. 49；另参看 Solomon, *The Passions*, pp. 96–97。

⑤ 参看 Weberman, "Heidegger and the Disclosive Character of Emotions"; Maiese, "How Can Emotions be Both Cognitive and Bodily?"。

受（mere feelings）。威廉·詹姆士（William James）一般被举为这派看法的代表人物。在其出版于1884年的经典论文《情绪是什么?》（"What is an Emotion?"）中，詹姆士说："相反，我的论旨是，身体上的变化直接跟从对引起刺激的事实之感知，而我们对其时发生的这一变化之感受就是情绪。"[1]詹姆士不但认为情绪是感受，并且认为情绪是单单对身体上的变化之感受而已。

认知主义可追溯至古希腊的斯多亚学派[2]，当今的代表人物包括所罗门和纽丝鲍姆[3]。他们都认为情绪是具有认知内容的，是一种判断即"评价判断"（evaluative judgment）[4]，并且都把感受排除在对情绪之界定之外，认为感受不属于情绪之本有限定，不是其构成部分。他们并不否认情绪与感受经常联袂出现，但却主张感受顶多只是"伴随"情绪，既不是其充分条件，也不是其必要条件。[5]不是充分条件，是因为两种情绪之不同，不能单凭感受之不同来判别。[6]不是必要条件，是因为某些情绪甚至可以不具备特殊的感受。[7]因此，所罗门说："感受是情绪之装饰品而不是其本有。"[8]

认知主义者之所以认为感受与情绪是两样不同的东西，其一主要理由是，他们认为感受是非意向的，而情绪是意向的，是"关于某东西的"[9]，因此情绪本有上是朝向世界的，而感受则不然。所罗门

---

[1]　James, "What is an Emotion?", pp. 189–190.

[2]　参看Nussbaum, *The Therapy of Desire*; Sorabji, *Emotion and Peace of Mind*。

[3]　纽丝鲍姆把她自己的理论称为"新斯多亚看法"。参看Nussbaum, *Upheavals of Thought*, p. 27。

[4]　参看Solomon, *The Passions*, p. 127; Nussbaum, *Upheavals of Thought*, p. 33。

[5]　参看Solomon, *The Passions*, p. 118。相反，认知主义之批判者则认为，评价判断对情绪而言既非充分也非必要。参看Deonna & Teroni, *The Emotions*, p. 54。

[6]　参看Solomon, *The Passions*, pp. 98–99; Nussbaum, *Upheavals of Thought*, pp. 29–30, 34。

[7]　参看Solomon, *The Passions*, p. 99; Nussbaum, *Upheavals of Thought*, pp. 60ff。

[8]　Solomon, *The Passions*, p. 97.

[9]　参看Solomon, *The Passions*, pp. 111f.; Nussbaum, *Upheavals of Thought*, p. 27。

即谓："说情绪是意向的，即是说它们跟我们的世界之对象本有上具有逻辑的联系。"①上面提到，众多学者都指出"感受"一词之日常使用既有意向的意义，也有非意向的意义。但即使不属于认知主义、承认感受是情绪之一构成部分之学者，往往亦同样认为感受是非意向的。②例如，在本－泽耶夫之理论中，感受就"不具有意义的认知内容。它表达我们自己的状态，但自身不朝向此状态或任何其他对象"③。

拉特克利夫的"存在论感受"概念得在上述背景下来了解。不同于上述的常见看法，这里的"感受"不是指非意向的、不朝向世界或任何对象的意识内容。拉特克利夫认为这是对感受之错误掌握。首先，他主张感受是意向的，又或者是"意向性结构之部分"④；其次，他认为感受就是身体感受。

二、拉特克利夫的"身体感受"概念

拉特克利夫主张感受是意向的。这不仅仅是指感受"表达我们自己的状态"（本－泽耶夫的看法），也不局限于指感受朝向我们自己的状态，以我们自己的状态或身体为意向对象，而是指感受既可以朝向我们自己的状态或身体，亦可以朝向我们身体以外的事物。

---

① Solomon, *The Passions*, p. 119.

② 梅耶斯（Maiese）称之为"长久以来的预设"。参看Maiese, "How Can Emotions be Both Cognitive and Bodily?", p. 514。

③ Ben-Ze'ev, *The Subtlety of Emotions*, p. 50.肯尼的看法比较特殊，他一方面认为情绪"是本有上朝向对象的"，另一方面却认为，情绪不仅"不同于感知，不给予我们任何关于外在世界之讯息"，也"不像感觉，不给予我们关于我们自己的身体之讯息"。参看Kenny, *Action, Emotion and Will*, pp. 38, 41。

④ Ratcliffe, "The Feeling of Being", p. 44.

在这一点上，拉特克利夫的看法与另一些反对认知主义的学者的看法相近。高丁（Peter Goldie）的论述可以有助于我们的理解。他反对他所谓的"附加理论"（add-in theory），即认为情绪是无感受的（feelingless）信念和欲望再附加非意向的感受[1]，而感受本身不告诉我们关于世界的任何事情。[2]相反，他认为情绪之意向性和感受是"纠缠不分互相交织的"[3]。拉特克利夫同意高丁的这一看法[4]，他认为情绪感受本身就是意向的，其意向性不能化约为认知态度例如信念或判断之意向性。

此外，拉特克利夫与高丁的看法也有不同之处。高丁区分了两类不同的感受，一类是身体感受，另一类他称之为"朝向感受"。[5]身体感受就是詹姆士所说的对身体上的变化之感受，在高丁看来它们也是意向的，但其对象只局限于我们自己的身体。[6]朝向感受则是"朝外的"（extraspective）[7]，即朝向身体以外之对象。这两种感受很多时候是结合为一的。例如，我们对某东西感到害怕的同时感受到心跳加速，但高丁认为，有些情绪感受只是朝外的感受而没有身体感受。[8]拉特克利夫反对这一看法，认为高丁计算重复（double-counting）。他说："身体感受恰恰就是朝向感受。"[9]换言之，情绪感受都是身体感受，没有不是身体感受之朝向感受。

不过，我们也应该注意，拉特克利夫与高丁二人所谓"身体感

[1]　参看Goldie, *The Emotions*, p. 40。
[2]　参看Goldie, "Emotion, Feeling, and Knowledge of the World", p. 92。
[3]　Ibid., p. 92.
[4]　参看Ratcliffe, "The Feeling of Being", p. 47。
[5]　参看Goldie, *The Emotions*, p. 51。
[6]　参看Goldie, "Emotion, Feeling, and Knowledge of the World", p. 93。
[7]　参看ibid., p. 96。
[8]　参看Goldie, *The Emotions*, p. 56。
[9]　Ratcliffe, "The Feeling of Being", p. 47.

受"的含义其实并不完全相同。高丁所谓"身体感受"只局限于指
以我们自己身体上的变化为意向对象之感受，但拉特克利夫所谓
"身体感受"则还包括我们通过（through）身体而让其他东西成为我
们的意向对象之感受，这时候身体并不是感受之意向对象。正如另
一抱有相似看法的学者歌珑贝蒂（Giovanna Colombetti）所言，"另一
方面，在通过身体的感受中，身体没有被取为意向对象，而是被感
受为那个媒介（medium），通过它其他东西被经验到"①。因此，拉特
克利夫其实也区分了两类感受，一类是对身体之感受（feeling of the
body），另一类是通过身体的感受（feeling through the body），两类对
于他来说都是身体感受。所以，如果我们如高丁那样将"身体感受"
限于指对身体之感受，那么即使在拉特克利夫看来，高丁所谓"朝
向感受"也不会是身体感受。因为按高丁之界定，朝向感受本来就
是朝外的感受。高丁的问题不在于误以为朝向感受不是对身体之感
受，而是忽略了身体感受还有通过身体的感受这一类，因此忽略了
身体在朝外的感受中之关键作用。

　　这里有一个问题：既然在朝外的感受中，身体并不是感受之意
向对象，那么为何拉特克利夫也将之称为"身体感受"？又或者，
在什么意义上，他将朝外的感受统统都视为通过身体的感受？首先，
拉特克利夫认为，因为这时身体是感受发生之所在（where the feeling
occurs）②，他区分了感受之位置与感受之所向，并认为二者并不是在
一切情况下都是同一的："一感受可以是在（in）身体上然而是对身
体外之东西之感受。人们并非总是对身体有知觉，即使这是感受发

---

① Colombetti, *The Feeling Body*, p. 116.
② 参看 Ratcliffe, "The Feeling of Being", p. 44。

生之所在。"①触觉最能说明这一情况。在我们触摸一件东西时，感受发生在我们手上，但我们所触摸的却是手上的东西。拉特克利夫以手执雪球为例。刚开始，我们触手感觉冰冷，但这时冰冷的是雪球而不是我们的手，感受之位置与感受之所向并不相同。继之，我们的手也变冷，并随着身体上的这一变化而成为我们的意向对象，这时候感受之位置与感受之所向是相同的。在这一变换过程中，变换的只是感受之所向，即从朝外（雪球）的感受变换为对身体（手）之感受，但感受之所在却一直是手而没有变换为雪球，雪球这样的东西并没有感受。

　　进一步说，如果在朝外的感受中，身体仅仅是感受之所在或感受之媒介，而不是意向对象，那么这时候身体是不是在我们的意识内容之内？如果不是，那么在什么意义上这种感受也可以被称为"身体感受"？拉特克利夫似乎认为这时候身体不是在我们的意识内容之内。一方面，他说："人们并非总是对身体有知觉，即使这是感受发生之所在。"另一方面，他也强调身体这时是"不可见的""透明的"："一个人的身体可以是知觉之显眼对象（conspicuous object）或触觉活动之一不可见的脉络……在触觉感觉中，一个人的手可以是被感受的对象，或者它可以是一透明的容器，通过它世界中的某东西被感受到。"②拉特克利夫的看法似乎是，在单纯的朝外感受中，身体作为感受之所在或感受之媒介而参与建构对身体以外的东西之意向性，作为其背景脉络，但这时候身体本身没有被感受到，虽然它可以通达于现象学反省。③朝外的情绪感受是在这个意义上被称为

---

① Ratcliffe, "The Feeling of Being", p. 44.

② Ibid., pp. 48, 50.

③ 参看Ratcliffe, "The Feeling of Being", p. 50; *Experiences of Depression*, p. 62。

"身体感受"的。

歌珑贝蒂的看法稍微不同,她认为当身体作为媒介而让我们经验到其他东西时,"身体也可以进入知觉"[1]。她主张,在情绪感受中,身体进入知觉或意识之方式可以有多种:可以在显眼的方式下,也可以在不显眼的(inconspicuous)方式下。即使在不显眼的情况下,身体仍然是被感受到的,她称之为"不显眼的或'晦暗地被感受到的'身体"[2]。这时身体虽然不是意向对象,"但它既不是完全不可见的,也不是从经验离场的(absent)"[3]。她提出了一个比喻:如果在通过身体的感受中,作为媒介的身体可以被比喻为"透明的窗户",那么作为背景的身体感受就是"有颜色的玻璃窗"。[4]

三、拉特克利夫的"存在论感受"概念

拉特克利夫所谓"存在论感受"是身体感受,但并不是情绪,而是指另一类身体感受。情绪一般都是朝向特定对象的,但存在论感受则不是朝向特定对象之感受。拉特克利夫指出,在"感受"之日常用法中,此词也被我们用来描述我们与世界关联之经验,而这些经验并不属于一般所谓"情绪"之列,例如,感到"完满"(complete)、"迷失"(lost)、"被遗弃"(abandoned)、"被淹没"(overwhelmed)、"被困"(trapped),等等。这些感受并不是对特定对象之感受,而是笼罩世界整体的,"世界有时可以显得不熟悉、不实在、

---

[1] Colombetti, *The Feeling Body*, p. 113.

[2] Ibid., p. 122.

[3] Ibid., p. 117.

[4] Ibid., p. 123.

疏远或靠近"①。例如当一个人感到迷失时，他所遇到的任何事情都会受到这种感受的影响。拉特克利夫将这些感受称为"发见自身在世界中的方式"（ways of finding oneself in a world），它们是"经验可能性所预设的空间，塑造事物从中被经验的不同方式"②。

拉特克利夫认为，上述这些感受不同于情绪，而自成一类，它们都具备以下两个特点：1."它们不是朝向特定的对象或处境，而是背景定向（background orientation），经验整体以之为结构"；2."它们都是感受，即，它们是影响人们知觉之身体状态"。③拉特克利夫指出，这类感受之存在一直被忽视，但其实它们非常重要。它们不是朝向特定对象的意向经验，而是参与构成这些意向经验、预先定向对特定对象之感受之背景感受。所以他也将之称为"前意向的"（pre-intentional），即是说："它们限定了我们能有的意向状态种类，等于一切经验所取得的'形状'。"④它们是身体感受，但并非局限于以身体上的变化为意向对象之感受。以上一节所做的区分来说，它们不是对身体之感受，而是通过身体的感受；身体是这类感受之所在，但不一定是其所向。事实上，很多描述存在论感受之用词，都是跟身体有关的比喻，例如"被淹没""被困""疏远""靠近"等，可以视它们为身体感受之线索。⑤总而言之，"存在论感受是那些身体感受，它们建构人们跟世界整体关联之结构"⑥。

拉特克利夫的"存在论感受"概念，很明显是在海德格尔之影

---

① Ratcliffe, "The Feeling of Being", p. 45.

② Ibid.

③ Ibid., p. 46.

④ Ratcliffe, *Experiences of Depression*, p. 35.

⑤ 参看Ratcliffe, "The Feeling of Being", p. 46。

⑥ Ibid., p. 59.

响下提出的。首先，"存在论的"一词所用的就是海德格尔在《是有与时间》中所界定的意义："它们是'存在论的'，因为它们等于在世是有（being in the world）之不同方式。"① 众所周知，"在世是有"是海德格尔在《是有与时间》中对此有之是有结构之限定。此外，他用来限定存在论感受的"发见自身在世界中的方式"这个说法，也显然取自《是有与时间》中所谓"Befindlichkeit"："海德格尔用'Befindlichkeit'一词来指心情如何构造发见自身在世界中的方式。"② 我把"Befindlichkeit"翻译为"感遇性"，它指此有决开世界之三个环节之一，其在日常生活中具体表现在海德格尔所谓"心情"（Stimmung）之中。事实上，拉特克利夫本人也坦承："海德格尔的'心情'概念很接近我所谓'存在论感受'。"③ 他并且指出，他不使用英语中相当于心情的字词"moods"，而选择"feelings"，有以下三个原因：1."'感受'是人们传达这样的困境时最常用的字词，因此，聚焦于'心情'往往把探索导向过分限制的一批存在论困境"；2."其中很多是短暂的插曲（episodes）或动态过程，而不是持久的'心情'"；3.最重要的理由是，"它们实际上是'身体感受'"。④

我们有必要指出，上述的几个理由其实应该更主要是针对英语中"emotion"与"mood"之区分，而不是海德格尔所谓"Stimmung"。在英语对感触现象（affective phenomena）之讨论中，一般都将情绪区别于心情，区别之标准主要有二：1.维持时间之长短，一般认为情绪是短暂的，而心情维持时间比较长；2.意向对象

---

① Ratcliffe, "The Phenomenology and Neurobiology of Moods and Emotions", p. 131.

② Ibid., p. 128; Ratcliffe, "Why Mood Matters", p. 157.

③ Ratcliffe, "The Feeling of Being", p. 52.

④ Ratcliffe, "The Phenomenology and Neurobiology of Moods and Emotions", p. 131; "Why Mood Matters", p. 171.

性质之不同，一般认为情绪有特定的意向对象，而心情则没有。《是有与时间》英语译本把"Stimmung"翻译为"mood"，很容易让人按英语之用法而产生误解，以为海德格尔的讨论只牵涉持久的、没有特定意向对象的"心情"。实际上，海德格尔在《是有与时间》中对"感遇性"之论述，虽然主要围绕德语"Stimmung"一词展开，但讨论之内容却显然不限于英语所谓"mood"。首先，正如德雷福斯所指出的，海德格尔所重点讨论的"畏惧"（fear），即不属于英语一般所谓"mood"，而是情绪之一种。[1]换言之，海德格尔所谓"Stimmung"其实并不限于指持久的"心情"。拉特克利夫也指出，"海德格尔没有明显区别'心情'和'情绪'两个范畴……德语字词'Stimmung'跟'mood'并不具有完全相同的意涵"[2]。其次，德语中实际上没有完全对应英语"emotion"之字词，德语中的相关现象称为"Gefühle"，其意义更接近于英语的"feelings"。海德格尔在《是有与时间》中清楚表示，感遇性所涉及的现象，"早就在'感触'与'感受'之名目下为人所认识，并且一直已经在哲学中受到审视了"（SZ:138）。可见，《是有与时间》中对"感遇性"之论述不但包括"心情"，还包括德语中一般所谓"Gefühle"或英语所谓"emotion"。

　　海德格尔之所以不用"Gefühle"而选择用"Stimmung"来展开他的讨论，据我的推断，可能有以下的理由。首先，海德格尔在《是有与时间》中一贯避免使用跟心物二元论或主客二分关系密切的传统哲学词汇，"体验"（Erlebnis）就是其一显著例子。"感受"也属于此类。一方面，在哲学或心理学理论中，感受通常被视为体验之一个类别（SZ:353）；另一方面，即使在一般人的想法中，感受也

---

[1]　参看 Dreyfus, *Being-in-the-World*, p. 169。

[2]　Ratcliffe, "Why Mood Matters", pp. 163, 174.

被认为仅仅是主观的心理活动，这正是海德格尔所反对的。其次，海德格尔青睐"Stimmung"一词，很可能跟其字形和多义性有关。"Stimmung"原义指调音，即调节乐器之音调（Stimme），海德格尔之使用明显也顾及这层意义。所罗门即借用海德格尔此义，把情绪限定为"我们'被调节'（tuned）进世界之方式"[①]。同样重要的可能是"Stimmung"在字形上跟"Bestimmung"一词之关联。在海德格尔看来，心情限定了（bestimmt）此有对待世内是有的东西之一切取态。当拉特克利夫说，存在论感受"限定了我们能有的意向状态种类"[②]的时候，他实际上即继承了海德格尔这一想法。

四、海德格尔对"感遇性"之限定

在《是有与时间》中，"感遇性"是作为一个存在论概念而被提出的，它意指在世是有之一构成环节。换句话说，它不是指一种特定的情绪，也不是指一种特定的感触现象例如心情或情绪，而是指构成我们一切世间经验的先决条件。在《是有与时间》之"续篇"、1927年夏季学期的讲课"现象学之基本问题"中，海德格尔就十分清楚地表明，"感遇性"既不单独指心情，也不仅仅指情绪，而是指一切诸如此类感触现象之"形式结构"："感遇性是我们称为心情、情感、感触和类似东西之形式结构，它建构一切对是有者之举止态度。"（GA24:397-398）

海德格尔在《是有与时间》中对"感遇性"提出了三个"本有限定"，拉特克利夫对"存在论感受"之论述，很多都能在其中找

---

① Solomon, *The Passions*, p. ix.

② Ratcliffe, *Experiences of Depression*, p. 35.

到端倪。海德格尔的第一个限定是："感遇性决开在其被投掷性中的此有，而且首先和通常以逃避背离之方式。"（SZ:136）海德格尔所谓"被投掷性"（Geworfenheit）是指这样一个基本事实：人在世是有，而且必得在世是有。海德格尔认为，感遇性让此一关于我们自身的基本事实对我们决开。他说："在感遇性之中，此有总是已经被带到自己面前，它总是已经找到它自己，但不是以感知的觅得自己，而是以怀情的感己（gestimmtes Sichbefinden）。"（SZ:135）以拉特克利夫的话来说，感遇性就是我们"发见自身在世界中的方式"，它让我们找到在世界中的自己。值得注意的是，海德格尔以"怀情的感己"对比于"感知的觅得自己"，后者是一种认知的态度，而前者则不是。所以海德格尔强调，于此"被决开不是指被认识如此"（SZ:134），即在概念上被认识为这样。拉特克利夫正确地指出，海德格尔所谓"心情"是一种"先于概念的、感受到的方式"（pre-conceptual, felt way）①。心情或情怀（Gestimmtheit）不是感知、判断或信念，但这并不表示心情没有决开之可能性。

"决开性"（Erschlossenheit）是《是有与时间》中突破传统的重要概念之一。海德格尔认为，认识能决开，心情也能决开，后者不但不可以被还原为前者，而且在某种意义上来说比前者有优先性或本源性："相比于心情这种本源的决开，认识之决开可能性携程太短了。"（SZ:134）心情之决开可能性"先于认识与意求，以及超出它们的决开范围"（SZ:136）。我们在上面提到当代情绪研究中的所谓"认知主义"，它的可取之处在于充分强调情绪之决开面向，而它的毛病则在于尝试把其决开面向还原为判断。这归根结底是由于一种

---

① Ratcliffe, "The Phenomenology and Neurobiology of Moods and Emotions", p. 129.

传统上的偏见，以为只有认知态度能决开世界。海德格尔的"决开性"概念有助于扭转这种偏见，它让我们注意到此有决开能力之多样性和丰富性。因此，虽然海德格尔也同样强调情感之决开面向，但把海德格尔归入认知主义①，严格而言并不恰当。②海德格尔的立场不能以简单套用传统的名目来区别，因为他的论述原来就意在挑战我们习惯用来谈论情感之"标准词汇"。③

海德格尔对"感遇性"之第二个限定是："心情每刻已经决开在世是有整体，并且首先使得朝向……为可能。"（SZ:137）上面第一个限定说"感遇性决开在其被投掷性中的此有"，有可能让人误以为感遇性所决开的只限于此有自己。但其实，"被投掷性"概念所表达的已经是此有在世界是有之方式，而不仅仅是此有自身"内在的"状态。人们不仅在心情中发现自己，而是发现自身在世界中。现在，第二个限定进一步表明，感遇性所决开的不仅仅是此有自己，更是在世是有整体。海德格尔在《是有与时间》中多番强调，在世是有整体中包括此有自己、他人以及其他非此有的世间事物，三者是同时被发见的，而世界之决开是它们被发见之背景脉络。所以海德格尔在第二个限定中接着说，这"首先使得朝向……为可能"。换言之，感遇性是我们能朝向特定的意向对象之可能条件。拉特克利夫把存在论感受限定为"经验可能性所预设的空间"和我们朝向特定对象之"背景定向"④，即吸收自海德格尔的这一想法。我们必须指出，无论就哲学史上的一般看法而言还是就现象学内部而言，海德

---

① 参看Weberman, "Heidegger and the Disclosive Character of Emotions", p. 379。

② 韦伯曼（Weberman）也意识到这一点，所以他后来把海德格尔的立场称为"决开主义"（disclosivism）。参看ibid., p. 391。

③ 参看ibid., p. 404。

④ Ratcliffe, "The Feeling of Being", pp. 45–46.

格尔的想法都是具有突破性的，因为他相当于说情感是一切经验的可能条件，把情感提升到类似康德哲学中时间所具有的地位上。一般认为，我们只是在某些时刻带有情绪，但海德格尔却宣称："此有总已经是怀情的。"（SZ:134）一般认为，情感活动奠基于表象，即使胡塞尔也仍认为感受是被奠基的行为（Hua19:401ff.）。但海德格尔却声称，感遇性参与建构了此有之决开性，也就是说，即使表象行为也有感遇性之参与。[①]

如上所言，海德格尔所谓"心情"也包括具有特定对象之情绪，这些比较短暂的心情大概只参与建构特定的意向对象。跟拉特克利夫的"存在论感受"更接近的是海德格尔在《是有与时间》中所谓"基本感遇性"（Grundbefindlichkeit）或后来所谓"基本心情"（Grundstimmung）（SZ:310; GA29/30:10ff.），它们所面向的是世界整体。但正如拉特克利夫所言，"海德格尔或多或少详细讨论的只有数种心情"[②]。他的贡献在于，沿着海德格尔所提供的指引进一步挖掘，从而发现我们有多种多样发见自身在世界中的方式，并结合神经科学和精神病理学之实证研究，以展示诸如忧郁等存在论感受如何塑造我们对世间事物之经验。

我们在上面指出，拉特克利夫认为感受都是身体感受，而他选用"存在论感受"这个名称最重要的理由就是："它们实际上是'身体感受'。"海德格尔一直被人诟病忽略处理身体之问题，但拉特克利夫已经留意到，他对"焦虑"（anxiety）之描述已经隐隐包含了某

---

① 当然，海德格尔也并非认为情感是唯一的因素。他在《现象学之基本问题》中说："它建构一切对是有者之取态，但感遇性不是单独使之可能，而是总跟理解合一才使之可能，理解给每一心情、每一情感、每一感触以明亮。"（GA24:397-398）

② Ratcliffe, "Why Mood Matters", p. 170.

种对焦虑之身体性之意识。[1]实际上，海德格尔对"感遇性"之第三个本有限定，亦同样可谓已经隐隐包含了某种对其身体性之意识，但一方面由于海德格尔本人论述之隐晦和浓缩，另一方面由于英语或汉语翻译都不够尽善，所以研究者一直没能给予充分的注意。我期望通过下面对其中关键词的重新翻译与解释，能展示海德格尔的用意所在。

五、感遇性与身体性

上述对"感遇性"之前两个限定都是关于感遇性所决开的内容的：首先是此有之被投掷性，然后是在世是有整体。第三个限定则是关于感遇性之决开方式的："实存论上，在感遇性中有一决开着的依存于世，从中碰击的东西（Angehendes）能被遇上。"（SZ:137-138）如上所言，海德格尔认为，世界是我们遇上世间事物之背景条件。他说："先前已经被决开的世界使得世内的东西被遇上。"（SZ:137）现在，他进一步指出，我们是如何遇上世间事物的：这里所谓"遇上"具有"被触及（Betroffenwerden）之性格"（SZ:137）。"被触及"专指我们被世界之意蕴（Bedeutsamkeit）例如威胁性等所触及，对于我们为何有这种遇上世间事物之方式，海德格尔提出了"可被碰击性"（Angänglichkeit）概念来解释，这是感遇性之特殊决开方式。他说：

> 但被上手东西之无用性、抵抗性、威胁性所触及，只有在

---

[1] 参看 Ratcliffe, "The Feeling of Being", p. 51。

以下情况才会在存在论上为可能：是在（In-Sein）本身实存论
上这样先行被限定，即，它能以上述这些方式被世内遇上的东
西所碰击。这可被碰击性基于感遇性，作为感遇性它已经将世
界以例如威胁性方面来决开。只有感遇于畏惧或无畏中者，才
能在周遭世界上把上手东西发现为有威胁的东西。感遇性之情
怀，在实存论上建构此有之世界开放性。（SZ:137）

　　"被触及"与"被碰击"（angegangen）是海德格尔论述中的关键
词，但由于这两词之寻常性和多义性，它们的关键作用和特殊意义
一直被忽略。首先，"Betreffen"和"Angehen"都有"跟我们有关、
引起我们关注"之意义。这一点比较容易掌握。另外一点则没怎么
被注意到，即，这两词在海德格尔的使用中都跟感性有关。其线索
在《现象学之基本问题》，海德格尔对康德的"感触"（Affektion）
概念之阐释中。他说："某东西被居先给予或被给予我们，总是只有
通过感触，即，通过我们被其他东西即我们本身不是的东西所触及、
所碰击。"（SZ:205）康德所谓"感触"大致跟"感觉"（Empfindung）
同义①，即指心灵通过感性或"接受能力"所取得的表象。从上面的
引文中我们看到，海德格尔恰恰用"被触及"和"被碰击"两词来
阐述感性取得表象之方式。在康德那里，感性唯有通过感官才能取
得表象。我认为，在海德格尔那里情况亦相同，感遇性之决开在某
种意义上也需要通过感官之作用，因此海德格尔才使用"被触及"
和"被碰击"两词。感遇性牵涉感官，海德格尔接下来的一段话可
为助证：

---

① 参看Kant, *Kritik der reinen Vernunft*, A68/B93。

　　而只因为"感官"（Sinne）在是有论上属于一是有者，它具有感遇的在世是有之是有样式，它们才能"被触碰"（gerührt）和"对……怀有观感［意义］"（Sinn haben für），以至于触碰者显示在感触中。如果感遇的在世是有不是已经依存于由心情所描绘的、施自世内是有者的可被碰击性，则最强的压力和阻力也不能产生感触这类东西，阻力本有上也依然不被发现。（SZ:137）

　　海德格尔于此尝试指出，单凭感官之受刺激不足以说明我们的感触，我们需要有感遇性中相应的接受能力即可被碰击性，才可能被威胁性等意蕴所触及。反过来说，正因为感遇性需要通过感官，所以海德格尔才有必要指出单凭感官之不足。感官依附于身体，由此看来，虽然海德格尔对感遇性之论述没有明显提及身体，但其实身体在其中已经隐然有其位置。此外，我们也应该注意，海德格尔在论述中特别偏重触觉，"被触及"和"被碰击"都属于触觉之所感。触觉是身体感受之其一主要成分，近来看重身体感受在情感中的核心地位之学者例如拉特克利夫和歌珑贝蒂，都以触觉作为模型来说明身体感受。①虽然海德格尔没有提及身体，但他同样以触觉作为模型来描述感遇性如何参与决开世界。

　　总的来说，海德格尔认为心情就是我们能被世间事物所碰击的方式（GA20:351），不同的心情即我们能被碰击的不同方式。因此，他将有关的接受能力限定为"由心情所描绘的、施自世内是有者的可被碰击性"。既然心情就是我们被碰击的方式，对某一心情之描绘就等于对某一可被碰击性之描绘。我们通过被威胁性等意蕴所触

---

① 参看 Ratcliffe, *Feelings of Being*; Colombetti, *The Feeling Body*。

及而遇上世间事物，感遇性中之可被碰击性是我们如此被触及的可能条件。如果我们缺乏特定的可被碰击性，那么相应的意蕴就不能对我们决开。[①]例如，没有畏惧这种被碰击的方式，我们就不可能遇上有威胁的东西。因此，海德格尔说："事实上，我们必须在是有论元理上把对世界之起初发现，转让予'单纯心情'。纯粹直观即使穿入现前东西最内在的血脉，也永不能发现有威胁的东西之类。"（SZ:138）虽然海德格尔在论述中没有提及身体之作用，但一方面如上所言身体在其中已经隐然有其位置，另一方面他的论述也完全可以融合于拉特克利夫对"身体感受"之分析：我们可以把海德格尔所谓"可被碰击性"解释为通过身体的感受，从中世间事物对我们决开。我认为这一解释不但没有违背海德格尔的本旨，而且也可被视为积极的补充。

六、结　语

拉特克利夫的"存在论感受"概念，综合了感受理论对感受尤其是身体感受之正视与认知理论对情感之决开世界面向之看重。从上文的讨论中可见，他深受海德格尔在《是有与时间》中所提出的"感遇性"概念之影响。但他也不仅仅是简单地接受海德格尔的想法而已。一方面，他沿着海德格尔之指引，根据日常语言中我们对"感受"一词使用之多样性，进一步挖掘我们的各种"发现自身在世界中的方式"，将其范围扩大到传统上所言的情绪和心情以外。另一方面，他亦尝试从神经科学和精神病理学之实证研究中，寻求支持

---

① 威胁性等意蕴在当前的情绪研究中被称为情绪之"形式对象"，参看 Deonna & Teroni, *The Emotions*, p. 41。

他的理论之证据——例如，达马西奥（Antonio R. Damasio）之研究即为其一。达马西奥因1994年出版的《笛卡尔之错误》（*Descartes's Error*）一书而知名，他根据对神经病理学上的有名案例盖奇（Phineas Gage）与他自己的病人埃利奥特（Elliot）之研究，而指出情绪对理性行为之关键作用。[1]除了一般所言的情绪和心情以外，达马西奥提出我们还有另外一种感受，他称之为"背景感受"，"因为它发源于'背景'身体状态而非情绪状态"[2]。达马西奥将对外界刺激之身体反应称为"情绪"，而将对这类反应之"私人的、心智的经验"称为"情绪感受"。[3]背景感受也是我们对自己的身体状态之感受，但不是对在受突如其来的刺激时所出现的身体反应之感受，而是对我们自己身体的一般状态之持续感受："背景感受是当我们没有被情绪所震荡时，我们对身体地貌之图像。"[4]达马西奥将这一持续感受称为"对生命本身之感受、存在感"[5]。尽管达马西奥没有区分对身体之感受与通过身体的感受[6]，而似乎将身体状态视为背景感受之意向对象，但就其"不是朝向特定的对象或处境"，而是某个意义上的"背景定向"，并且是"影响人们知觉之身体状态"而言，他所谓"背景感受"与拉特克利夫所谓"存在论感受"之间仍然有某种共通点。拉特克利夫本人也因此认为，不但是海德格尔的现象学论述，达马西奥对情绪之神经科学论述也为他的"存在论感受"理论提供了某种程度上的支持。[7]

---

[1] 参看梁家荣:《仁礼之辨》，第217—220页。

[2] Damasio, *Descartes's Error*, p. 150.

[3] 参看Damasio, *The Feeling of What Happens*, p. 42。

[4] Damasio, *Descartes's Error*, pp. 150–151.

[5] Ibid., p. 150.

[6] 参看Ratcliffe, "The Feeling of Being", p. 53。

[7] 参看ibid。

第六章　意求与力量

——尼采的"意志"概念与海德格尔的解释

奥古斯丁：那我问你，我们有意志吗？

埃沃迪：我不知道。

奥古斯丁：你想知道吗？

埃沃迪：这我也不知道哦。

奥古斯丁：那么接下来你就什么也别问我了。

埃沃迪：为什么呢？

奥古斯丁：因为，除非你想知道你问的东西，否则我没必要回答提问的你。此外，除非你想达致智慧，否则就不应该跟你有对这类事情的讨论。最后，除非你想我好，否则你就不能是我的朋友。现在，你看看你自己，看看你有没有幸福生活之意志。

埃沃迪：我承认了，不可能否认我们有意志。来吧，现在让我们看看从这里出发你会完成些什么吧。[①]

"强力意志"毫无疑问是尼采后期思想的中心概念。[②]在尼采在世时所出版的著作中，"强力意志"最先见于《查拉图斯特拉如是说》（*Also Sprach Zarathustra*）。尼采在此书中说："只是有生命处，那里也有意志：但不是生存意志，而是——我这样教导你吧——强

---

① Augustine, *De libero arbitrio*, 1.12.25.

② 参看 Hw, p. 233; Kaufmann, *Nietzsche*, p. 178。

力意志。对有生者来说，很多东西都比生命本身有更高的估值；而从估值本身出来说话的——强力意志。"（Z:149）①在其后出版的《善与恶之彼岸》（*Jenseits von Gut und Böse*）中，尼采不但承续《查拉图斯特拉如是说》的说法，以为"生命自身就是强力意志：自身保存只是它间接的和最经常的后果之一"（JGB§13; GM, II§12; KSA12: 2[190]）②，而且还让这个元理"被推到它最远的边界"，以至于"这个世界，从内部来看，从它的'可智思特征'来限定和标示的话，它就会是'强力意志'，而非别的东西"（JGB§36）。在一则写于1885年、后来收于《强力意志》（*Der Wille zur Macht*）一书的笔记中，尼采更干脆说："而且你也知道对我来说'世界'是什么吗？我要不要在我的镜子中给你显示？……这个世界就是强力意志——而非别的东西！而且你自己也就是这强力意志——而非别的东西！"（KSA11:38[12]; WM§1067）

　　然而，对于尼采所谓"意志"和"强力意志"所指为何，由于尼采独特的写作风格，一直以来却有不少误解。海德格尔在1936—1937年冬季学期名为"尼采：作为艺术的强力意志"的讲课中，对尼采的"意志"概念提出了他独树一帜的解释。下文将以海德格尔后来出版的《尼采》一书中的分析为线索，详细展释尼采的"意志"概念，并讨论海德格尔的解释。

一、一切皆生成

　　简单来说，对尼采而言，一切东西都是强力意志。"世界"就是

---

① 汉语译文参考了孙周兴译《查拉图斯特拉如是说》。
② 本书对 *Jenseits von Gut und Böse* 引文之汉语翻译，参考了赵千帆译《善恶的彼岸》。

所有东西的别名。更严格来说，对尼采而言，一切发生的事情，都可以用强力意志来解释。尼采在1885年所写的笔记中，曾经以"一种重新阐释一切发生之尝试"来作为《强力意志》的副题。①尼采不认为有绝对的或自足的东西，不认为有传统意义上的"实底"（Substanz），不认为有"物自身"（Ding an sich）。对他来说，一切都是发生、生成或者过程。世界就是发生，就是生成，就是流变（cf. KSA12:2[108]）。而一切发生或变化，都可以用强力意志来解释。所以尼采说，他在强力意志中认识到"一切变化之最终根据和特征"（KSA13:14[123]）。②

对于尼采上述的基本看法，海德格尔有如下的概括："在尼采看来，一切是有都是某种生成。而生成具有意求（Wollen）行动和活动之特征。"（NI:15）③在适当的了解下，海德格尔的这个说法固然不能说不对，但也有让人误解的可能性④，特别是在脱离论述脉络的情况下。首先，"是有"在哲学史上经常是与"生成"相对使用的，用来专指不变的东西。尼采很多时候都是如此使用此词的（cf. KSA13:18[13]），他认为这个意义上的是有是不存在的（cf. KSA11:25[185]），只是虚构："'是有'乃是受生成之苦者的虚构。"（KSA12:2[110]; cf. GD, III§2）海德格尔显然不是在这个意义上使用"是有"一词的，所以他才说："由此我们首先可以得出一点：在'是有是生成'和'生成是是有'两个句子之间，不必然有矛盾。"（NI:30）为避免误解，尼采的想法其实可以更简单地被表达为：一

---

① 参看KSA11:39[1], 40[2]; KSA12:1[35]。另参看KSA11:40[50]; GM, II§12。
② 本书对KSA12和KSA13两卷引文的汉语翻译，参考了孙周兴译《权力意志》，时有改动。
③ 对此书引文的汉语翻译，参考了孙周兴译《尼采》上卷，时有改动。
④ 这里我们不是说，海德格尔本人没有意识到这种可能性。

切都是生成。只不过，这样海德格尔就不能直接将之与他自己的哲学主题——是有——拉上关系了。

其次，说到"行动"或"活动"的时候，我们通常同时会联想到行动者。例如，意求活动一般是指一种心理活动，而我们就是这种活动之行动者，或这种活动之"主体"。然而，尼采虽然不时说到"行动"或"做事"（Thun），但他却认为没有在行动后面的行动者或主体。尼采说：

> 没有在做事、作用、生成后面的"是有"；"做事者"单纯是杜撰加到做事上面的——做事就是一切。（GM, I§13）[①]

> 生成作为虚构、意求、自我否定、自我克服[②]：没有主体，而是某种做事、设定、创造性的，没有"原因与效果"。（KSA12:7[54]）

尼采将把"做事"分离于"做事者"之看法称为"古老的神话"：

> 把"做事"分离于"做事者"，把发生分离于某个造成发生的（东西），把过程分离于某个东西，这个东西不是过程而是延续的，是实底、事物、物体、灵魂等等——试图把发生掌握为"是有者"、留存者之某种推移和位置变换：自这个古老的神话在语［言］文［法］功能中找到一个固定形式后，它就确立了对"原因与效果"之信仰了。（KSA12:2[139]）

---

① 本文对 *Zur Genealogie der Moral* 引文的汉语翻译，参考了赵千帆译《论道德的谱系》。
② 注意这些都是动名词，表示某种活动，相当于指：虚构活动、意求活动、自我否定活动、自我克服活动。

海德格尔说，在尼采看来，生成"具有意求行动和活动之特征"。我们一般认为，意求活动是我们的心理活动，我们是这种活动之主体。但现在尼采明白指出，"做事者"是杜撰的，只是"神话"。那么他所谓"意求"应该就不是我们一般所谓"意求"。但如果不是，那么尼采所谓"意志"或"意求"又是指什么呢？这就是本章的主题。

二、"意志"释义

尼采所谓"意志"难以掌握，原因是多方面的。首先，对于"意志"（Wille）一词在西方哲学语境中一般所指为何，已经不是一个可以简单回答的问题了。西方学界尤其是古典学界之主流意见认为，古希腊人并没有英语"will"或德语"Wille"所意指的概念："我们习惯把意志看作行动之主要源头。但意志——任何时间都摩拳擦掌迫不及待——对希腊人来说却是一个陌生的概念；他们对之甚至没有一个字词。"[1] "无论在哲学的还是非哲学的希腊语中，都没有对应于'意志'概念的字词。"[2] 当然，我们必须先知道"意志"现在到底指什么，才能够判断古希腊人有没有对应的概念。但某种程度上来说，这也不是一个可以简单回答的问题。例如，卡恩（Charles H. Kahn）就说："在现代的用法中，没有单一的概念是由'意志'所指称的。"[3] 他因此区分了有关"意志"概念的"四个不同视角"。1. 由奥古斯丁开始的"神学意志"概念。2. 由笛卡尔开始的"意志"

---

[1] Snell, *The Discovery of the Mind*, p. 182.

[2] Dihle, *The Theory of Will in Classical Antiquity*, pp. 18, 143.

[3] Kahn, "Discovering the Will", p. 235.

概念，以之指"一内在的心智事件（mental event）或内在的意识行为，它是任何外在行动，也就是说任何身体之自愿运动之原因、伴随者或必要条件"。3. 从康德开始的传统，以意志"为自我立法，以及因此使我们从中意识到我们自己属于智思界的（noumenal）、非经验的是有者之维度"。卡恩认为，尼采的"强力意志"概念也属于这个传统。4. 自由意志vs决定论之论题。[①]这四个视角当然不是各自独立没有关联的，第二个跟第一个有关，第三个又跟第一个和第二个有关，而第四个视角则不是指一个特殊的"意志"概念，而是一个有关"意志"概念或——更严格而言——"自愿性"概念的论题，跟前面"所有三个传统"都有关。

其次，有些哲学家甚至完全否定有对应于"意志"的东西，尼采也是其中一员。当代的心理学习惯把人的心理行为分为"知、情、意"（thought, feeling, will）三种模式，对应于三种心理机能。赖尔认为这一"传统教条"不但不是自明的，而且还充满"混乱和假推论"。他在《心智概念》中题为"意志"的一章中，就试图"驳倒那个学说，它认为存在一个机能、非物质性的器官或部门，对应于该理论所描述的'意志'，并且认为有那些过程或操作，对应于该理论所描述的'意求活动'（volitions）"[②]。赖尔所反对的理论，其特征在于把意求活动设想为"'在心智中'之特殊行为或操作，借此心智把它的观念转化为事实"[③]。简单来说，这种理论把意志视为"行动之主要源头"，视为我们身体活动之原因。在这个意义上，尼采同样认为没有"意志"这样的东西：

---

① 参看 Kahn, "Discovering the Will", pp. 235–236。

② Ryle, *The Concept of Mind*, pp. 62–63.

③ Ibid., p. 63.

"实在性""是有"概念取自我们的"主体"感受。

"主体"：出自我们的解释，以至于我被视为主体，被视为所有做事之原因，被视为做事者。

对实底、偶性（Accidens）、属性（Attribut）等之信仰、逻辑兼形而上学的假设，其说服力在于那种习惯：我们习惯于把我们的一切做事都视为我们的意志之结果，以至于我作为实底是没有进入变化之多样性中的。——然而并没有意志。（KSA12:9[98]）

尼采一方面认为，一切都是强力意志，或一切都能以强力意志来解释，另一方面又认为没有意志。我们如何解释这个情况呢？这是否只是尼采诸多自相矛盾之一例？抑或尼采所谓"强力意志"中的"意志"，根本并不是他所否定其存在之意志，不是我们看来熟悉的、"至今的心理学"所谓的"意志"（KSA13:14[121]），不是作为一种心理机能、作为我们外在行为之原因之意志？研究者一般很少提出这样的问题，仿佛"意志"是一个自明的概念，不需要任何解释，仿佛尼采所谓"意志"与一般用法相同，不需要特别仔细地区别。在这一方面，海德格尔是一个例外，他花了相当多的篇幅来分析尼采的"意志"概念。海德格尔的分析是下文讨论的重点。现在先让我们说一说另一个困难。

再次，这是汉语讨论的特殊困难，亦且不单就尼采而言，而是就讨论"意志"一般而言。如果古希腊语中也没有对应西方现代"意志"概念的字词，我们似乎也应该考虑一下，汉语中是否有意义对应的用语。当然我们首先要认识西方的"意志"概念，才能做判断。学者一般认为，西方的"意志"概念开始于奥古斯丁。[①]简单来说的话，奥古斯丁的"意志"（voluntas）概念可以用三点来概括[②]：1. 它是一种独立的心智机能，"先于以及独立于理智的认知行为，而又根本上不同于感性的和非理性的情感"[③]；2. 它是我们行为之最终动力因（causa efficiens）[④]；3. 人的选择自由，被化约为意志自由[⑤]。而且意志之选择或决定权并不限于身体行动，我们的感知判断、情绪反应以至回忆，都要得到意志之同意（assent）。[⑥]汉语里是否有字词同样带有这些含义？"意志"是否就是这样一个字词？本文不可能详细讨论这些问题，而只能做几个简略的语言观察：

1. "志"和"意"两字基本上同义，《说文》用两字互训："志，意也"；"意，志也"。除了有"意念"的意思，"志"也有"志愿，志向"的意思，而"意"则亦有"意向，愿望"的意思[⑦]，都是指心智中的某种想法，其内容为希望达成的某些事情，以英语来说大致可以翻译为"intention"。这一含义是相当笼统的，并不专指某种特殊的心智机能，更不必说独立于欲望。[⑧]合为"意志"一词，基本上也是一样。[⑨]

---

① 参看Dihle, *The Theory of Will in Classical Antiquity*, p. 123; Arendt, *The Life of the Mind*, p. 84。

② 参看奥古斯丁的意志理论非常复杂，这里做的只是一个简单概括。

③ 参看Dihle, *The Theory of Will in Classical Antiquity*, p. 127; Kahn, "Discovering the Will", pp. 236–237。

④ 参看Augustine, *De civitate Dei*, 7.6。另参看O'Daly, *Augustine's Theory of Mind*, p. 6。对奥古斯丁"意志"概念的汉语研究，参看吴天岳：《意愿与自由》。

⑤ 参看Dihle, *The Theory of Will in Classical Antiquity*, p. 128。

⑥ 参看O'Daly, *Augustine's Theory of Mind*, pp. 6, 52–53, 89, 133; Chadwick, *Augustine*, p. 66。其理论源头是斯多亚学派，参看Kahn, "Discovering the Will", pp. 245–247。

⑦ 参看《汉语大字典》"志"字条和"意"字条。

⑧ 这种笼统性其实不是汉语所特有，古希伯来语也是这样。参看Dihle, *The Theory of Will in Classical Antiquity*, p. 17。

⑨ "意志"连词相当早就有，例如《商君书·定分》曰："夫微妙意志之言，上知之所难也。"另外，《荀子》常用倒过来的"志意"连词。

2. 利马窦在《天主实义》中，把人的意志翻译为"意"。①娴熟基督教义而又熟读中国古书的利马窦，似乎也找不到一个专门的对应名词，来翻译拉丁语的"voluntas"。

3. 即使在今天"意志"已经是"will"之习用翻译以后，汉语"意志"之使用范围还是相当狭窄的，日常只有几种用法，例如，"意志力""意志消沉"以及"意志薄弱"等，并不能完全覆盖"will"之用法。至于原因则很可能跟下面两点有关。

4. 以"意志"来翻译"will"，一个严重缺陷是它没有动词用法。这个缺陷在本章开始所引用奥古斯丁的一段话中就表现得很明显了。这段话出于《论自由决断》(De libero arbitrio)，一般以为是奥古斯丁对意志之自明性之论证。②这个论证之说服力很大程度上得自拉丁语中动词"volo"与名词"voluntas"之关联。如果我们要在翻译中维持原文之日常对话风格③，就像我上面的翻译所意图做的那样，那么就很难在翻译中保持这种关联。"Volo"的意义是很笼统的④，英语此处翻译为"want"⑤，汉语意义最接近的词大概是"想要"。在我的译文里，所有"想"字都是对此词的翻译。"Voluntas"是这个动词之名词形式，一般翻译为"意志"，它的意义其实以"想要"一词更能表达："强力意志"其实就是指想要强力⑥，"自由意志"其实就是指对于想要做什么，你是有自由的。遗憾的是，"想要"在汉

---

① 他把上帝的意志翻译为"圣旨"，例如："凡行善者有正意三状：……上曰，因翕顺天主圣旨之意也。"参看梅谦立：《天主实义今注》，第169页。

② 参看Harrison, *Augustine's Way into the Will*, pp. 69ff.。

③ 参看ibid., p. 115。

④ 参看Dihle, *The Theory of Will in Classical Antiquity*, p. 133; Harrison, *Augustine's Way into the Will*, p. 115。

⑤ 参看Augustine, *On the Free Choice of the Will, On Grace and Free Choice, and Other Writings*, pp. 20–21。

⑥ 范寿康在1920年所写的《最近哲学之趋势》一文中，将"Wille zur Macht"翻译为"要想获取力量的意志"。参看邵元宝编：《尼采在中国》，第118页。

语中又不好用作名词。奥古斯丁一开始问埃沃迪"我们有意志［想要］吗？"，埃沃迪说"不知道"。奥古斯丁又再问"你想［要］知道吗？"，因为一旦埃沃迪说"我想［要］……"，那就表示他是有意志［想要］的了。但汉语中的"想"或"想要"跟"意志"之关系，远不如拉丁语原文明显，因此原文论证之说服力很大程度上就消失了。[①]

5. 汉语"意志"只有"决心"之意思，而没有或几乎没有"voluntas"或"Wille"所具有的"欲求"之意思，这是一个很严重的缺陷。[②]不少学者在翻译"Wille zur Macht"的时候，很多时候都翻译为"求权力的意志"[③]，就清楚地表现了这个缺陷。因为"意志"没有"欲求"之意思，所以译者才会觉得有必要补上这个"求"字。但这种做法严格来说其实是翻译重复了，虽然也是不得已。这是因为，"Wille zur Macht"原来的意思就是求权力或求强力，如果用"求"字来翻译就没必要再加"意志"了。当然"求"的意义可能太过笼统。或许我们可以用"意求"来翻译，改为"意求强力"。我个人觉得"自由意求"可能就比"自由意志"更符合该概念之意义。而且"意求"也可以用作动词。在古代汉语中，我想要做什么，可用"求"或"欲"来表达。例如："求仁而得仁，又何怨。"（《论语·述而》）"欲"字可能比"求"字更具有明显的心理含义。在古代，"欲"之

---

① 为了在翻译中保持这种关联，吴天岳把"volo"翻译为"愿意"，而把"voluntas"翻译为"意愿"，参看吴天岳：《意愿与自由》，第164—165页。这是一种可行的做法，但"愿意"相比于"will"来说，意思似乎较弱，详见下文。

② 吴天岳看到了这一点，所以选择以"意愿"来翻译奥古斯丁的"voluntas"，参看吴天岳：《意愿与自由》，第1页。

③ 例如，胡适在1922年所写的《五十年来之世界哲学》中就如此翻译。参看郜元宝编：《尼采在中国》，第121页。孙周兴在《查拉图斯特拉如是说》"自我克服"一节也是如此翻译的："但不是求生命的意志，而是求权力的意志。"（第181页）

意义原来就像拉丁语的"volo"那样笼统，孔子说："我欲仁，斯仁至矣。"（《论语·述而》）仁也可以是欲之对象。[①]但现在，我们说到"欲"或"意欲"，似乎一般都有负面的含义。

在下文中，我将仍然跟随一般的做法，将名词"Wille"翻译为"意志"，而将其动词形式"Wollen"翻译为"意求"。

三、尼采的"意志"概念

海德格尔的用词其实是十分讲究的，有时甚至比尼采本人还严格。他说"生成具有意求行动和活动之特征"，而不是说"生成具有意志之特征"。于此，"意求"所翻译的是"Wollen"，这是"Wille"的动词形式。如上所言，尼采认为，一切都是行动、做事，而没有行动者、做事者。而作为名词的"意志"，则很容易会被实底化。尼采自己就说："'意志'——一种错误的物化。"（KSA12:1[62]）所以，海德格尔不用名词"意志"而用动名词"意求"，并不是没有理由的。

海德格尔所以要这么讲究，是由于尼采的"意志"概念显然不同于"至今的心理学"——包括哲学心理学——所谓的"意志"，尼采认为后者是"幻觉"："我笑你们的自由意志，也笑你们的非自由意志：在我看来，你们所谓的意志是幻觉，根本没有意志。"（KSA10:13[1]; NI:48）[②]从这段话中我们可以很清楚地看到，尼采认为不存在的意志，是"你们所谓的意志"[③]，也就是我们上面说从奥古

---

① 其实这句话就是对"自由意志"——我们想要做什么的自由——之一种表达。

② 另参看KSA10:24[32]; KSA11:26[254], 27[1]。

③ 尼采有时加上引号来表示，例如上文所引的一句话："'意志'——一种错误的物化。"

斯丁开始的"意志"概念。这个西方传统的"意志"概念认为，意志是属于主体之一个心理机能。尼采则认为，只有活动而没有主体，一切活动或生成都是强力意志。所以，对于尼采来说，意志并不属于主体。相反，主体——即使它只是虚构——属于意志，是它的一部分。如果我们把尼采所谓的"意志"仅仅了解为一种心理行为，就难免误解其意。[①]尼采说得很清楚："一切驱动力都是强力意志，此外没有任何物理的、动力的或者心理的力了。"（KSA13:14[121]）强力意志非但不属于心理层面，亦且不仅仅属于有机世界："去靠近之躁动（Trieb）——以及去排拒某东西之躁动——既是有机世界之纽带，也是非有机世界之纽带。整个区分是一个偏见。"（KSA11:36[21]; cf. KSA11:34[247]）从强力意志之角度来看，并没有有机的与非有机的世界之区别，因为二者之分别是从强力意志区分出来的，它们的分别之出现要后于强力意志。故此，强力意志不属于有机世界；相反，有机世界才属于强力意志。海德格尔对此掌握得很清楚："在流行的观念中，意志被看作一灵魂机能。意志是什么，由灵魂之本有所限定。……如果对尼采来说，意志限定任何一个是有者之是有，那么意志就不是灵魂性的东西，相反灵魂是意志性的东西。"（NI:47）

但如果尼采所谓"意志"不同于至今的心理学所谓的"意志"，那么尼采为什么偏偏要用"意志"这个名词来表达他的核心思想呢？这无非是由于，在一般的"意志"概念之中有某些东西、某些特征，尼采觉得最能够表达他对世界整体的看法，最能够告诉别人，对他来说"世界"是什么。就正如当我们说某人是豺狼的时候，我们不

① 参看 Kaufmann, *Nietzsche*, p. 204。

是说这个人不是人而是一头豺狼，而是觉得在"豺狼"之一般观念中，有某些东西或特征很能够表达我们对这个人的看法。故此，我们就看到海德格尔十分小心地说，"生成具有意求行动和活动之特征"，而不是简单地说，"生成是意志"或"生成是意求活动"。

一般的"意志"概念有什么特征呢？其中有什么特征是尼采所特别看重的呢？真正想要了解尼采的"意志"概念，我们就不能不回答这样的问题，不能把"意志"看作自明的概念（cf. JGB §19）。海德格尔就是这样着手的："如果我们以那些仿佛首先闯进来的特性，来尝试把握意求，那么我们可能就会说：意求是一种向……那里、奔……去；意求是一种取态（Verhalten），它瞄向某物。"（NI:49）海德格尔这里沿用了现象学对意识之意向性分析。根据这个理论，所有心理行为都有朝向……之结构（cf. GA24:80-81）。但朝向……是一切取态都有的结构，它还不是意求之特征。"瞄向某物还不是意求，然而在意求中有这样的向……那里。"（NI:49-50）那么，意求作为一种朝向……有什么额外的特征吗？意求或想要某物就是想拥有它。海德格尔说："这种想拥有不是单纯的表象（Vorstellen），而是一种对某物之追求（Streben），这种追求具有意愿（Wünschen）之特性。"（NI:50）海德格尔于此用了两个跟"意求"意义接近的概念，来彰显"意求"之特征，一个是"追求"，另一个是"意愿"。它们跟"意求"接近，却不相同。

首先是意愿。"然而意愿始终不是意求。最纯粹一味意愿的人，恰恰不意求，而是希望所愿的事情无须他插手就发生了。"（NI:50）相较于"意愿"而言，海德格尔说"意求"是"把自己置于本己的命令下，自我命令之决意性（Entschlossenheit），这在其自身已经是执行"（NI:50）。"意愿"与"意求"之分别在于，意愿不一定有所行动，而凡意求则一定已经展开行动了。这就是为什么叔本华（Schopenhauer）会认为，"物理移动与意求只不过是一个单一的事件之两个向度"①。叔本华把意求行为分为三个阶段，首先是意愿，这时候意求还没成形；然后是决心（Entschluß）；但决心要到真正付诸行动以后，才能算是完满，因为在行动以前它还可能有变。②叔本华将"决心"视为意志之一个必要成分，海德格尔上面引文中的相应用词是"决意性"，这个成分构成了"意愿"与"意求"之分别。"决意"是关联于选择而言的，所以海德格尔在《是有与时间》中把"决意性"界定为"自我是有之选择"（SZ:270）。心意已决即已经做好选择，然后展开行动。意求一定包括付诸行动之决心，而意愿则没有。

其次是追求。海德格尔说意求是一种追求，"一种对某物之追求"③。由此看来，当他将"意求"对比于"追求"时，他应该是将之对比于另一种追求。海德格尔有时又将这种追求称为"单纯追求"（bloßes Streben）："意志不是意愿，并且不是对某物之单纯追求。"（GA5:234）二者之分别在哪里呢？海德格尔说："有谁不知道他意求什么，他根本就不是意求，并且根本不能意求。"（NI:51）意求对所意求的东西有知（Wissen）。对此的另一个说法是，意志对所意求的东西有表象（Vorstellen）："然而，意志作为追求不是盲目的冲动。被欲求和被渴求的东西是如其自身一起被表象、一起被收于眼底、一起被觉知的。"（NI:66）相反，单纯追求则是盲目的，对被追求的东西没有知，没有表象："反之，追求可以是不明确的，无论对被真正渴求的东西，还是对追求者本身。"（NI:51）

---

① Janaway, *Self and World in Schopenhauer's Philosophy*, p. 209.
② 参看ibid., p. 218。
③ 另参看NI:66："意志是一种欲求和追求。"

意求不但对被意求的东西有知，它对意求者（der Wollende）自身也有知。这是因为，海德格尔认为，意求总是意求意求者本身（NI:51）。换句话说，在意求中，意求者也是被意求的东西。在意求中，对意求者自身之知，海德格尔特别称之为"决意性"。如上所言，"意愿"与"意求"之分别在于"意求"包括付诸行动之"决意性"。但"决意性"这个字词在海德格尔那里同时包含另一个意义。德语原文"Entschlossenheit"字面上的意义是去掉（Ent-）被闭锁的状态（-schlossenheit），相当于决开状态。海德格尔在《是有与时间》中说："决意性是此有之决开性（Erschlossenheit）之一种特殊模式。"（SZ:297）恰好，"决"字在汉语里也有"打开"之意义。《说文》曰："决，行流也。"行流，即"开通河道"之义。所以，"决意性"也可以依字面解为心意之决开，正合海德格尔的用意。在海德格尔那里，知就是此有的一种决开状态。他说："意志就是对自己自身之决意性。"（NI:52）这也就是说，在意求中，意求对自己决开。意求对自己决开，因为意求总是"意求超出自己"："对自己之决意性——总是：意求超出自己。"（NI:51; cf. NI:56, 60, 63）相反，在单纯追求中则没有这种超出自己："在对某东西之单纯追求中，我们不是真正被带到我们自己面前，因此有这里没有追求超出自己之可能性，毋宁说我们单纯追求，在这样的追求中一起前行。"（NI:51）

四、意志与决意性

综上所言，海德格尔认为意志就是对自己之决意性，而这也就是意求超出自己。这里所谓"决意性"包括两个意义：1. 即我们一般所谓"决意"，也就是付诸行动之决心；2. 指决开状态，指对被意求的东西有知。这两点将意志区分于意愿与单纯追求，意愿不一定包括付诸行动之决心，而单纯追求则没有对被追求者之表象或知识。现在的问题是：这是否符合尼采本人对意志之看法呢？尼采是否认为以上两点就是意志之特征呢？

第一点，就其把意志直接与行动挂钩甚至等同而言，这可以说是符合尼采的看法的。意求不单是某种想法，意求就是做事。但单单说做事还不足以突显意求之特征，因为尼采有时候把一切变化都叫作"做事"。意求之特征是向……那里做事，也就是说，它从某种意义上来说是目的性的。这个特点让强力意志作为"一种重新阐释一切发生之尝试"，有别于尼采所反对的机械论。机械论以外力来把握一切运动变化①，而尼采则以力本身之内在朝向性来解释。他认为，"人们必须把一切运动、一切'现象'、一切'律则'都只把握为某种内在发生之征状"（KSA11:36[31]; cf. KSA12:1[30], 7[9]）。这"内在发生"就是强力意志。尼采说：

> 我们的物理学家用以创造上帝和世界之那个硕果累累的"力"概念，仍然需要一个补充：必须赋予它一个内在世界，这个内在世界我称为"强力意志"，即，对显示强力之永不满足的要求；或者，强力之应用、施行，作为创造性的躁动等。（KSA11:36[31]; cf. KSA12:7[9]）

意志传统上一直被视为运动之源头，灵魂中的其他机能由意志所推动②，而意志本身就不由其他东西所推动③。换句话说，意志之推

---

① 古典的机械力学认为，任何东西都要被施以外力才会改变运动状态。

② 参看 Aquinas, *Summa theologiae*, 2a, qu.17, art.1。

③ 参看 ibid., 2a, qu.10, art. 1。奥古斯丁认为，如果意求是由其他东西所推动的，那么就没有罪责可言了，参看 Augustine, *De libero arbitrio*, 3.17.49。

动力是自发的（spontaneous）。现在尼采虽然不认为意志是灵魂之一项机能，但他的"意志"概念仍然保留了传统的内容，即，意志是自发运动之元理。而且很可能恰恰由于传统的"意志"概念具有这样的内容，所以尼采才用了"意志"这个术语，来指称他用以解释一切变化的总元理。对尼采而言，意志不但是心理活动之源头，也不仅是自愿行为之源头，更是一切运动之源头。一切生成变化，在尼采看来，都源自自发的推动力，而这个推动力就被他叫作"强力意志"。

至于第二点，则似乎并不符合尼采对意志之看法。首先，尼采跟叔本华一样，有时直接就把意志称为"追求"。例如：

生命，作为一个个案：由之出发把假设用到此有之总体特征。

追求一种最大强力感；

本有上是一种对强力增多之追求；

追求无非是对强力之追求；

最底下的和最内在的东西始终是这意志：机械学是关于结果之单纯符号学。（KSA13:14[82]）

其次，尼采说到强力意志时，很多时候都是以生命作为一个统一单元来说的，上面的引文就是一个例子。当"强力意志"首次出现在《查拉图斯特拉如是说》中的时候，尼采就说："只是有生命处，那里也有意志。"生命包括一切有机体，尼采并没有特别把人与其他动物区别开来，他甚至拿原生质（Protoplasm）这样简单的有机体来做例子（KSA12:9[151]）。尼采明白指出，强力意志之理论效力不但包括动物，而且还必须包括"树木和植物"，也就是一切有生命的东西：

在动物身上，从强力意志中推导出它的一切躁动是可能的：同样地，有机生命之一切功能出自这一个泉源。（KSA11:36[31]）

何以心理学之基本信条全部是极恶劣的扭曲和伪造呢？例如，"人追求幸福"——其中有什么真相呢？为理解什么是生命，生活是何种追求和张力，公式必须既对动物有效，也对树木和植物有效。（KSA13:11[111]）

所以，我们在探求意志之特征时，不能专注于明显只为人所独有的特征，但这却正是海德格尔在区分意志与单纯追求时所做的。他说：

一种单纯追求和冲动，例如饥饿，是一种对食物之冲动。在动物那里，这冲动本身和如其自身没有特别地把它所冲向的东西看在眼里，没有把食物表象为其自身，没有把食物当作食物来追求。这追求不知它所意求的是什么，因为它根本不是意求；不过它是冲着被渴求的东西的，但不是以它一个被渴求的东西。（NI:66）

于此海德格尔显然是把自己的看法套到了尼采身上。海德格尔把人与动物截然分开，认为二者之分别在于，"动物本身并不处于是有者之敞开性（Offenbarkeit von Seiendem）之中。无论它的所谓环境或者它自身都不作为是有者敞开"（GA29/30:361）。[1]换句话说，动物不能把某东西觉知或表象为某东西，无论是它自己还是它周围的东西，例如它的食物。相反，人则处在这种敞开性之中。以《尼采》

---

[1] 详细讨论参看梁家荣：《海德格尔论动物与世界》。

一书中的话来说，动物之追求是盲目的，而人之追求则不是盲目的，人对他所意求的东西具有知，具有表象。这是否是尼采的看法呢？尼采虽然排斥叔本华"盲目意志"之说法，认为这是自相矛盾的表达（KSA11:26[431]），但这只是因为他认为意志本质上是目的性的，而不是因为他认为意志必然包含表象。表象和知识似乎都预设了意识，但尼采却明确认为意识只是生命之手段而不是其本质：

> 确实，从元理上讲，动物性的功能比一切美好的状态和意识高度都重要百万倍，后者就它不需要是那种动物性功能之工具而言，乃是一种过剩。
>
> 整个意识生命、精神连同灵魂、心、善、德行：它究竟为什么东西服务呢？在于动物性功能之手段（营养手段、提升手段）之尽可能完满化：尤其是提升生命。（KSA13:11[83]; cf. KSA11:34[46]）

原生质很难说具有意识和知识，但这不妨碍尼采以强力意志来解释它的运动。这就已经充分表明，尼采在"意志"概念中所看重的特征，也就是那种他觉得能够用来解释一切生成变化之特征，不可能包括表象能力在内。在尼采看来，意识和表象能力都可以用强力意志来解释，它们只是为强力意志服务之工具而已。但如果它们都可以用强力意志来解释，它们的特征就不能被包括在"强力意志"概念里面。

最后，海德格尔说意志就是"对自己之决意性"，但这里的"自己"到底是指什么呢？海德格尔也将之称为"意求者"。但如上所言，尼采认为只有做事、活动，而没有做事者、活动者，后者只是"杜撰"出来的。再引尼采相关的一段话：

一份量的力（Ein Quantum Kraft）就恰恰是这一份量的冲动、意求、作用——毋宁说，除了这冲动、意求、作用本身外，就根本没有其他东西，只是在语言之诱使下，才能够显得不是这样；语言之诱使把一切作用理解和误解为以某个作用者、某个"主体"为条件的。（GM, I§13）

尼采极力破除对于做事者之"古老的神话"，而海德格尔对"意志"概念之解释则恰恰朝相反的方向走，极为强调"意求者"。海德格尔虽然明确指出尼采的"意志"跟叔本华的完全不同（NI:44），但他自己对"意志"之掌握却恰恰走了叔本华的老路，而背离了尼采的革新。叔本华继承了康德的想法，认为我们不能通过表象来认识我们自己，因为表象所呈现的只是现象界。叔本华进而认为，唯有通过意志，唯有通过我们对行动——对叔本华来说，行动就是意志之体现——之直接经验，我们才能认识我们自己。①海德格尔对"意志"和"决意性"之看法，与叔本华的如出一辙：

在意志之本有中、在决意性中的是：意志对自己决开自己，因此不是通过某种外加的取态，通过某种对意志过程之观察和回省，毋宁说意志本身就具有打开的保持开放（eröffnenden Offenhalten）之特征。从事任何自我观察和分析，无论多深入，都不能照亮我们、我们的自我以及其情况。反之，在意求中，我们把自己照亮，而且在不意求中亦如是，并且恰恰通过由意求本身首先所点燃的光亮。（NI:63）

---

① 参看 Janaway, *Self and World in Schopenhauer's Philosophy*, pp. 190ff.。

海德格尔于此同样认为，我们不能通过自我观察等表象性质的心理行为来认识我们自己。相反，在意求中，我们直接有对我们自己作为意求者之知。意求本身就具有打开的特征，它让我们的自我对我们自己决开，而且这时候向我们决开的自己，才是最本真的自己："在意志本身中，我们才在最本己的本有中把捉我们自己。"（NI:64）这其实不是尼采对"意志"之一般看法，而是海德格尔本人的看法。海德格尔上面的说法跟他在《是有与时间》中所表达的想法基本上是一样的。他所谓的"意求者"其实无非就是此有，我们在上面已经指出他对"意求"和"单纯追求"之区分，实际上就把意求活动仅仅局限在人类身上。而海德格尔在《是有与时间》中就已经把"决意性"称为"本真的决开性"（SZ:296, 335），"对此有之本真的，因此也是最本源的真相（Wahrheit）"（SZ:297）。这也就是说，唯有在决意中，我们才能认识我们真正的、最本源的自己。这接近叔本华的看法，而不是尼采的看法。

五、意志与感触、情感和感受

海德格尔接下来讨论了尼采本人用来论述强力意志的三个概念：感触（Affekt）、情感（Leidenschaft）和感受（Gefühl）。我们首先要留意，它们不是三个完全不同的概念。海德格尔注意到，"尼采甚至多次把三者互相等同"（NI:54），以及人们一般把感触与情感都"合并在'感受'这个类概念之下"（NI:60）。至于感触和情感，虽然海德格尔明确区分了二者，但它们原来只是不同语言对同一个概念的表达，二者都是对希腊语"πάθος"或"πάθη"之翻译。"Affekt"出于拉丁语"affectus"。奥古斯丁就说："关于那些希腊人

称为 'πάθη' 的灵魂之运动（animi motiones）——我们当中一些人称之为 'perturbationes'，就像西塞罗，另一些称为 'affectiones' 或 'affectus'①，而另一些更显然依照希腊语的人称为 'passiones'，就像阿普莱（Apuleius）——，哲学家有两派意见。"②而 "Leidenschaft" 则是对 "πάθη" 或 "passiones" 之德语翻译。

海德格尔于此所做的工作，与之前对"意志"概念的分析类似，就是要从我们所知的感触、情感和感受中，找出那些可以限定意志之特征（NI:54）。在这里，海德格尔把他的解释进路交代得更清楚：

> 我们必须首先看到，于此相关的不是心理学，也不是以生理学和生物学为基础的心理学，而是人的此有所处的基本方式、人如何站住他所立足的"此"（Da）、是有者之开放性和遮蔽性。（NI:55）

我们在上面已经指出，海德格尔对"意求"与"单纯追求"之区分，把人（此有）与其他动物区别开来。其他动物只单纯追求，而没有意求。因此，按照海德格尔的阐释，强力意志就只能用来解释人的行为。这明显与尼采提出强力意志的宗旨不符。现在，海德格尔对感触、情感和感受之分析，也是朝向同样的方向，也是朝向把意志看作人的特征，把决开状态看作"意志"概念之核心内容。"此"是海德格尔对决开性之另一个表达（SZ:270），它限定了人之为人，是"人的此有所处的基本方式"，所以海德格尔把人称为"此有"。海德格尔的阐释把意志与此有之决开性挂钩，这使得他对尼采

---

① 例如 Seneca, *De Ira*, I.1.7。

② Augustine, *De civitate Dei*, 9.4.

的解释出现了明显的偏差。

在尼采的强力意志理论中，"感触"的确是一个核心概念，尼采很多时候将"感触"与"意志"相提并论。关于二者之关系，他有以下说法：

> 我们习惯于把极为丰富的形式之展现，视为与同出一源相容。
>
> 强力意志是原始的感触形式（Affekt-Form），一切其他感触只是它的展现。（KSA13:14[121]）

> 一切感触都从一个强力意志中派生出来：本有上相同。（KSA12:10[57]）

我们应该如何阐释这些似乎不完全相同的说法呢？在本章开始的时候，我们就已经指出，尼采后期思想之总元理是：一切皆为强力意志，尤其是一切生命都是强力意志。依此，一切感触当然也都是强力意志。感触与其他东西不同，在于它是强力意志之一种特定的展现形式。强力意志之展现形式是"极为丰富的"，除此以外强力意志还有其他的展现形式。既然感触是强力意志之一种形式，那么它与强力意志在本有上当然是相同的。感触就是强力意志，而不是另一样东西。所以，当尼采说"一切感触都从一个强力意志中派生出来"时，我们不可以理解为：感触是从强力意志中派生出来，而与强力意志不同的另一样东西。感触是强力意志作为一切发生之元理所产生的东西，但它依旧是强力意志，只是换了一种展现方式。感触作为一种运动（奥古斯丁所谓"灵魂之运动"），推动它的"内在发生"的依然是强力意志。这就是尼采所说"强力意志是原始的感触形式"之意思。

但尼采对"感触"之使用,显然不限制在人身上,而是包括其他动物的。或者我们更应该说,就以感触决定行为而言,尼采觉得人与其他动物根本没有两样,人就是动物。他说:

> 动物跟随它们的躁动与感触:我们是动物。我们做某些不同的事吗?当我们跟随道德的时候,这也许只是一个假相(Schein)?在真相上,我们跟随我们的躁动,而道德只是我们的躁动之手语?(KSA10:7[76])

同样地,尼采也把"感受"应用在一切有生命的东西之上:

> 有一个意义重大的说明,它以强力取代每个有生命的东西都应该追求的"幸福"——快感只是达到强力的感受之一个征状、一个差异意识——它不追求快感,毋宁说当它达到它所追求的东西时,快感就出来了:快感伴随,快感不推动……(KSA13:14[121])

正如海德格尔所言,尼采没有清楚地回答他所谓的"感触""情感"以及"感受"是什么(NI:54)。也许尼采所用的就只是一般的意义,所以没有必要特别说明。根据海德格尔的分析,感触(例如"愤怒")"侵袭我们,袭击我们"(NI:56),它是"盲目地让我们激动的侵袭"(NI:59)。换句话说,感触是一些不由自主而发生在我们身上的东西。这的确是"感触"之一般意义。"Affectus"以及它的德语表达"Leidenschaft"字面上的意义就是：我们所遭受的东西。在汉语里，我们也说"受苦""受气"。正如海德格尔所说，尼采无疑想以这种侵袭的性质来作为"意志之本有描绘"（NI:57）。海德格尔认为，因为它是不由自主的，所以它使得"意求超出自己"成为可能，于此他强调的仍旧是那个"自己"。但我认为更重要而海德格尔没有给予足够重视的一点是：侵袭我们、让我们激动的感触迫使我们行动，迫使我们做某些事。在此情况下，我们通常来不及仔细考虑，纯粹由感触推动我们做某些事，很多时候我们甚至不知道自己为什么会做这些事，因此我们也说这时候我们是"盲目的"。尼采强调的其实是这种压倒性的推动力。我们在上面一段引文中就已经看到，尼采以强力取代幸福作为有生者所追求的东西，就是因为他认为"快感不推动"。他将感触与强力意志相提并论，反过来说就是由于他认为感触推动，感触压倒性地推动我们做事。而一切感触把我们推向的，在尼采看来，当然就是增加强力，即使我们自己并不知道（cf. KSA12:1[61]）。所以他就说："强力意志是原始的感触形式。"①

海德格尔也注意到，"尼采多半把'情感'一词之意义等同于'感触'"（NI:58），但他却又认为尼采知道二者之分别（NI:57）。但如果尼采多半以相同意义使用这两个语词，那么这是否至少表示，尼采多半是没有区别它们的呢？而且，正如我们在上面所指出的，"感触"与"情感"原来只是对同一概念出于两种语言之不同表达，作为古典语言学者的尼采不可能没有注意到这一点。无论如何，海德格尔本人明确区分了"感触"与"情感"。他认为，感触

---

① 过去的哲学家，以至一般人都普遍认为，由于情感用事是盲目的，因此对我们是有害的。但最近有不少学者已经提出，从演化生物学的视角来看，它长期而言往往是对我们有利的。引自 Frank, *Passions within Reason*。

是盲目的，而情感则是"明察的"（hellsichtig），它是一种"展伸"（Ausgriff），这种展伸"把我们的本有聚集于它的本有基础上……在这聚集中首次将这基础打开"（NI:59）。简单来说，在海德格尔看来，情感是一种打开状态，把我们自己以及我们周围的是有者打开。这很难说是"情感"之一般意义，但海德格尔声称，这种意义上的"情感"解释了尼采的"意志"概念。

就海德格尔的"情感"概念只能被用于此有而言，它是难以帮助我们了解尼采的"意志"概念的，理由我们在上面已经多次指出。我认为尼采重视情感，原因其实与他重视感触是一样的，即它压倒性地推动我们做某些事（cf. KSA13:11[311]）。毕竟，正如海德格尔也看到的，尼采根本没有明确区分"感触"与"情感"两词。关于尼采对"情感"之使用，海德格尔所忽略的东西可能比他所添加的东西更能说明问题。海德格尔不知有意还是无意，忽略了尼采不时把情感与欲求相提并论。①如果我们的阐释是对的，那么尼采把二者相提并论就很容易理解，因为欲求也是强烈推动我们做某些事的东西。但海德格尔却相反明确地把情感与欲求区别开来。他说："情感与单纯欲求没有任何关系，情感不是神经之事情，不是脑袋发热和放纵。"（NI:60）海德格尔不但把情感与欲求分开，而且似乎认为情感与神经刺激无关。相反，尼采不但把情感与欲求相提并论，而且还认为情感就是大脑对身体状态之反应。他说："情感＝我们的器官之状态，以及它们对大脑之反作用——兼寻求释放。"（KSA10:4[219]）对海德格尔来说，他要把情感与欲求区分开，也是很容易理解的。这是因为他要把人与动物分开，情感对他来说

---

① 例如KSA12:2[21]; KSA13:11[310], 14[164]。另参看KSA12:9[139]; KSA13:14[157], 14[163]。

是决开状态，只能属于人。但尼采关心的却不是决开状态，而是什么推动我们行动。在这一方面，他认为人与其他动物没有什么不同，最终都是强力意志在推动。情感就是强力意志（cf. KSA10:9[39]）。

对于"感受"，海德格尔也用打开状态来解释："在感受中，那种状态打开和维持开放，在其中我们总是同时对着事物、对着我们自己以及对着跟我们一起的人而站住。"（NI:63）说在感受中，我们自己以及周围的人与事对我们决开，这不能说不对，问题是海德格尔认为这种状态单单属于人，但尼采不这么认为（cf. KSA13:14[121]）。此外，尼采虽然有时候把强力意志与感受相提并论，甚至说"意志，一种压迫的感受，很适意"（KSA10:7[226]; cf. NI:61），但正如我们在上面已经指出的，尼采认为"快感伴随，快感不推动"。海德格尔也看出了这一点，所以他也认为感受并不限定意志之本质，而只是"指向某些本有上属于意志之完满本有的东西"（NI:62）。感受所指向的本有性东西是什么呢？对于海德格尔来说，这当然是决开性。但从我们的解释来看，当尼采说"意志，一种压迫的感受"时，真正的重点其实是"压迫的"这一个限定。意志是不可抑止的内在推动力，对于有感受的东西而言，伴随而来的是一种压迫感。所以，尼采接着说："它是一切力量流出之伴随现象。"当强力达致了，压迫感暂时释放，随之出现的是快感。但对于尼采而言，感受并不是本有的东西，而只是伴随的东西；不可抗拒的推动力才是本有的东西。

六、意志与命令

尼采认为意求具有命令之特征，这是他的"意志"概念之另一个重要成分。海德格尔也没有忽略这一点，他说，"尼采多次强调意志之命令特征"（NI:51），并且认为尼采所谓的"意求"就是"把自己置于本己的命令下，自我命令之决意性"。关于意志之命令特征，尼采这样说：

> "意求"不是"欲求"、追求、要求：它通过命令之感触而与它们区别开来。
>
> 没有"意求"，只有意求某东西（Etwas-wollen）：不可把目标从状态中释放出来：就像认识论者所做的那样。他们所理解的"意求"，与"思想"一样都不曾到来：是纯粹的虚构。
>
> 某事情被命令，这属于意求之内。（KSA13:11[114]）

这段话其实涉及了关于尼采的"意志"概念之两个要点：1. 意求以命令之感触为特征；2. 意求总是对某东西之意求。

意志具有命令之特征，实际上并不是尼采的发明。一般认为，发现了"意志"的奥古斯丁就已经有这个看法了。他说："有多少命令，就有多少意求，而所意求的事情有多少不发生，就有多少不意求，因为命令有这个意志的，就是意志，不是其他东西，而是它自己。因此，不完全的意志来命令，那么它所命令的事情就不发生。因为如果它是完全的，它不用命令它在，它就已经在了。"[1]阿奎那在《神学大全》（*Summa theologiae*）中也有一节专门讨论"意志所命令的行为"（de actibus imperatis a voluntate）。[2]命令之所以一直被视为意志之特征，乃是因为意志之本有就是推动。正如阿奎那所言，"命令

---

[1] Augustine, *Confessiones*, 8.9.

[2] Aquinas, *Summa theologiae*, 2a, qu.17.

就是推动某东西"①。

当然，尼采对意志的看法与传统看法并不完全相同。他没有把意志看作一个独立于理性和欲求的心理机能。相反，他认为理性和欲求都是强力意志，都是强力意志之工具。不过，尼采显然还保留了以命令为意志之特征的传统看法。"命令之感触"是什么呢？尼采在《善与恶之彼岸》中有比较详细的论说：

> 一个意求的人，对自身中某个服从的或者他相信服从的东西下命令。不过现在要注意，在意志中——在这民众只有一个词来表达的多样性事物中——，最奇妙的东西在于：在上述情况下，我们同时是命令者和服从者，而作为服从者我们知悉强迫、压迫、按压、抵抗、运动之感受，它们通常马上开始于意志行为之后。（JGB§19）

我们在上面指出，尼采之所以经常把意志跟感触或情感相提并论，是因为根据一般的经验，感触与情感都是让我们不由自主、压倒性地推动我们做某些事的力量。于此我们看到相同的特征再次出现。尼采认为，在意志中，我们"同时是命令者和服从者"，所以我们马上会有"强迫、压迫、按压、抵抗、运动之感受"。命令就是推动，而且是有压迫性的推动，甚至是盲目的。我们常常听到"盲目服从命令"这句话。其实命令之为命令，它的一个特征就在于它是强制性的，没有理由可讲的。受命令的人要么服从，要么不服从。如果他不服从，就算有多么好的理由，他也是不服从命令。如果他理解了理由才服从命令，他就已经不是服从命令，而是服从理解了。

---

① Aquinas, *Summa theologiae*, 2a, qu.17, art.1.

所以我们都不喜欢被命令，认为这是不自由。因此，以命令为意志之特征，其实也是表达了它的强制性，这跟把意志掌握为感触或情感是一样的。意志就是强制的内在推动力。于此，海德格尔的解释也跟我们不一样。他认为以命令来限定意志，是因为尼采认为命令包含表象，包括知识，而"知意谓：对是有打开"（NI:70）。海德格尔的解释，用他本人在《尼采》中的话来说，是一种"观念论的解释"（idealistische Deutung）（NI:66）。

七、结　语

上面提到，尼采说："没有'意求'，只有意求某东西：不可把目标从状态中释放出来。"也就是说，意求与所意求的东西是不可分开的。尼采还有一段话把这个看法说得更详细一些：

> "强力意志"是"意志"之一个种类，或者与"意志"概念是同一的吗？它的意思相当于欲求或者命令吗？
>
> 它是叔本华所谓的"意志"，它是那个"事物之自身"吗？
>
> 我的命题是：至今的心理学所谓"意志"，是没有理据的一般化，根本就没有这个意志，人们没有把握到，一个特定的意志展现于多样的形式，反而通过减去它的内容、所向，而删去了它的特征。这种情况在叔本华那里到了最高程度。
>
> 他所谓"意志"是一个纯粹空洞的语词。这与"求生意志"更加没有关系：这是因为，生命单纯是强力意志之个别事例——断言一切都追求跨越到强力意志之此形式中，这完全是武断的。（KSA13:14[121]）

现象学之意向性理论认为，一切意识行为都关系于某个对象，感知总是对某东西的感知，意求也总是对某东西的意求。但尼采的看法与现象学这个对意识行为之笼统看法并不一样。现象学认为意求总是对某东西的意求，但却不认为一切意求所意求的最终都是同一样东西，而后者则是尼采的看法。他认为，意求与它的"所向"是不可分的，一切意志所追求的最终其实是同一样东西，即强力。换句话说，意求总是意求强力，意志总是强力意志。脱离对强力追求的意志是不存在的，尼采认为叔本华所谓"意志"就属于此类，所以是"一个纯粹空洞的语词"。一般看来，人们所追求的东西是各种各样的。换句话说，人们有不同的目的或目标。人们于是抽离了这些各种各样的目标，而谈论一个独立于这些目标的意志本身。人们没有掌握到，对各种各样的目标之追求，归根结底只是一个特定的意志所展现的不同变化形式。尼采说：

> 在人们在概念上把做事者从做事抽离出来，并因此掏空了做事以后，人们再次把他纳入做事之中；在人们人工地把做某事、"目标"、"意图"、"目的"从做事抽离出来，并因此掏空了做事以后，人们再次把它们归入做事之中；一切"目的""目标""意义"都只是那个唯一的、寓于一切生成中的意志即强力意志之表达方式和变化形态；具有目的、目标、意图，笼统而言，意求无异即是意求变得更强、意求增长，以及也意求对此的手段；一切做事和意求中最普遍和最底下的本能，之所以一直是最不为人所认识和最隐蔽的，是因为我们在实践上总是跟随它的命令，因为我们就是这命令……一切价值评估都只是服务于这唯一意志之结果和狭窄视角：价值评估本身就只是这强力意志。（KSA13:11[96]）

在这一点上，海德格尔的解释至少是正确的：

> 尼采的"强力意志"这个表达所要说的是：人们一般所理解的意志，真正只是强力意志。但在这澄清中也仍有可能的误解。"强力意志"这个表达不是指，与惯常看法一致，意志的确是一种欲求，只不过它是以强力而不是以幸福和快感为目标。……就尼采的"意志"概念的严格意义而言，强力永不可以作为目标而事先设立在意志之前，仿佛强力是这样的东西，它可以首先在意志之外而设立。（NI:52）

但即使在这一点上，海德格尔最终也要纳入他自己对意志的"打开状态"的解释，将之关联于"对自己之决意性"：

> 因为意志是对自己之决意性，即作为主宰超出自己，因为意志是：意求超出自己，意志就是强化自身以强力的强力性（Mächtigkeit）。（NI:52）

在海德格尔看来，强力意志就是对自己之决意性，在这样的决意性中所意求的东西是对意求者决开的，意求者对所意求的东西具有表象。但从上面的引文中可以看到，尼采认为强力意志"一直是最不为人所认识和最隐蔽的（verborgenste）"。"隐蔽的"一词恰恰也是海德格尔本人所经常使用的，它的意义正好是"决开"之反面。换句话说，尼采恰好认为，强力意志一般是不对我们决开的，我们根本就不知道我们自己就是强力意志，"就是这命令"。

第七章　瞬间与无限

——尼采的永恒回归学说与海德格尔的解释

时间无边，命运流行，异时异方，遇合所至，殊途同归，自尔而然，盖不足为奇。何哉？底陈者之数无限，则材质丰盛，足供命运以成就相似者；底陈者之数有限，则材质尽处，所织品物，相同者必辄生。[①]

一、永恒回归学说之背景

在尼采众多令人困惑的学说之中，永恒回归（ewige Wiederkunft）可能是最令人困惑者。永恒回归无疑是尼采最重要的学说之一，甚至是"他的哲学之冠"[②]。在《偶像的黄昏》（Götzen-Dämmerung）中，尼采将自己称为"永恒回归的教师"（GD, X5）；而在《查拉图斯特拉如是说》中，尼采则通过查拉图斯特拉的动物，把查拉图斯特拉之"是有"和"成为"限定为"永恒回归的教师"，指出查拉图斯特拉的命运，乃"必须作为第一人来教授这学说"（Z:iii, "Der Genesende"）。

如果说到了1888年（《偶像的黄昏》撰写的年份），尼采还自称

---

① Plutarch, *Sertorius*, 1.

② Hollingdale, *Nietzsche*, p. 164.

为"永恒回归的教师",那么我们似乎可以认为,"永恒回归"这个名称可以被用来概括尼采的一切思想,或至少一切成熟时期的思想,尼采的一切思想都可以被统一在这个名称之下,或至少都与这个名称所表达的东西有某种程度的关联——否则尼采为何偏偏要以这个名称来做他自己的标签呢?但如果是这样的话,对于尼采为何会这样看重这一学说,我们却难免要感到困惑。

不管尼采自己怎么说,并不是每个研究者都认为永恒回归学说是尼采哲学的重要一环,更不用说是统一各个环节的中心点了。比较知名的否定者大概要数贝尔特拉姆(Ernst Bertram)了。他将之直斥为"骗人的装模作样的妄想奥秘"①;也就是说,骗人的鬼话。其他的研究者,有些认为"永恒回归"和"强力意志"两个主张不相容②;另外一些认为它与"超人(Übermensch)学说"不相容③;还有一些则基本上置之不理。④从某个角度而言,研究者会无视尼采本人的自述,而怀疑甚至否定永恒回归之说在其哲学中的重要性,也是可以理解的;令人困惑的反而是尼采把它说得那么重要。这是因为,单就其内容而言,这个学说不能说是尼采所发明的,不但前人已有讲述,甚至民间信仰中也可见其痕迹。尼采一向好作惊人之论,喜欢把大家视为对的东西颠倒过来⑤,为什么偏偏在这一点上竟然认同已有的想法,而且不但认同甚至还拿来做自己的标签,视之为自己哲学的顶峰?这就难免让人疑惑。

---

① Bertram, *Nietzsche*, p. 12. 另参看NI, p. 256; Kaufmann, *Nietzsche*, p. 321; Löwith, *Nietzsche's Philosophy of the Eternal Recurrence of the Same*, p. 205。

② 例如Alfred Baeumler, 参看NI, pp. 30f.。

③ 参看Kaufmann, *Nietzsche*, pp. 307ff.。洛维特(Karl Löwith)则认为,"超人学说是永恒回归学说的先决条件"。参看Löwith, *Nietzsche's Philosophy of the Eternal Recurrence of the Same*, p. 55。

④ 例如Poellner, *Nietzsche and Metaphysics*;此书虽然主题是尼采的形而上学,但却完全没有讨论到永恒回归。

⑤ 海德格尔就指出了这一点,参看NI, pp. 38, 433。

简单来说，"永恒回归"是指事物重复循环一再出现。这一想法在许多原始信仰中就可以找到其雏形①，单单春、夏、秋、冬这些自然现象的循环就足以让人产生这样的信念。当然，尼采所谓"永恒回归"并不是指季节交替，但按尼采本人所言，查拉图斯特拉的永恒回归学说，古希腊人可能已经教授了。他特别提到他很喜欢的赫拉克利特和深受其影响的斯多亚派：

> "永恒回归"的学说，即一切事物无条件和无限重复循环之学说——这个查拉图斯特拉的学说最终而言赫拉克利特也可能已经教授了。至少斯多亚派有其痕迹，而斯多亚派几乎所有的基本想法都继承自赫拉克利特。（EH:GT3）②

斯多亚派的"永恒回归"，简单来说就是宇宙生成于烈焰，毁灭于烈焰，又再重生于烈焰，循环不息。③如果表面看来这跟尼采的"永恒回归"还不够相似，那么普鲁塔克更为抽象的版本（见本章开首的引文）应该就足够接近了。对照尼采在《强力意志》中的那段著名"论证"（WM:1066=KSA13:14[188]），基本的成分差不多都可以在普鲁塔克的版本中找到，即，无限的时间，限定数量的"底陈者"（τὰ ὑποκείμενα）或材质（ὕλη），事物由这些数量限定的材质组合而成，因此相同的事物必然重复出现。差别只在于普鲁塔克没有明确指出，材质结合的方式也是数量有限的，而尼采以"力"（Kraft）

---

① 参看 Eliade, *Cosmos and History*。

② 除了赫拉克利特外，在先苏格拉底派中，恩培多克勒（Empedocles）也有万物循环之说，参看 Kirk, Raven & Schofield, *The Presocratic Philosophers*, p. 287。

③ 参看 Long, *Hellenistic Philosophy*, p. 168; Algra et al. eds., *The Cambridge History of Hellenistic Philosophy*, p. 434。

取代了普鲁塔克的"底陈者"。

事实上，不只在遥远的古代，即使在尼采的近人中，我们也可以找到类似于尼采"永恒回归"的表述。例如，在以下海涅（Heinrich Heine）的这段话中：

> 时间是无限的，但在时间中的事物、可把握的形体是有限的；诚然，它们可以发散为最细小的粒子，但这些粒子或原子有其限定的数量，而且由它们所形成的组型，其数量也是限定的；无论已经度过了多长的时间，据此永恒重复游戏之永恒结合规则，一切已经在世上既是有的组型，必然再次遇上、吸引、排斥、亲吻、败坏，前后如一。[①]

海涅的这段话，比普鲁塔克就更接近尼采的说法了，甚至两人都把事物的重复组合称为"游戏"（Spiel），不同之处似乎仅仅在于尼采以"力"取替了海涅的"粒子"。综观以上所述，我们应该可以断言，永恒回归说不是尼采所首创，或换句话说，永恒回归说在尼采以前已经被别人重复说了很多次，在历史中一再回归。如果是这样，那么尼采为何这么看重这个学说？

二、永恒回归学说在尼采思想中的意义

在《查拉图斯特拉如是说》第三部分有关"永恒回归"的有名

---

① Heine, *Gesammelte Werke*, Band 3, pp. 221–222. 考夫曼指出，此段文字首先为1899年4月18日的《法兰克福报》（*Frankfurter Zeitung*）所引用，然后又见于李希腾伯格（H. Lichtenberger）同年出版的《尼采哲学》（*La philosophie Nietzsche*）一书。李希腾伯格认为，此段文字不见于海涅的旧版著作，为尼采所不识。但考夫曼指出，尼采藏书中有一部1869年出版的海涅诗文集，收有此段文字。参看Kaufmann, *Nietzsche*, p. 318。

章节"视像与谜团"（"Vom Gesicht und Räthsel"）[1]中，我们也许可以得到一点提示。查拉图斯特拉在远航的船上，对船上的其他人，也就是其他"漫游者"，讲述了他"看到的谜团"。在死尸颜色的暮光中，他在险恶的山路上攀行，阴郁、费劲地攀行。费劲，除了因为山路险恶，还因为他肩上有一个负担。他肩上坐着一个侏儒，压抑着查拉图斯特拉。他一面思考他沉重的思想，一面带着侏儒攀行，而侏儒却不断以言语嘲讽，仿佛知道他在想什么。最后，查拉图斯特拉忍无可忍，激动地对侏儒说："你不知道我渊深的思想！对于它，你不能忍受！"好奇的侏儒高兴了，他从查拉图斯特拉的肩上跳下来，蹲在一块石头上。这时候，

> 就在我俩停住的地方，有一个出入口。
>
> "看这出入口！侏儒！"我继续说，"它有两个面孔。两条道路在这里会合：还没有人走到路尽头呢。
>
> 这长路往回走：它延续着一种永恒。而那长路往前走——那是另一种永恒。
>
> 它们背道而驰，这两条路；它们恰好彼此碰了头：——而且在这里，在这个出入口，正是它们会合的地方。出入口的名字被刻在上面了：瞬间。
>
> 但倘若谁循着两条路中的一条继续前行——而且一直前行，越来越远：侏儒，你相信这两条路会永远背道而驰吗？"
>
> "一切笔直都是骗人，"侏儒不屑地嘟哝道，"所有真理都是弯曲的，时间本身就是一个圆圈。"[2]

---

① 这里根据孙周兴在《尼采》中的翻译，他在《查拉图斯特拉如是说》中翻译为"幻觉与谜团"。
② 尼采：《查拉图斯特拉如是说》，第248页。

侏儒似乎正好说出了查拉图斯特拉的想法，侏儒似乎真的知道他渊深的思想。但查拉图斯特拉却愤怒地回答说："你这重力的精灵！你不要弄得太轻松了！"[1]然后他进一步对侏儒说：

看这瞬间！从瞬间这出入口，一条长长的永恒小路向后面走：在我们后面搁着永恒。

一切能够走的东西，岂不必然已经曾走过这条小路？一切能够发生的东西，岂不必然已经发生、做成、走过去了？

兼且，如果一切已经是曾存在于此：侏儒你对这瞬间持什么态度呢？这出入口岂不也必然是曾存在于此？

兼且，一切事物岂不如此紧紧交结，以至于这瞬间把一切到来的东西都吸引向它自身？因此——它自己亦然？

因为，一切能够走的东西：在这长长的小路上往外亦然——必然再走它一次！——

兼且，这在月光下爬行缓慢的蜘蛛，以及这月光自己，以及在出入口中的我和你，共同轻诉，轻诉永恒的事物——我们一切岂不都必然是曾存在于此吗？

——兼且回归，在那另一条小路上走，往外我们前面，在这长长的可怕小路上——我们岂不必然永恒回归？——[2]

侏儒在整段对话中代表一个他者。万物循环之说，首先由侏儒之口说出来，这可以被看作一种提示，透露出就内容而言这一学说其他人也同样讲说。尼采的永恒回归学说，与其他人的永恒回归说

---

[1] 尼采：《查拉图斯特拉如是说》，第248页。

[2] 作者的翻译。

之不同，重点不在于学说的内容是什么，而是在于如何思考这一思想的内容。

查拉图斯特拉的第一次提问以及侏儒的回答，跟查拉图斯特拉的第二次提问，有什么主要的区别？学者一般把重点放在"瞬间"上，指出侏儒没看到"瞬间"，或没有理解"瞬间"的意义。[1]这种看法大概都受海德格尔的影响（NI:311ff.）。[2]"瞬间"在永恒回归说中固然有特别的意义（详见下文），但我认为这还不是两次提问最明显的区别。在第一次提问前，查拉图斯特拉要侏儒"看这出入口"；在第二次提问前，他要侏儒"看这瞬间"。由于"瞬间"就刻在出入口的上面，作为其名字，因此"看这出入口"其实就是"看这瞬间"，二者的意指终究是一样的。我认为，侏儒的回答跟查拉图斯特拉的第二次提问最主要的区别其实在于，侏儒对"永恒回归"的思考，停留在一切东西的笼统层次，而查拉图斯特拉在第二次提问中，则进一步追问一切东西永恒回归对"我们"来说的后果。

查拉图斯特拉在第一次提问中问侏儒："侏儒，你相信这两条路会永远背道而驰吗？"然后侏儒不屑地说："一切笔直都是骗人，所有真理都是弯曲的，时间本身就是一个圆圈。"娄卜（Paul S. Loeb）认为，侏儒的不屑姿态，表示他嘴上虽然这样说，但其实"他没有实际上相信这些字词描述真实的实在（true reality）"[3]。我却认为，侏儒的不屑所表示的并非他实际上没有相信，而是表示：查拉图斯特拉你的思想有啥了不起呀，你整天板着面孔，所思考的其实不过是

---

[1] 例如，孙周兴:《永恒在瞬间中存在：论尼采永恒轮回学说的实存论意义》；汪民安:《尼采的"同一物的永恒轮回"》。

[2] 另参看 Loeb, *The Death of Nietzsche's Zarathustra*, p. 54。

[3] Ibid., p. 53.

一切东西循环罢了，这我也知道呀！——侏儒不是不相信，而是太轻易就相信了。而他之所以很轻易就相信了，是因为他对永恒回归的思想，还停留在"一切"的层面。因此，查拉图斯特拉在第二次提问中，就把侏儒没有意识到的后果明白地揭示出来。他一开始就说："在我们后面搁着永恒。""我们"这个关键词在之前是没有出现的。然后，他从"一切东西"出发，慢慢引向永恒回归学说对"我们"的后果："兼且，这在月光下爬行缓慢的蜘蛛，以及这月光自己，以及在出入口中的我和你，共同轻诉，轻诉永恒的事物——我们一切岂不都必然是曾存在于此吗？"一直到这个思路的顶峰："我们岂不必然永恒回归？"查拉图斯特拉最渊深的思想，他认定侏儒不能忍受的思想，不是笼统的"一切永恒回归"，而是跟我们有切身关系的"我们必然永恒回归"。从逻辑上来看，前者的内容似乎涵盖后者，但对每个具体的个人来说，后者却难以接受得多。当查拉图斯特拉终于说出"我们岂不必然永恒回归？"这个思路的顶峰的时候，实际上不但侏儒不能忍受，甚至连查拉图斯特拉自己也难以忍受。他接在这句话后面就说："我如是说，越来越轻：因为我被我自己的思想和暗藏思想所吓怕。"

就思想内容而言，"一切东西必然回归"已经包含了"我们必然回归"，所以强调后者不能说是提出了什么新的思想内容。[1]因此，我们在上面指出，尼采的永恒回归说，重点不在于学说的内容，而是在于如何思考这一思想。海德格尔其实已经看出了这一点，只不过由于时间在他本人的哲学中具有特殊地位，使他的解释相对而言

---

[1] 海德格尔就指出，除侏儒以及其后他的动物所讲出的思想内容外，查拉图斯特拉没有再说什么新的东西，"没有用另一番陈述来反对"（NI, p. 310；《尼采》上卷，第302页）。

过分地突出了瞬间。海德格尔清晰地点出了侏儒以至后来查拉图斯特拉的动物思考永恒回归的态度。在对《查拉图斯特拉如是说》第三部分"痊愈者"（"Der Genesende"）一节的解释中，海德格尔指出，查拉图斯特拉的动物对永恒回归的态度其实跟侏儒一样：

> 它们跟侏儒一样跑掉，或者，它们单纯旁观（zuschauen）和描绘当一切转动时发生什么；它们蹲在是有者前面，"直观"（anschauen）它的永恒变化并以最美丽的形象来描述之。（NI:309）

这段话中的关键词是"旁观"和"直观"，在海德格尔看来，这表示以理论态度来看待事物，而理论态度是"一种去生命的（entlebend）态度"，是一种把我们与事物的关系化约到最低程度、变为仅仅是观看与被观看之关系的态度。我们把自己抽离出来，把自己变为旁观者，不再参与到事物的发生之中，务求以"当我们不在时，事物是什么"的角度来观看是有者。侏儒和查拉图斯特拉的动物都以这种态度观看事物的永恒回归，所以海德格尔说："看到此刻，意谓：站在当中。但侏儒却持守在外，蹲在旁边。"（NI:312）尼采的永恒回归说，与别的永恒回归说不同，主要就在于它首先要求"我们"站在当中来思考永恒回归，而不是单纯蹲在一旁观看是有者怎么发生。

按尼采的说法，站在当中来思考永恒回归，最终就是要把这个思想"并吞"（einverleiben）。"Einverleiben"一词原来的一个意思，是指把食物消化掉而变为我们自己身体的一部分。海德格尔这样解释何谓"并吞思想"：

当我们跟从其词义，我们就会把自己带进"吃"、进食和消化之观念。一个被并吞的东西，是那些让身体——身活（Leiben）①——坚固、站立、稳当的东西，它同时是那些我们已经了结的东西和决定我们的将来的东西，是我们从中取得力量的汁液。并吞思想于此意谓：如此落实（vollziehen）对思想的思考，使它居先成为对是有者整体之基本立场（Grundstellung），并且作为基本立场从一开始贯彻支配任何个别的思想。只有当该思想成为所有思考之基本持态，它才是按其本质而被占据、被并吞。（NI:331-332）

换另一个比喻来说，所谓"并吞思想"，就是把这个思想化进我们的血液之中，让它流遍全身，以至于我们的任何思虑和行为、所有一举一动都会受到这个思想的影响。尼采还指出，使永恒回归思想让我们并吞之"最强烈的手段"，就是"教授该学说"（KSA9:11[141]）。

三、海德格尔对永恒回归学说的解释

对于尼采的永恒回归学说，一直都有两个不同的解释视角，一者可以称为"宇宙论的（cosmological）视角"，另一者称为"人生的（ethical）视角"。②这一区分很早就产生了。尼采《全集》"大八

---

① "Leiben"一词只用于短语"wie er/sie leibt und lebt"，海德格尔将之关联于字形接近的"Leib"（身体），并据上述短语谓："我们通过身活而生活。"（Wir leben, indem wir leiben.）（NI:119）参看海德格尔：《尼采》上卷，第109页译者注。由于"Leiben"跟"Leib"和"Leben"的关联，我将之翻译为"身活"。

② 洛维特称之为"宇宙论的等式"和"人类学的等式"，参看Löwith, *Nietzsche's Philosophy of the Eternal Recurrence of the Same*, pp. 84, 88。尼哈玛斯（A. Nehamas）称之为"宇宙论的学说"和"心理学的使用"，参看Nehamas, *Nietzsche*, pp. 142-143。

开版"（Grossoktavausgabe, 2. Auflage, 1901–1933）的编者就说："从一开始就并列出现两种不同的意图。一者以对该学说的理论的展示为目标，一者以诗性的处理为目标。"（NI:328）"理论的展示"是指以理论的方式论证永恒回归说。这个解释视角在当今研究者中争议比较大。首先，学者们一般同意，尼采从来没有在生前出版的著作中提出对永恒回归的论证，他的论证只能在遗稿中找到，而且似乎都停留在尝试阶段。[①]有学者因此就怀疑这些所谓"论证"的真正意图，断言尼采对之应该"深深不满"，并指出尼采根本无意建立一个宇宙论。[②]但在尼采遗稿中有一份题为"永恒回归"的著作提纲，计划中的一部分明确地就是"对该学说之论证（Beweis）"（WM:1057=KSA10:22[4]）。即使尼采最终确实没有找到满意的论证，遗稿中的论证尝试至少表明他有提出论证的兴趣。故此，我们似乎仍然需要提出以下的问题：1. 尼采如何看待他尝试提出的论证，特别是它们与物理学的关系？ 2. 尼采提出的论证是否有效？ 3. 这些宇宙论的论证与人生面向有何关系？

对于第一个问题，海德格尔给出了一个非常独特的看法，他截然区分了哲学与科学，认为尼采的论证根本与自然科学无关。在他看来，力、有限性、空间、时间等这些尼采在论证中使用到的概念，根本与自然科学毫无关系。尽管自然科学必然使用这些概念，但"它们永不能说出力、运动、空间、时间是什么"（NI:372）。截然区分哲学与科学是海德格尔本人的一贯主张，这个看法本身有其问题，但不管其对错，这似乎与尼采的想法并不完全吻合。尼采显然认为，他

---

① 参看Kaufmann, *Nietzsche*, p. 327; Nehamas, *Nietzsche*, pp.142–143。娄卜持相反的意见，参看Loeb, "Eternal Recurrence"。

② 参看Nehamas, *Nietzsche*, pp. 143ff.。

的永恒回归说与"机械论"（Mechanismus）都是"世界假说"（Welt-Hypothese），而他的学说要优于机械论（WM:1066=KSA13:14[188]）。假使机械论是自然科学的理论①，而永恒回归说属于哲学，因而与自然科学毫无关系，那么拿永恒回归说与机械论比较孰优孰劣就毫无意义了。相反，尼采显然认为，永恒回归说与机械论可以互相比较。他认为永恒回归说优于机械论，是因为机械论无法逃避"终结状态"（Finalzustand）。在尼采看来，任何包含终结状态的世界假说都是不够科学的。由此他断言，永恒回归说是"一切可能的假说中最科学的（wissenschaftlichste）"，"我们否定结束目标（Schluß-Ziele）：假使此有具有一个结束目标，它必然已经达致了"（WM:55=KSA12:5[71]）②。此外，尼采不但拿永恒回归说跟物理学理论来比较，他还拿物理学中的热力学第一定律来论证永恒回归说："能量守恒定律要求永恒回归。"（WM:1063=KSA12:5[54]）③假使哲学与科学截然分开，拿物理学定律来论证哲学学说也毫无意义。

关于第二个问题，学者一般认为尼采的论证是无效的，特别是在西美尔（Georg Simmel）的有力批评以后。④尼采的论证有三个主要的前提：1. 时间是无限的；2. 力之量是有限的；3. 力之组合方式也是有限的（WM:1066=KSA13:14[188]）。而尼采似乎认为第二个前提

---

① 尼采明显指物理学中的机械论，他特别提到物理学家汤普森（William Thomson），指出按汤普森的推断，机械论不能逃避"一个终结状态之后果"（WM:1066=KSA13:14[188]）。

② 尼哈玛斯正确地指出，尼采这里所谓"最科学的"，只涉及宇宙有没有一个最终趋向的问题。他说，我们不能毫不论证就假设，尼采想"在其自身玩法中胜过物理学"，这也是正确的。参看Nehamas, *Nietzsche*, pp. 144-145。但我们却也需要注意，尼采确实想"胜过物理学"，只不过不是按物理学本身的游戏规则而已。详见下文。

③ Kaufmann, *Nietzsche*, p. 327:"...It is important to note that Nietzsche thought that the eternal recurrence might be implied by modern science."

④ 参看Loeb, *The Death of Nietzsche's Zarathustra*, p. 11。

蕴含第三个。第一个前提不是确定无疑的，在哲学上至少就要面对康德的二律背反，物理学上也没有充分的证据，但尼采好像没有提出什么论证。研究者指出了第二个前提并不蕴含第三个，也就是说限量的力可以有无限的组合方式。而西美尔也已经提出了有力的批评，显示即使组合方式是有限的，也不必然会有永恒回归。①还有一点我没看到有学者提到，就是根据热力学第二定律，永恒回归根本不可能。尼采认为热力学第一定律要求永恒回归，这其实是不对的。能量的守恒并不保证相同的能量组合重复出现。相反，根据热力学第二定律，熵（entropy）的量只会一直增加。也就是说，宇宙是由有序趋向无序，而不可能不断重复同一秩序。这一限制即使在新近根据超弦理论（superstring theory）而建立的"周期宇宙论"（cyclic cosmology）中仍然有效。②此外，时间与重复的东西之关系，也为永恒回归说带来内部的困难。要么时间是直线的（linear），要么时间也回归。一方面，如果时间是直线的，那么重复出现的所谓"相同者"，就至少有一个性质并不相同，那就是所处的时间。在此情况下，没有真正意义上的相同者回归，只是有另一个看来一模一样的东西在别的时间出现而已。③另一方面，如果时间也回归④，那么除非有另一直线的时间作为参照系，否则我们就不能说相同者"回归"。因为没有时间就根本没有过去、将来之分，"回归"这个字词也就没有意义。⑤

---

① 参看 Nehamas, *Nietzsche*, pp. 143–144; Kaufmann, *Nietzsche*, p. 327。

② 参看 Greene, *The Fabric of the Cosmos*, pp. 404–412。

③ M. Clark, *Nietzsche on Truth and Philosophy*, p. 267: "My life must recur at the same time and place as my present life relative to everything else in its cycle of cosmic history, or the lives would not be qualitatively identical."

④ 娄卜持此一看法，他认为，"时间本身跟其余所有东西一同被毁灭、再生和重复"。参看 Loeb, *The Death of Nietzsche's Zarathustra*, p. 26。

⑤ 参看 Magnus, *Nietzsche's Existential Imperative*, p. 107; Loeb, *The Death of Nietzsche's Zarathustra*, p. 13。

对于第三个问题，由于尼采的论证有看来很明显的缺陷，很多学者难以接受尼采这样深刻的思想家会看不出其中的理论问题。所以他们纷纷提出，人生或心理的面向才是尼采永恒回归说的重心，并且尝试证明永恒回归的人生面向独立于其宇宙论面向之真实性[①]，将其宇宙论面向解释为"可能性""神话""条件句"等[②]。这一进路实际上已经预设了，永恒回归的宇宙论面向需要独立的理论证明来确立其真实性，而宇宙论是人生面向的基础。不然学者不会费那么大的力气去证明，人生面向是独立于宇宙论之真实性的。这样做，无非就是为了避免宇宙论的理论缺陷会同时把人生面向拖垮。但我们必须注意，尼采不一定接受研究者上述的预设。也许研究者刚好把事情看反了。也许在尼采看来，人生面向才是宇宙论的基础。也许这个二分法根本就不适合用来表述尼采的思想。

海德格尔在提到"大八开版"的编者把永恒回归说分为"理论的展示"与"诗性的处理"时就指出，"理论的/诗性的区分源出于混乱的思考。即使我们容许它可用，这里无论如何不是它合用的地方"（NI:329）。我们在上面已经显示，尼采永恒回归说的独特之处，在于他的思考方式。尼采根本不是以理论态度来看待永恒回归的。理论态度是旁观者的态度，是把我们自身抽离出来的"无我"的态度。尼采认为这样思考"太轻松了"，相反他要求我们站在其中，思考"我们永恒回归"，要求我们把这个思想"并吞"。所以海德格尔说永恒回归是"对是有者整体之基本立场"，这是一个我们站在中间的立场，而不是置身事外的观察点。

---

① 参看 M. Clark, *Nietzsche on Truth and Philosophy*, pp. 247−254。

② 参看 Soll, "Reflections on Recurrence: A Re-examination of Nietzsche's Doctrine, *Die Ewige Wiederkehr des Gleichen*"; Magnus, *Nietzsche's Existential Imperative*, pp. 159−185; Nehamas, *Nietzsche*, pp. 153f.。

我们在上面说，尼采把他的永恒回归说跟机械论都看作"世界假说"，并比较二者的优劣。但这并不即表示尼采是按照物理学的标准来比较二者，相反，尼采是以他自己的标准来比较的。尼采又称"世界假说"为"世界阐释"（Weltauslegung）（WM:1=KSA12:2[127]）。对尼采而言，物理学也就只是一种"世界阐释"（JGB§14）。对世界之阐释可以是无限量的，而每一种都是"增长或衰落之征兆"（WM:600=KSA12:2[117]）。最终而言，一切解释都是强力意志之解释。尼采说：

> 世界之价值在于我们的解释（也许在某处，除单纯人类的解释以外，其他解释也是可能的）；至今为止的解释都是视角性的评估，我们借此维持生命，也就是维持强力意志、强力增加的意志；人类之任何升高，都带来对较狭窄的解释之克服。（WM:616=KSA12:2[108]）

尼采所谓"世界假说"，不是指客观的、理论的对世界之说明，而是指我们用以"维持生命""维持强力意志"的解释。当尼采说永恒回归说是优于机械论的、"最科学的"假说时，他就是在这个意义上比较二者的。如果尼采认为永恒回归说比机械论更科学，那不是由于永恒回归说有更多经验数据支持，而是由于机械论是一个已然变得无力的世界阐释之残余，而永恒回归说则是其极端对立面。这个已然无力的阐释就是基督教的"道德的世界阐释"（moralische Weltauslegung）（WM:1=KSA12:2[127]）。机械论仍然是这个世界阐释之残余，是因为尼采以为，根据机械论，世界必然有一个终结状态或"目标状态"（Zielzustand），并由此认定它背后还包含着某种神学的意图（WM:708=KSA13:11[72]; WM:1066=KSA13:14[188]）。

海德格尔准确地指出，尼采的哲学是一种"反面运动"（Gegen-bewegung）（NI:433）。但海德格尔认为尼采所反的是"西方哲学整体"，我却认为更恰当的说法应该是基督教的"道德的世界阐释"。尼采的永恒回归说，其实恰恰就是对这个世界阐释的极端颠倒。基督教认为世界有开始有终结，尼采就认为世界永恒没有开始也没有终结；基督教认为世界朝向特定目的，尼采就认为世界没有目的；基督教认为世界有不灭的实底，尼采就认为根本没有实底只有生成。学者一般认为，尼采对永恒回归的论证是在《强力意志》的最后部分，特别是第1062—1066节。但我却认为，如果尼采曾经提出任何论证，他真正的"论证"其实是在《强力意志》第55节中。他于此说：

> 极端的立场不是被减轻的立场所替代，而是又被极端的但颠倒的立场所替代。因此，如果不再可以抱持对上帝的信仰和本有上道德的秩序，那么对自然为绝对非道德、对无目的性和无意义性之信仰，就是必然的心理感触（Affekt）。（WM:55=KSA12:5[71]）

如上所言，尼采所谓"世界阐释"是指我们赖以生存的设想。在尼采看来，基督教的世界阐释已经失去作用，现在已经到了不得不建立新的世界阐释的时候。他认为必须要以"极端的但颠倒的立场"来替代基督教的世界阐释，认为这是"不可避免的"，"作为有力量的重压和锤子"，"以之粉碎和清除堕落和枯萎的族类，以为一种新的生命秩序开路"（WM:1055=KSA11:35[82]）。基督教的世界阐释的最极端反面就是永恒回归。尼采在《强力意志》第55节中这样说：

> 让我们思考这个想法最可怕的形式：此有如其所是有，乏意义与目标，但不得不回归，乏终结于虚无——永恒回归。
>
> 这是虚无主义最极端的形式：虚无（"无意义"者）永恒！（WM:55=KSA12:5[71]）

基督教认为生命有目标，其目标就是救赎（Heil）（WM:217=KSA12:9[18]）。现在尼采告诉我们，生命不但没有救赎，甚至连逃入虚无也不可能："一切生成和永恒回归——溜走是不可能的！"（WM:1058=KSA10:24[7]）永恒生成是基督教世界阐释之反面，而永恒回归则是其最极端的反面。

由此可见，尼采主张永恒回归，是出于建立"新的生命秩序"之需要。这样看的话，也可以说是其人生面向决定了宇宙论或世界假说，而不是相反。但正如海德格尔所言，这个二分法在此根本是不适用的。因为尼采的永恒回归根本就不是一个理论态度下的产品，而是建立新的生命秩序之"挑选元理，为力量服务"（WM:1058=KSA10:24[7]）。所以尼采才会说："它必须慢慢渗入；整个世代必须营造于此，并变得富有收成——以使它成为一棵大树，荫庇将要到来的人类。"（KSA9:11[158]）即使尼采一再重申的"唯一基本事实（Grundfaktum）""唯一确定性"，即"假使世界运作有一个目标状态，它必然已经达致了"（WM:708=KSA13:11[72]；WM:1066=KSA13:14[188]），也不是单纯理论态度下的产物。这个所谓"基本事实"已经假定了世界没有始点，而尼采之所以有这样的假定，纯粹是因为它是基督教世界阐释的反面。所以他认定大部分以世界为有始点的论证，都有"神学的背后意图"（WM:1066=KSA13:14[188]）。

尼采在其出版著作中第一次提到永恒回归，是在《愉快的科学》（*Die fröhliche Wissenschaft*）中，在其中他表达了思考"我们必然永恒回归"的两种反应。要么我们马上倒下，咬牙切齿，诅咒传达这消息的恶棍；要么我们把它看作空谷足音，认为没有更神性的消息了（FW§341）。前者表达了被极端虚无主义击倒的沮丧和愤懑情感，后者表达了克服极端虚无主义的愉悦情感。后者就是尼采的新人生理想（JGB§56），也就是他对抗基督教的"反面理想"（Gegen-ideal）（EH:GM）^①，他将之浓缩为格言"对注定之爱"（amor fati）（EH:ii10）。依此理想，他断言永恒回归是"最高的肯定公式"（EH:Z1）。

但面对没有任何目的的世界，也就是看来做一切事都不为了什么、看来做一切事都是"徒劳"（umsonst）（WM:55=KSA12:5[71]）的世界——而且这样的世界还不断重复没有消停的一天，既没有"可以不如此"的希望，甚至连逃也不可能——，面对这样可怕的世界，我们怎么能够接受？而且不但接受，还感到喜欢？尼采这样说：

> 我们把目的观念从过程中移除而仍然肯定过程吗？会是这情况，如果在那过程中每一刻都有某东西被达成——而且总是同样的东西。（WM:55=KSA12:5[71]）

> 每一发生建基于其上的、在每一发生中表达出来的每一基

---

① 参看 M. Clark, *Nietzsche on Truth and Philosophy*, p. 253.

本特征，如果它被某一个体感受为他的基本特征，就必须促使这个个体以凯旋之感欢迎普遍此有之每一瞬间。关键会在于，人们把这基本特征本身伴以喜悦感受为好的、充满价值的。（WM:55=KSA12:5[71]）

生成应该不托庇于这样的终结意图而得到说明；生成必须在每一瞬间都显得是证立的（或不可贬值的：二者是一样）；当下的东西绝对不可因为将来的东西而变得证立，或过去的东西因为当下的东西而变得证立。（WM:708=KSA13:11[72]）

如果世界没有目标、没有希望、没有救赎，而只有永恒不断的生成或过程，我们还怎么可以肯定这个世界？唯一的可能性就是肯定过程本身[①]，以我们所感受到的基本特征肯定每一瞬间所发生的事情。不是因为它是过去所做的事之目标一刻，也不是因为它是将来要达到的事之前奏，而只是因为它是在眼下瞬间所发生的事。瞬间或眼下瞬间（Augenblick）对永恒回归说的特殊意义就在于此，而不是如海德格尔所说的因为它是"将来和过去之碰撞"（NI:312）。海德格尔的解释恰恰是尼采思想的反面。在尼采看来，一切因为与过去或将来之联系而对眼下瞬间之肯定，都只能是目的论之残余。

---

① 参看 M. Clark, *Nietzsche on Truth and Philosophy*, p. 272。

第八章　生存与认知

——施行主义、视角主义、尼采

在认知科学领域，瓦雷拉（F. J. Varela）、汤普森（E. Thompson）、洛什（E. Rosch）1991年所出版的《寓体心智：认知科学与人类经验》（*The Embodied Mind: Cognitive Science and Human Experience*）一书是一本具有革新意味的著作。自从认知科学在20世纪50年代兴起以来，"表象"（representation）就是其用以说明心智运作之基本概念。[1]按照罗蒂（Richard Rorty）在其名著《哲学与自然之镜》中的分析，把知识视为一种表象，始自17世纪，根源于笛卡尔和洛克之哲学思想。[2]认知科学虽然产生于20世纪，号称"心智之新科学"[3]，但仍旧以"表象"概念为其理论之"阿基米德支点"[4]。不同之处只在于，现在计算机（computer）取代了机械装置，成为把握心智之标准模型。就连认知科学在哲学上之代言人傅铎（Jerry Fodor）也认为，认知科学相较18与19世纪的表象理论而言取得重大进步之唯一方面，就单单在于添加了"计算机比喻"。[5]事实上，不但以计算机为模型的古典认知主义建立在"表象"概念之上，就连新派的认知科学、

---

① 参看A. Clark, *Being There*; Gardner, *The Mind's New Science*; Varela et al., *The Embodied Mind*; Wheeler, *Reconstructing the Cognitive World*。

② 参看Rorty, *Philosophy and the Mirror of Nature*。

③ 参看Gardner, *The Mind's New Science*。

④ 参看Varela et al., *The Embodied Mind*, p. 8。

⑤ 参看Fodor, *A Theory of Content and Other Essay*, p. 22。

以大脑神经元网络为模型的"联结主义"亦不例外。被称为"联结主义之哲学家"的A. 克拉克（Andy Clark）[1]就指出，"联结主义者与古典主义者之分别，只关涉内在的表象系统之确切本性，而非其存在本身"[2]。《寓体心智》一书即旨在提出一套摒弃"表象"概念的相异论述，尝试将认知把握为一种行动（action），即他们所谓"施行"（enaction）。

在认知科学问世以前，西方哲学内部其实已经出现了对表象理论之强烈批判，美国的实用主义者皮尔士、詹姆士和杜威（John Dewey），现象学家海德格尔和梅洛－庞蒂（Maurice Merleau-Ponty），以至后期维特根斯坦等反笛卡尔主义者，皆为代表。瓦雷拉等在《寓体心智》中的想法即深受现象学之影响。尼采大约跟皮尔士同时，在海德格尔等人以前已经对表象理论提出深刻的批评。施行主义者未必直接受尼采影响，但二者的很多想法其实却很近似。

一、施行与表象

"施行"是《寓体心智》一书之核心概念。瓦雷拉因不满意于认知科学传统上以认知为表象之核心看法，而提出他们所谓的"施行进路"（enactive approach）：

> 我们提出用"施行的"一词，以强调这一日益增长的信念，即，认知不是事先给予的心智对事先给予的世界之表象，而是对世界与心智之施行活动（enactment），基于一在世是有者（a

---

[1] 参看Boden, *Mind as Machines*, p. 1404。

[2] A. Clark, *Being There*, p. 143.

being in the world）所做的各种行动之历史之施行活动。[1]

"Enaction"在汉语学界一般被翻译为"生成"，我提议改为"施行"，因为如此翻译能更准确地传达该词本身的意义。"Enaction"由"en-"和"action"合并而成，字面上的意义是"put into action"，恰恰相当于汉语所谓"付诸行动"，对应"施行"一词之意义。"Enaction"在英语里通常指施行法例，按照《寓体心智》作者之一汤普森所言，他们的使用则显然基于其字面上的、更笼统的意义："Enaction意指施行法律之行动，但也更笼统地意含行动之做成或执行。"[2]无论就"enaction"之平常意义或笼统意义而言，"施行"相较"生成"都更能传达其意。

"表象"自始就是认知科学之核心概念。例如，在被视为认知科学之"宣言"的《计划与行为结构》（*Plans and the Structure of Behavior*）一书中，米勒（George A. Miller）等即开宗明义表示，该书试图"描述行动如何受有机体对其宇宙之内在表象所控制"[3]。20世纪80年代复兴的联结主义也没有舍弃"表象"概念，只不过通常以所谓"分布表象"（distributed representations）[4]取代了"一块块的符号表象"[5]。换言之，联结主义之表象基于认知系统之一种"涌现的寰宇状态与世界之特性之间的相符（correspondence）"[6]。瓦雷拉的施行进路则主张把"表象"概念完全排除在对认知之描述和说明之外。诚

---

[1]　Varela et al., *The Embodied Mind*, p. 9.

[2]　Thompson, *Mind in Life*, p. 13.

[3]　引自Boden, *Mind as Machines*, p. 339。

[4]　参看Wheeler, *Reconstructing the Cognitive World*, p. 63。

[5]　A. Clark, *Being There*, p. 144.

[6]　Varela et al., *The Embodied Mind*, p. 8.

然，瓦雷拉等并不是认知科学界中仅有的抱持这一主张者[1]，只是他们的影响较大，以至于现在，很多时候"施行主义"（enactivism）都变成了认知科学中反表象主义之代名词。A. 克拉克将此类想法归纳为"彻底寓体认知论纲"（Thesis of Radical Embodied Cognition）："对认知之结构的、符号的、表象式的、计算机式的看法是错误的。寓体认知最好这样来研究：通过非计算机式的和非表象式的观念与说明型态，涉及例如动态的系统理论之工具。"[2]

"表象"是关系概念。表象总是对某东西之表象，总牵涉两个不同的东西，一为表象自身，另一为其对象。二者之关系，以动词表达就称为"表象"（represent）。为区分之故，我们将依照冯友兰的做法，把名词"representation"翻译为"表象"，而把动词"represent"翻译为"象表"。[3]依此，表象之对象就是表象之所象表。"表象"一词原来不是指内在于心智的东西。例如，一幅人像画就是其所描绘者之"表象"。"Representation"源自拉丁语"repraesentatio"，字面意义为"再现"。[4]说一幅画是其所描绘者之"表象"，就是说前者再现了后者。中文中"如在目前"一语有助于我们理解：我们看一幅画，就宛如看到其所描绘者，虽然实际上只有画在目前，其所描绘者但却似乎也在目前。这时候我们可以说，该画"再现"了其所描绘者；换言之，表象让其所象表者如在目前。由此看来，表象具有指引性（referentiality）之特征，它把我们的思想指引至其所象表的东西，让其再现于我们的思想之中。

---

[1] 参看 van Gelder, "What Might Cognition be if not Computation?"。

[2] A. Clark, *Being There*, p. 148.

[3] 参看冯友兰：《贞元六书》，第940页。

[4] 参看 Lagerlund, "The Terminological and Conceptual Roots of Representation in the Soul in Late Ancient and Medieval Philosophy", p. 13。

瓦雷拉等在《寓体心智》中区分了"表象"之两个意义。一者他们称为"表象作为构义（construal）"，指"任何可以被解释为关于某东西之事物"。例如，一张地图就是对地形之表象。[1]我们上面以画为例，也属于这个意义，这并不是他们要摒弃的概念，因为"它不必带有任何强烈的认识论或存在论承担"[2]。另一个意义之"表象"，专指认知科学中所谓"内在表象"或"心智表象"。顾名思义，"内在表象"就是指内在于心智的表象，认知科学假定认知系统或心智内部之操作单位等同于表象，以之解释认知系统之各种认知能力。认知学界通常把象表关系笼统地把握为"顶替"（stand in）[3]；依此，表象就是其所象表者的"顶替者"，而"内在表象"就是在认知系统内部顶替外在事物的东西。"象表"原来也有"顶替"之义，表象（例如一幅画）可以被视为其所再现者之顶替物。[4]但现在，被把握为顶替物者是内在于心智的东西。一般认为，洛克已经有此想法，把内在于心智之"观念"（ideas）视为外在事物之顶替者。[5]

在瓦雷拉等看来，认知科学之"内在表象"概念具有双重的认识论和存在论承担："我们假定世界是事先给予的，其形相可以先于任何认知活动而被陈明。然后，为了说明认知活动与事先给予的世界之关系，我们假设心智表象存在于认知系统之内。"[6]在这个意义上，表象是存在于心智或认知系统里面的东西，表象之所象表是

---

[1]　参看Varela et al., *The Embodied Mind*, p. 134。

[2]　Ibid., p. 135.

[3]　参看Haugeland, *Having Thought*, p. 172; van Gelder, "What Might Cognition be if not Computation?", p. 351; Wheeler, *Reconstructing the Cognitive World*, 2005, p. 58。

[4]　参看Lagerlund, "The Terminological and Conceptual Roots of Representation in the Soul in Late Ancient and Medieval Philosophy", p. 26。

[5]　参看Lennon, "Locke on Ideas and Representation", pp. 231-232; Lowe, *The Routledge Guidebook to Locke's Essay Concerning Human Understanding*, p. 37。

[6]　Varela et al., *The Embodied Mind*, p. 135.

外在世界之固有特征或形相，因而一方面预设内在表象之存在，另一方面预设世界和其固有特征之先于认知活动而存在。这两个存在论承担是相关联的。假设内在表象之存在，原来就是为了说明认知系统如何取得关于外在世界之固有特征之知识，其作用在于"复原或重建外面的、独立的环境形相"[①]。以韦勒（Michael Wheeler）的话来说，内在表象之假设已经预设了某一意义上的形而上实在论（metaphysical realism），即世界之所是有或其形相是独立于任何认知系统即如是的。[②]外界事物之形相为其所固有，独立于认知者而自存，这似乎是一常识看法，施行进路何以反对该"常识"？这得从其"自律"概念谈起。

二、自　律

"自律"是瓦雷拉等的施行进路之核心概念。汤普森等说："施行进路开始于这个问题：一系统必须如何组织才是一自律系统——生成（generate）和维持其自己的活动，因而施行或带出其自己的认知领域？"[③]系统由组件构成，统一众组件让其共同构成一系统之关系就是其组织。[④]瓦雷拉提出"操作的封闭性"（operational closure）之概念来辨明自律系统之特有组织，《寓体心智》对之如此界定："一具有操作的封闭性之系统，就是其中过程之结果即是过程自身之系统。"[⑤]"操作的封闭性"一词易滋误解，它不是指自律系统跟外界完

[①] Varela et al., *The Embodied Mind*, p. 136.

[②] 参看 Wheeler, *Reconstructing the Cognitive World*, p. 14。

[③] Thompson & Stapleton, "Making Sense of Sense-Making: Reflections on Enactive and Extended Mind Theories", pp. 23–24.

[④] Maturana & Varela, *The Tree of Knowledge*, p. 42: "'Organization' signifies those relations that must be present in order for something to exist."

[⑤] Varela et al., *The Embodied Mind*, p. 139.

全没有交流。汤普森就表明："于此，封闭性不是指该系统在物质上和能源上是封闭于外在世界的。"①"操作的封闭性"所陈述的是系统之操作或变化过程："在自律系统中，每一构成的过程都是以系统中的其他一些过程为条件的。"②我们可以借助"循环过程"或"循环组织"两词来掌握其义；事实上，二者都是瓦雷拉的老师马图拉纳（Humberto Maturana）最初的用词③，而即使后来瓦雷拉改用了"操作的封闭性"之术语，他面对一般读者群时却仍然将有关特性称为"循环过程"。④

简言之，系统组件之相互作用造成系统之变化，这称为"过程"。在自律系统中，变化过程中所产生的新组件又投入相互作用之中，继续造成系统之变化。因此《寓体心智》谓，"其中过程之结果即是过程自身"。系统由组件组成，其持存有赖于其中的各种过程，但其中的过程又无非出于各组件之相互作用。情况看来就像"某物产生A，A产生B，B产生A"⑤，仿佛互为因果，或根本说不清哪里是因、哪里是果。⑥一系统之过程所产生的不外是构成其过程的东西，这就是瓦雷拉所谓"操作的封闭性"。

在瓦雷拉等看来，活细胞就是自律系统之典型。⑦传统的认知科学以计算机为模型，联结主义以神经网络为模型，施行进路则以有

---

① Thompson, *Mind in Life*, pp. 44–45.

② Thompson & Stapleton, "Making Sense of Sense-Making: Reflections on Enactive and Extended Mind Theories", p. 24.

③ 参看Maturana & Varela, *Autopoiesis and Cognition*, p. 9。

④ 参看Varela, "The Emergent Self", p. 210。

⑤ Ibid., p. 212.

⑥ 虽然马图拉纳和瓦雷拉所谓"循环过程"有点儿类似于复杂理论中的"循环因果性"（circular causality）概念，但马图拉纳本人却表明"因果性"概念不适用来论述生物之组织。参看 Maturana & Varela, *Autopoiesis and Cognition*, p. xviii。

⑦ 参看Thompson & Stapleton, "Making Sense of Sense-Making: Reflections on Enactive and Extended Mind Theories", p. 24。

机体为模型。瓦雷拉原来就是生物学家，汤普森说施行进路始于探问自律系统之特有组织。但从个人思想发展史来看，马图拉纳与瓦雷拉（以下合称"马瓦"）所首先探问的其实是生物之组织。虽然他们表明生物并非唯一的自律组织，但显然他们对自律组织之论述是以生物之组织为模型的；对他们来说，"生物其一最明见的性相就是其自律"[①]。二人合著并于1972年出版的《自身制成》（*Autopoiesis*）一书，即以"生物之组织"为副题。"Autopoiesis"是他们所发明的字词，取自古希腊语，用来表达生物之核心组织，意在以"一个没有历史的字词"来取代"循环组织"等现成概念。[②]虽然汤普森等人后来区分开"自律系统"与"自身制成"两个概念[③]，但瓦雷拉对自律系统之论述，基本上以他们之前对"自身制成"之论述为蓝本，而汤普森等之区分也只是指出，自身制成的组织有空间上的界限而已。

对于马瓦来说，自律是生物之最明见的特性，问题只在于如何陈述其自律性。据马图拉纳之自述，他首先区分了"自我指引的"（self-referred）和"自他指引的"（allo-referred）两种系统，前者指只能参照自身来界定之系统，例如生物系统，后者则指只能参照脉络来界定之系统。[④]由此看来，他们所谓"自律系统"就是指只能以自身来界定自身之系统。马图拉纳故此拒绝以任何目的性来界定生物，因为这都是自他的界定。[⑤]他后来编造了"autopoiesis"一词来专门指生物之自律性。这词名字拗口，意义其实却很简单，相当于"自我生产"（self-producing）。[⑥]马瓦在合著的另一部书《知识之树》

---

① Maturana & Varela, *The Tree of Knowledge*, p. 48.

② 参看Maturana & Varela, *Autopoiesis and Cognition*, p. xvii。

③ 参看Thompson & Stapleton, "Making Sense of Sense-Making: Reflections on Enactive and Extended Mind Theories"; Di Paolo, "Extended Life"。

④ 参看Maturana & Varela, *Autopoiesis and Cognition*, p. xiii。

⑤ 参看ibid。

⑥ 参看Varela, "Organism: A Meshwork of Selfless Selves", p. 81。

（*The Tree of Knowledge*）中就说："我们主张这样刻画生物：它们是持续自我生产的。当我们将界定生物的组织称为自我制成的组织时，我们就是指这一过程。"①生物中组件之相互作用叫"新陈代谢"，新陈代谢所做的事无非就是生产继续新陈代谢所需的组件："细胞新陈代谢生产那些组件，它们构成生产它们的转化网络。"②就单一细胞而言，新陈代谢之其中一种产品是细胞膜，而细胞膜分隔自身与外界，维持系统之统一性，又是新陈代谢能继续之必要组件。由此看来，有机体唯一所做的事就是持续生产自身："其唯一的产品就是它们自己，生产者与产品之间没有分离。一自我制成的单元其是有与做事（being and doing）是不可分的，而这就是其特有的组织模式。"③

三、认　知

马瓦对认知之看法立足于生物学。马图拉纳说："认知是生物现象，并且只能如此理解。"④进一步而言，他们甚至把生存（living）和认知等同，认为生存就是认知过程；也就是说，任何生存的东西、活的东西，只要它活着，它就是在认知，最简单的生物亦然。马图拉纳在《认知生物学》（*Biology of Cognition*）中说："生物系统就是认知系统，生存当作过程就是一认知过程。这一陈述对一切有机体都有效，无论有没有神经系统。"⑤这一看法也反映在施行进路中。以汤普森的话来说，"任何生物系统都既是自身制成系统又是认知系

---

① Maturana & Varela, *The Tree of Knowledge*, p. 43.

② Ibid., p. 42.

③ Ibid., pp. 48-49.

④ Maturana & Varela, *Autopoiesis and Cognition*, p. 7.

⑤ Ibid., p. 13.

统";"对于施行进路而言，自律是生物生存之基本特征，生存和心智之间有深度延续性"。[①]

　　按照汤普森所言，施行进路包括几个相关观念，头一个就是："生物是自律行事者，主动生成和维持自身，因而也施行或带出其自己的认知领域。"[②]如上所言，马瓦以生物为自律系统，其自律性被他们限定为自我生产，相当于汤普森于此所谓"生成和维持自身"。施行进路以"施行"限定认知，而马瓦认为生物系统就是认知系统。由此看来，汤普森所说的"生成和维持自身"（生物系统）和"施行或带出其自己的认知领域"（认知）其实就是一事之两面，自我生产就是施行自己的认知领域。马图拉纳说："一认知系统就是一系统，其组织界定一个相互作用之领域，于此它能相关于维持自身而行动，而认知过程就是在此领域中之实在行动或行为。"[③]在马瓦看来，生物系统唯一所做的事就是生成和维持自身。虽然生物系统之组织完全封闭（即其过程为循环过程），但它却仍需要跟外界交换物质和能源才能维持自身，认知系统就是因维持自身之需要而跟外界互相作用之系统。既然一切生物都必须跟外界互动，生物系统就是认知系统。

　　由此可见，马瓦所谓"认知"，跟通常的理解并不一样。对他们而言，认知首先是行动、出于维持自身而跟外界之互动。换另一说法，认知就是生物组织在某环境中之落实或实在化。这一想法也体现在瓦雷拉之选用"enaction"一词上。如上所言，"enaction"字面上的意义是付诸行动，也就是落实。说认知即施行，也就是说认知即生物对自我生产（其自律性）之付诸行动。于此，"行动"并不

---

① Thompson, *Mind in Life*, pp. 15, 127.

② Ibid, p. 13.

③ Maturana & Varela, *Autopoiesis and Cognition*, p. 13.

是跟"感知"分离之概念,《寓体心智》将"施行"界定为"寓体行动"(embodied action),并谓:"使用'行动'一词,我们意在再次强调,在生存认知中,感官的与运动的过程、感知与行动基本上是不可分离的。"①在瓦雷拉等看来,认知就是跟外界之互动,整个过程会根据外界之反应而不断修正。能感性与能动性二者持续反馈,构成统一的认知结构,他们称之为"感官暨运动结构"(sensorimotor structure)。②

一生物系统跟外界之互动,自外看来是其行为(behavior),自系统内部看来就是其认知。③从施行进路看来,一生物之认知系统就是其感官暨运动结构整体。马瓦认为,生物系统就是认知系统,有没有神经系统皆然。因此他们说:"行为不是神经系统所发明的,它只是剧烈扩充之。"④每一生物(即自身制成系统)按其寓体结构之不同,而有不同的认知结构,其具体形态由马瓦所谓"结构性配偶"(structural coupling)之历史所决定。⑤神经系统之特色在于其弹性(plasticity),即其细部结构是在不断的改变当中的。⑥

事实上,马瓦"自身制成"理论之提出,就始于对生物的认知能力之研究。两人都深受操控学(cybernatics)之影响。⑦瓦雷拉坦言,他有关"自身制成"之工作跟从了麦卡洛奇(Warren McCulloch)和维纳(Norbert Wiener)所发展出来的观念⑧;而马图拉纳对"认知生

---

① Varela et al., *The Embodied Mind*, p. 173.

② 参看ibid。

③ 认知科学以"认知"自标,原来就为了针对行为主义只研究外部行为,参看Boden, *Mind as Machines*, p. 20。

④ Maturana & Varela, *The Tree of Knowledge*, p. 163.

⑤ 关于结构性配偶,参看Maturana & Varela, *Autopoiesis and Cognition*, pp. xx–xxi; Maturana & Varela, *The Tree of Knowledge*, p. 75; Varela et al., *The Embodied Mind*, pp. 151ff.; Thompson, *Mind in Life*, p. 45。

⑥ 参看Maturana & Varela, *The Tree of Knowledge*, pp. 166–167。

⑦ 参看Johnston, *The Allure of Machinic Life*, p. 189。

⑧ 参看Varela, "The Emergent Self", p. 212。

物学"之思考，则可谓从他于美国麻省理工学院在麦卡洛奇手下研究青蛙视觉开始。据马图拉纳后来自述，当他和同事雷特温（Jerry Y. Lettvin）撰写研究报告时，他的出发点跟传统认知科学无异："有一客观的（绝对的）实在，外在和独立于动物（不被其所限定），动物能感知（认知）这一实在，并且能使用从感知所得到的讯息来计算出合于处境之行为。"[1]但他慢慢发觉，配对外来刺激与视网膜之神经活动，说明不了色彩经验。他因而改变思路，把视觉经验设想为对应神经系统整体之活动，而非局部受外来刺激之活动，这需要他"闭上神经系统，而把视觉经验报告看待为（就像它所象表的）神经系统整体之状态"；换言之，这需要他"把神经系统活动严肃看待为由神经系统自身而非为外在世界所限定；因此，在神经系统内在所限定的活动之释放中，外在世界就只有触发的角色（triggering role）"。[2]这里所表达的想法基本上奠定了施行主义之轨迹。

施行进路将认知把握为施行，即出于维持自身而跟外界之互动。以维持自身为准绳或规范，外界之反应对一生物即有所区别，这一"区别领域"（domain of distinctions）就是其认知领域，因此施行即同时意味着"带出其自己的认知领域"，也就是"带出其自己的意义和价值领域"[3]，简称"达义"（sense-making）。[4]"达义"是施行进路之另一核心概念。汤普森等说：

---

[1] Maturana & Varela, *Autopoiesis and Cognition*, p. xiv.

[2] Ibid., p. xv.

[3] Thompson & Stapleton, "Making Sense of Sense-Making: Reflections on Enactive and Extended Mind Theories", p. 23.

[4] 瓦雷拉尝试从自我制成直接推演出达义，参看 Weber & Varela, "Life after Kant: Natural Purposes and the Autopoietic Foundations of Biological Individuality"。但自我制成对于达义之充分性，后来在施行进路内部也受到质疑，参看 Thompson, *Mind in Life*, pp. 122ff.; Di Paolo, "Extended Life"; Wheeler, "Minds, Things, and Materiality"。为简化论述，我于此所表达的是瓦雷拉的立场。

达义是自律之互动面和关系面。一自律系统在岌岌可危的状态下生产和维持其自己的同一性，因而建立一视角（perspective），从中与世界之互动取得一规范性的份位。某些互动便利自律，而另一些互动降低之。[①]

从施行进路看来，一生物之区别领域就是其世界，世界之种种形相并不是独立于任何认知系统即为其所固有，而是生物所施行出来，即据其维持自身之需要在互动中所达成的区分。因此，认知就不是恢复外物所固有的形相，使其再现于系统之内（内在表象），而是"从其无序的周围背景中带出一意蕴领域（a domain of significance）"[②]。简言之，"认知即是在互动中达义"[③]。

认知被视为达义，其所达成的区分总是相对于某一生物系统的。马瓦就已经指出："对任何自我制成的系统而言，其认知领域必然是相对于其自我制成所落实之特殊方式。"[④] 撇除一观看者之视角，事物只是一片无序或"混沌"，没有前后、左右、上下之分；离开一自我制成者之"存活规范"（norm of survival）[⑤]，事物也没有有利和有害之别。"某物就其（正面或负面）相关于保持有机体的整全性之规范而对一有机体取得意义。"[⑥]换言之，对事物形相之区别有赖于一生物对其自我生成之落实。梅洛－庞蒂在其《行为之结构》（La structure du comportement）一书中对此早有论述，其中一段话——严格来说主要

---

① Thompson & Stapleton, "Making Sense of Sense-Making: Reflections on Enactive and Extended Mind Theories", p. 25.

② Varela et al., *The Embodied Mind*, p. 156.

③ Di Paolo, "Extended Life", p. 19.

④ Maturana & Varela, *Autopoiesis and Cognition*, p. 119.

⑤ Wheeler, *Reconstructing the Cognitive World*, p. 159.

⑥ Thompson, *Mind in Life*, p. 70.

是他引自高德斯坦（Kurt Goldstein）的一句话[①]——一再被施行主义者所征引：

> 它们（即自律系统。——引者注）施行出一跟其自己的结构和行动不可分离的环境，而不是在某种笛卡尔式意义上内在象表一外在世界。以现象学的语言来说，它们建构（决开）一带着其自己结构之印记的世界。正如梅洛－庞蒂在前面所引段落中引述高德斯坦所言："透过有机体之是有或现实化（being or actualization），环境从世界涌现。"就动物生存而言，透过有机体当作感官暨运动的是有者之现实化，环境涌现为一感官暨运动的世界。[②]

由是观之，事物形相之现实化，就跟生物自我维持之现实化不可分离，同时发生。在瓦雷拉等看来，生物与其环境是处在"共同限定"（codetermination）之关系中的。[③]

传统认知科学将自外的刺激视为输入，将行为反应视为输出，而将中间的象表和计算过程视为认知。从施行进路看来，自律系统却没有输入和输出。[④]马瓦已经提出，"自我制成的机器没有输入与输出。它们可以被独立的事件所扰动，而经受内在的结构性变化，以抵偿这些扰动"[⑤]。施行进路继承了这一想法，把自外的刺激称为"扰动"（perturbations）。[⑥]扰动跟输入之分别在于，前者只被赋予"触

---

① 参看Merleau-Ponty, *La structure du comportement*, pp. 11-12。

② Thompson, *Mind in Life*, p. 59.

③ 参看Varela et al., *The Embodied Mind*, p. 198。

④ 参看ibid., pp. 138-139, 157, 207。

⑤ Maturana & Varela, *Autopoiesis and Cognition*, p. 81.

⑥ 参看Varela et al., *The Embodied Mind*, pp. 151ff.; Thompson, *Mind in Life*, p. 11。

发的角色"，而对系统之行为没有限定作用。自律系统之过程只由系统自身之组织所限定。《寓体心智》谓："然而，笼统来说，对于一生物系统，某一互动之意义不是自外所颁布的，而是出于系统自身之组织与历史。"[1]当在互动中系统之运作受到干扰，系统会做出调整（即抵偿），但如何调整则端赖于系统自身之整体结构。同样的想法也已见于梅洛－庞蒂的《行为之结构》中。他指出，外来刺激只对有机体"引出寰宇反应（global response）"，因此只"扮演机缘（occasions）而非成因（cause）之角色"。[2]

四、保存自身

除了海德格尔和梅洛－庞蒂外，尼采也是《寓体心智》多次提及的欧陆哲学家。虽然书中所关注的更多的是尼采对虚无主义之诊断而非其正面立说，但其实尼采对认知之看法跟施行主义颇为接近。其中不但包括了对表象主义之尖锐批判，也已经提出一套意在对抗表象主义之"认知生物学"。尼采提供的不仅是批判，还有正面的可能性。正如书中引述意大利哲学家瓦提莫（Gianni Vattimo）所言："从对后现代状况之纯粹批判的和负面的描述，过渡到一种将之看待为正面的可能性和机会之进路，尼采和海德格尔之观念为我们所提供的机缘更胜任何人。"[3]

跟马瓦一样，尼采也把认知视为生物现象，并将之联系于跟"保存自身"（Selbsterhaltung）有关之行动（例如糊口）。尼采说：

---

[1]　Varela et al., *The Embodied Mind*, p. 157.

[2]　引自Thompson, *Mind in Life*, p. 69。

[3]　引自Varela et al., *The Embodied Mind*, p. 229。

　　"知识"之意义：于此，就像"善"或"美"之情况，该概念取以严格人类中心和生物学的意义。一特定的种类为保存自身——及在权力上增长——，它必须在其对实在之概观（conception）中，把握如此多的可计算者和始终相同者，以至在其上能建构一行为型态。处在认识器官之发展背后之动机，不是某一为了不受骗的抽象理论需要，而是存生之用处。（KSA13:14[122]）

　　我们的"知识"所及会过于仅仅足够存生，这几率不大。形态学对我们显示，感官和神经跟脑部一样，其发展相关于糊口之难度。（KSA11:36[19]）

　　如上所言，从施行进路来看，任何生物系统都是认知系统，"认知"指生物系统之互动面，有没有神经系统皆然。施行主义者经常以细菌为例，以其为最简单的生物系统。[①]无独有偶，尼采也喜欢以原生质——当时被认为是生物之最基本单位——为例，比如以之论述"主体"之形成（KSA9:11[268]）。马瓦在《知识之树》中谈到原生质之伪足[②]，尼采也同样谈到其伪足，以之说明强力意志之表达（KSA12:9[151]; KSA13:14[174]）。总而言之，尼采的很多论述都适用于一切生物。他的任务就是要"把人倒译（zurück-übersetzen）回自然"（KSA5:169），无异于其他动物。因此，他不时以适用于一切生物的元理来说明"认知能力"，就跟瓦雷拉尝试以"自我制成"来说

---

① 参看 Varela, "Organism: A Meshwork of Selfless Selves"; Thompson, *Mind in Life*, p. 72; Di Paola, "Extended Life", p. 13。

② 参看 Maturana & Varela, *The Tree of Knowledge*, p. 144。

明认知一样。

从上引KSA13中的一段笔记来看，对尼采而言，认知就是把外物把握为始终相同者，以建立跟外物互动之型态。"相同性"（Gleichheit）是尼采论述知识之主要概念，他既以之来说明逻辑学（KSA12:2[90], 5[50]），也用之于说明原生质跟外界之互动："但现在我相信是这样：当生起了相同者之错误，主体就可以生起。例如：当一原生质从不同的力量（光、电、压力）总只是接受到一刺激，并根据一刺激推断至成因之相同性，或者它只能够有一刺激，而将一切其他东西都感觉为相同。"（KSA9:11[268]）我们可以把适用于一切生物之元理称为"泛生物元理"。神经网络不是泛生物元理，象表大概也不是。马瓦之"自我制成"是泛生物元理，尼采之"相同性"概念也是。

在尼采那里，"保存自身"和"增长"是最基本的两项泛生物元理，他尝试以之来说明一切知识：

> "我相信：这是如此，那是如此"——这样的价值评估作为"真实"之本有。在该价值评估中所表达的是保存条件和增长条件。我们一切的知识器官和知识感官都只是着眼于保存条件和增长条件而发展出来的。
>
> 必须有大量的信念，容许做判断，缺乏对一切本有价值之怀疑：——这是一切生物和其生存之前提。因此，某物必须被持为真实的，这是必然的；某物是真实的，则不是。（KSA12:9[38]）

尼采认为，信念（这是如此，那是如此）之形成，出于生物之保存自身和增长。换言之，他把自我保存和增长两项基本生存需要，视为知识之前提。他说："只要我们能满足我们的需要，我们就是'认知者'。"（KSA11:34[46]）既然一切生物都得满足生存之需要，那么一切生物都是认知者。此外，如果知识总是出于对某种需求之用处，那么知识就总是有条件的，所以尼采认为"无条件的知识"纯属无稽之谈："最大的谎言乃是关于知识之谎言。人们想知道，事物自身有何性质。但看呀，根本没有事物自身！即使假设有一自身、一无条件的东西，它也恰恰因此不能被认知！无条件的东西不能被认知：否则它就恰恰不是无条件的。……认知是指：'把自身置于对某东西之条件中。'"（KSA12:2[154]）

五、视角主义

尼采把他对于认知之局限性之思考[①]，总结为有名的"视角主义"（Perspektivismus）。他说：

> 反对实证主义，它停驻在现象上：只有事实。而我说：非也，恰恰没有事实，只有解释。我们不能确立事实"自身"：意求这样的东西，也许就是胡闹。……只要"知识"一词还有意义，世界就是可认知的；但世界是可以另行诠释的，它背后没有意义，而是无数的意义：视角主义。阐释（auslegen）世界者，是我们的需要：我们的驱力（Triebe），其顺与逆。每一驱力都是一种支配欲，每一都有其视角，都想把其视角当作规范强加于其余驱力。（KSA12:7[60]）

---

① 参看 Nehamas, *Nietzsche*, p. 50。

对于尼采所谓"视角主义"是何种主张，学界有众多说法。例如，盖迈什（K. Gemes）就总结出两种语义的解释和三种认识论的解释。①于此只能简略提出我的几点看法。首先，视角主义无疑适用于一切生物②，属于我所谓的"泛生物元理"；尼采将"视角式东西"称为"一切生存之基本条件"（KSA5:12）。其次，视角主义是尼采对于认知之主张。M. 克拉克（M. Clark）正确地指出："'视角主义'即宣称一切知识都是视角式的。"③再次，视角主义主张一切知识都是有条件的。"视角"是一个比喻的说法，其本义来自观看。尼采在《论道德之系谱学》（*Zur Genealogie der Moral*）中说："只有视角式观看，只有视角式'认知'。"（KSA5:365）现在的问题是：视角用来比喻什么？观看以视角为条件，那么认知以什么为条件？ M. 克拉克认为，"我们的信念"是显然的选择，我们对知识之理证依赖于"我们已经相信的东西"。④我虽然认同视角主义关乎知识，但却不认为尼采以之来论述"何谓真理"或"如何理证知识"。⑤尼采的视角主义首先是用来说明知识出现之成因的，而不是我们承认某些信念为知识之理由。如上所言，尼采认为知识以生物之生存需要为条件。尼采本人其实说得很清楚，"用处"就是他所说的"视察点"："假象世界，也就是说一按照价值来看的世界，按照价值来排序、来挑选的世界，在此情况下也就是说按照着眼于某特定种类的动物之保存和权力提升而言之用处视察点。"（KSA13:14[184]）

从上文可见，在施行进路对达义之论述中，"视角"亦为一重要

---

① 参看 Gemes, "Life's Perspectives"。

② 参看 ibid., p. 563。

③ M. Clark, *Nietzsche on Truth and Philosophy*, p. 127.

④ Ibid., p. 130.

⑤ 参看 Gemes, "Life's Perspectives"; Nehamas, *Nietzsche*, p. 54。

概念。在瓦雷拉等看来，视角也是直接相关于生物之生存的："最简单的生存形式就已经具有一主观的视角，这是其存在需要之结果"；"一没有有机体之世界将会是一没有意义之世界；主观的视角是建立在生存之不息需要上的"。[①]瓦雷拉等的看法未必直接来自尼采，但"视角"一词毫无疑问主要是因为尼采才以现在的意义成为重要的哲学术语。

此外，跟施行进路一样，尼采也认为，认知归根结底就是跟外界之互动，因此他在上引一则笔记中接下来说："因此，'假象世界'还原为对世界之某一特殊行动方式，从某中心出发。……实在恰恰在于每一个体对于整体之特定行动与反应。"（**KSA**13:14[184]）某互动方式能有助于生存需要，就是对生物有用处，其用处就是其"视角"，即其有效范围、其条件，也就是该生物之所以行此互动之前提。瓦雷拉尝试从"自我制成"推演出"达义"，但其充分性即使在施行主义内部后来也受到质疑；因为"自我制成"只是一个二元的特性，只有存亡之别，而没有程度之分，难以说明生物糊口总求多之现象。[②]尼采很可能是因为意识到类似的问题，所以在保存自身以外，又提出了另一个泛生物元理，一个更根本的元理，即强力意志，以说明生物总是尽可能求增长之现象。

六、解　释

在尼采看来，一般人所谓"认知"，其实只是阐释或解释，而

---

① Weber & Varela, "Life after Kant: Natural Purposes and the Autopoietic Foundations of Biological Individuality", pp. 113, 118.

② 参看 Di Paolo, "Extended Life", p. 13。

不是对事物自身之再现或反映。如果把真理视为跟事物自身之相符，把知识视为真实的信念，那么就没有知识可言，因为"根本没有事物自身"，即使有也不可知。所以他说，"最大的谎言乃是关于知识之谎言"。尼采所谓"阐释"，指"摆意义进去"（Sinn-hineinlegen）（KSA12:2[82]），相当于施行进路所谓"达义"。跟施行进路一样，尼采也反对表象理论，以及其所预设的形而上实在论，不认为有独立于认知者之"事实"。在他看来，所谓"真理"并不是被发现的，而是被创造的：

> 因此，真理不是那样的东西，它是在此、要被觅得、要被发现——反之，它是要被创造的东西，它给予一无尽的过程或更可谓一压倒之意志名称：摆真理进去，当作一processus in infinitum（至于无限的过程）、一主动的限定，而非对"自身"固定的和确定的东西之意识。"强力意志"以之为名。（KSA12:9[91]）

必须强调，在尼采看来，我们称为"知识"的东西必然不可能是对外界之再现。知识基于判断，判断都具有"这是如此"之形式，依赖于对持续者和相同者之信念，因为对"这""那"之把握已经预设了持续性和相同性。换言之，一切认知都预设了对相同者之把握，从原生质对刺激之反应到逻辑学皆然，毕竟任何区分都已经预设了相同性。

认知之所以有这样的结构，在尼采看来，无非因为其对生存之用处："生存基于此前设，即，相信持续者和规律回归者；生存越有力量，可猜测的、仿佛被弄成存在的世界也越广。逻辑化、理性化、系统化当作生存之辅助手段。"（KSA12:9[91]）但是，知识对生存有用处，却不表示知识是对外界之反映。相反，尼采认为知识不可能是对外界之反映，因为他认为世界"是'在流动中'、作为变成的东西"（KSA12:2[108]），因此世上根本就没有持续相同的东西。世界总是在变，而"知识与变成互相排斥"（KSA12:9[89]），所以尼采认为知识必然不是对外界之反映。

在尼采看来，一切概念、一切范畴、一切意义，总而言之一切相同者，都是我们自己的创造，然后强加给外界，将其说成"是有"："人类把其向真实之驱力、其某种意义上的'目标'投射到自身以外，当作是有世界、形而上世界、'事物自身'、已经现前的世界。"（KSA12:9[91]）换句话说，认知就是把我们因生存之用处而虚构出来的相同性和规律性强加给外界之"混沌"：

> 不是"认知"，而是型态化（schematisiren），多少满足我们的实践需要，就把多少规律性和形式横加于混沌。
>
> 在理性、逻辑学、范畴之形成中，需要乃发号施令者：非"认知"之需要，而是涵盖和型态化之需要，为了互通和计算之目的……
>
> 弄妥、虚构为相似者、相同者，这过程就是理性之发展，是每一感官印象都经过的。
>
> 其中运作的不是先在的"观念"，而是用处，即只有当我们粗略和等同看事物时，事物对于我们才变成可计算的和可掌控的……
>
> 只有在对于我们为生存条件的意义上，范畴才是"真实"：如欧氏空间就是这样的有条件"真实"。（KSA13:14[152]）

"混沌"是尼采思想中一重要概念，海德格尔曾多次讨论。例如他引用了《愉悦的科学》里的一句话，"相反，世界之整体性格永远是混沌"（KSA3:468），从而指出，"把是有者整体当作混沌之基本观念……在永恒回归学说前对尼采已经是指导性的"（NI:349）。"混沌"概念也被保留在尼采的后期思想中："世界根本不是一有机体，而是混沌"（KSA13:11[74]）；"跟现象世界对立的，不是'真实世界'，而是感觉混沌（Sensationen-Chaos）之乏形式的、不可方陈的世界"（KSA12:9[106]）。

在尼采那里，混沌是外界之整体性格，但将之称为对"是有者整体"之观念却不无问题，因为在尼采看来，世上根本没有是有者。但除此"一家之言"外，海德格尔之解释相当深刻。首先，他清楚地指出，"混沌"概念意在排除"统一性"和"形式"（NI:349），以我们的说法就是排除相同性。更重要者，他正确地陈明，在尼采那里，"混沌"是一"排拒的观念"，其作用类似于"否定神学"（NI:353）。换言之，"混沌"完全是一反面的概念，不是用来正面陈述世界是什么，而只是用来指示对于世界有何不可陈述：说世界是混沌，就是说世界全然莫可陈述，因为语言和意义都预设相同性，而"混沌"恰恰指乏相同性和乏形式。

在尼采看来，"概念、种类、形式、目的、法则——'同一情况之世界'"（KSA12:9[144]），都是我们强加到混沌世界之上的，因为这样外界才变得可计算和可掌控。虚构相同性，然后强加给世界，就是尼采所谓"解释"之意义。如上所言，尼采之"解释"相当于施行进路之"达义"。而尼采之"混沌"，就相当于瓦雷拉等所谓"无序的周围背景"。从两方面看来，意义都是生物所施行出来的。

从上文可见，施行进路的很多想法都类似于尼采的。对于施行进路在生存与心智之间所看到的"深度延续性",尼采应该很能认可。如果相对于传统认知科学与联结主义,施行进路对认知或心智之探索,其特色在于以生物为模型,那么尼采就可谓此一进路之先行者。当然,尼采没有提出像"操作的封闭性"那样形式化之概念来界定生物,但就以泛生物元理即适用于一切生物之元理(例如保存自身)来说明认知能力这个大方向而言,尼采的进路与施行进路则是完全一致的。

第九章　感受与意向
——胡塞尔关于感受之意向性理论

一、引　言

　　"意向性"是现象学的核心观念，即主张意识总是意向的，总是朝向某对象的。但在现象学传统以外，尤其在英美的心智哲学传统之中，同样的主张却一直没有被广泛采纳，或甚至可以说一直被广泛否定。一些意识状态常常被列举为反驳证据，以显示至少有些人所公认的意识状态，是没有明确地朝向特定对象的。最常看到的例证是一些属于被统称为"感受"（feeling、Gefühl）的意识状态。有些感受显然总是牵涉对象的，例如，高兴总是为某东西或某事情而高兴。但另一些同样也被称为"感受"的意识状态，却似乎没有或不一定关联于特定的对象，常被指出的例子包括疼痛感受（feeling of pain），或某些情绪比如抑郁（depression）或焦虑（anxiety）等。[①]正如泰米高（Michael Tye）所指出的，"所有感受都是意向的"这一想法，几乎是被普遍否定的。[②]如果所有感受都是意识状态，而有些感受不是意向的，那就表示有些意识状态不是意向的。

　　事实上，胡塞尔本人在《逻辑研究》中指出意向性对研究意识

---

①　参看 Searle, "Intentionality (1)", p. 380; Gallagher & Zahavi, *The Phenomenological Mind*, p. 133。

②　参看 Tye, *Ten Problems of Consciousness*, p. 93。泰米高本人的用语是"表象性的"（representational）而不是"意向的"，但就我的理解，二者在文中意思接近，参看 Crane, "Intentionalism", p. 475。

之重要性之同时，似乎就已经认识到，感受将会是意向性问题的主要战场之一。第五研究中专门有一节讨论"是否有意向的感受？"和"是否有非意向的感受？"两个问题（Hua19:401-410）。胡塞尔当然认为有意向的感受，真正有争议的问题是，究竟有没有非意向的感受。胡塞尔对于后一个问题的回答，并不能简单地以"有"或"没有"来表达，因为他对"感受"这个名词的意义做了一个区分。如果把问题转换成，是否有些一般被称为"感受"的东西是非意向的，那么我们可以说，胡塞尔的回答是肯定的。但我们同时却必须注意，胡塞尔并不是认为，感受有两类之别，一个类别是意向的，另一个类别是非意向的；他所区分的实际上并不是感受之两个类别，而是"感受"一词的两个意义。他认为"感受"一词是有歧义的，在它的一个意义上，它所指的东西都是意向的，在它的另一个意义上，它所指的东西都是非意向的。反过来说，胡塞尔并不是认为，在"感受"一词的同一个意义上，有些感受是意向的，有些感受是非意向的。"感受"一词之两个意义所指的都是一些意识内容，或胡塞尔所谓"体验"。因此我们可以说，它们指两个类别的意识内容，但我们却不能说，它们所指的是同一个意义上的"感受"之两个类别。

为了区分"感受"一词不同的两个含义，胡塞尔把一者称为"感受感觉"（Gefühlsempfindungen），把另一者称为"感受行为"（Gefühlsakte）。顾名思义，胡塞尔把前者称为"感受感觉"，是因为这个意义上的"感受"跟"感觉"有关。更确切来说，他认为"感受"一词有时候被人们用来意指某种类同感觉的东西、某种跟其他所谓"感觉"（例如颜色感觉）性质相同的东西，因此这些所谓"感受"应归于"感觉"这个类别。同样地，从"感受行为"这个名称可以看到，胡塞尔认为这个意义上的"感受"与其他行为（例如观看行为）性质相同，应归于"行为"这个类别。与其他行为一样，感受行为也是意向的。例如，喜欢（Gefallen）和讨厌（Mißfallen）便属于感受行为。跟其他行为例如观看行为一样，喜欢和讨厌都总是朝向某一对象。正如观看总是观看某东西，喜欢也总是喜欢某东西。如胡塞尔所言："喜欢而没有让人喜欢的东西是不可设想的。"（Hua19:404）反过来说，感受感觉则跟其他感觉例如颜色感觉一样都是非意向的。

胡塞尔既非唯一一位也非第一位指出"感受"一词具有歧义，并给予区分的哲学家。事实上，他本人在《逻辑研究》中就指出，"在探讨感受之意向性问题时，布伦塔诺就已经指陈了于此所说及的歧义了"（Hua19:404, 407–408）。也就是说，在胡塞尔之前，布伦塔诺已经指出"感受"之歧义性了。除了布伦塔诺与胡塞尔外，当今的一些英美哲学家也同样认为"感受"一词具有歧义性。肯尼是其中一位。据他对日常语言之分析，"感受"可分别用来意指感觉、情绪和感知。[①] 表面看来，肯尼的分析跟胡塞尔的分析基本吻合，第一义可对应胡塞尔的"感受感觉"，第二义可对应胡塞尔的"感受行为"。

当代的研究者基本上都同意，一般来说情绪是意向的。对于"一切感受都是否具有意向性？"之问题，争论之焦点主要在于感觉。大部分学者都认为，至少有些感觉是非意向的，特别是身体上的感觉（bodily sensations）。例如，肯尼便认为："感觉与情绪之间最重要的差别是，跟感觉不同，情绪本有上是朝向对象的。"[②] 英美学者大多都跟肯尼看法相同，主张身体上的感觉是非意向的[③]，麦坚（Colin

---

① 参看 Kenny, *Action, Emotion and Will*, p. 38。

② Ibid., p. 41.

③ 认为身体上的感觉（例如疼痛）也具有意向性之例子，参看 Bain, "Intentionalism and Pain"。

McGinn）此言可为代表："身体上的感觉不像感知经验，没有一个意向的对象。"①

当麦坚指出身体上的感觉不具意向性的时候，他同时是在否定一切意识经验都是意向的，因为对于他来说，身体上的感觉是一种独立的意识经验。然则，胡塞尔的情况又如何呢？当他区分感受感觉与感受行为，并指出感受感觉跟其他感觉一样都不具有意向性的时候，他是否同时也在宣称，有一些独立的意识经验是不具有意向性的呢？表面看来是如此。但如果确实如此，则胡塞尔又如何能宣言意向性是意识之本有结构呢？

二、胡塞尔所谓"感觉"释义

要澄清胡塞尔的立场，我们首先需要指出，他对"感受"一词所提出的区分，虽然表面看来与别的学者例如肯尼很接近，但实际上中间有着根本的差别。如上所言，肯尼认为"感受"一词可意指三种不同的心理行为：感觉、情绪以及感知，其中感觉不具有意向性。表面看来，他所区分的"感觉"义似乎恰恰相当于胡塞尔所区分的"感受感觉"。这种看法流于表面，因为它只建基于两人用词之相似性上，亦即只建基于"sensation"与"Empfindung"两词一般而言之对等关系上，而未曾考虑两人之个别使用。我们在下面将会指出，胡塞尔对"感觉"一词有其特殊的用法。在此使用中，"感觉"一词不是指一种心理行为，而是指心理行为之构成部分。由于有此特殊用法，胡塞尔所谓"感觉"实际上并不对应于肯尼所谓"感

---

① McGinn, *The Character of Mind*, p. 8.

觉"。对肯尼而言，感觉与感知之差别是两种心理行为之间的差别；对胡塞尔而言，感觉与感知之差别却不是两种心理行为之间的差别，而是心理行为之部分与整体间的差别。

哲学家对一名词之使用，不一定与日常用法相同。"感觉"一词正是一例。赖尔在《心智概念》中便清晰地区别了"感觉"之平常义与术语义：

> 平常我们以这些字词来指一群特别的感知，即，触觉的和动觉的（kinaesthetic）感知、对温度之感知以及指可定位的（localisable）疼痛与不适。在此意义上，看到、听到、尝到和闻到都没有涉及感觉，正如看到没有涉及听到，感受到一股寒气没有涉及尝到任何东西。在其精巧的使用中，"感觉"似乎是一个半生理学、半心理学的术语，其使用联结于某种伪科学的、笛卡尔式的理论。[①]

> 在其熟悉的、非精巧的使用中，"感觉"不是指感知中的某个成分，而是指一种感知。[②]

赖尔所谓"精巧的使用"即其术语义。在其平常使用中，"感觉"专指几种感知，即赖尔所讲的触觉感知、动觉感知、温度感知以及对疼痛和不适之感知。在此用法中，感觉与其他感知例如视觉与味觉之关系乃同类（genus，即同为感知）不同种（species）之平衡关系。因此，正如视觉与听觉是平衡关系，所以视觉中不涉听觉；

---

① Ryle, *The Concept of Mind*, p. 200.

② Ibid., p. 201.

既然视觉与感觉是平衡关系，所以视觉中也不涉感觉。相反，在其精巧义或术语义中，"感觉"却指感知中的某个成分，此时感觉与感知不再是平衡关系，而是部分与整体之关系。既然感觉是感知之某个成分，所以视觉感知、听觉感知乃至一切感知行为都涉及或包含感觉。赖尔的分析虽建立在英语上，但其实亦适用于现代汉语。在五官中，我们通常不会把"感觉"用来单单指视觉、听觉、味觉或嗅觉这些感知行为中的任何一者或其中的某部分，而是仅仅将之用来指触觉；同样地，我们也用"感觉"来指痒或疼痛等身体上的感觉，这时候"感觉"是被用来指整个感受或感知行为（例如感觉脚痛），而不是其中的某一成分的。

当肯尼指出"感受"可指"感觉"时，他所谓"感觉"是以其日常义，亦即赖尔所讲的触觉感知、动觉感知、温度感知以及对疼痛和不适之感知而言的。当胡塞尔指出"感受"可区分为"感受感觉"与"感受行为"时，他却是以术语义来使用"感觉"一词的。其实，从胡塞尔以"感受感觉"与"感受行为"相对中，已经透露出他所谓"感受感觉"不是指一种行为。实际上，胡塞尔对"感觉"之理解类似于赖尔所谓"精巧的使用"。他将感觉看作感知中的"构成部分"，而不是一种独立的心理行为。①

胡塞尔在《逻辑研究》中将意识的"内容"区分为"实质内容"（reeller Inhalt）和"意向内容"（intentionaler Inhalt）两义，而感觉属于实质内容。他在第五研究中对"行为之实质内容"给予如下的界定："其（即行为。——引者注）无论是具体的还是抽象的部分之全部总括，换言之，实质上建构着行为的部分体验之全部总括。"

---

① 参看 Ni, "The Problem of the Phenomenology of Feeling in Husserl and Scheler"。

（Hua19:411）简单来说，实质内容泛指构成心理行为之任何部分。如果感觉属于心理行为之实质内容，那么感觉便属于心理行为之构成部分。因此，胡塞尔所区分的"感受"之两义，即"感受感觉"与"感受行为"，它们之间的关系便是部分与整体之关系。由于肯尼跟随日常义，以感觉指某些感知行为，所以当他指出感觉是非意向的时候，他同时是在宣称有些心理行为是非意向的。但当胡塞尔指出感觉是非意向的时候，他却不是在宣称有些心理行为并不是意向的，而只是表示心理行为中的某些体验内容是非意向的。换言之，跟上面提到的肯尼和麦坚等当代英美哲学家不同，即使胡塞尔断言感觉是非意向的，也不表示他承认有一些心理行为不具有意向性。

胡塞尔把感觉也称为"体验"、"感觉体验"（Empfindungs-erlebnisse）（Hua19:378）。英语一般把"Erlebnis"翻译为"experience"，由此读者很容易产生误解，以为胡塞尔把感觉视为一种心理经验。对此，必须注意的是，胡塞尔不但对"感觉"一词之使用跟日常不一样，他对"体验"一词之使用也跟日常不一样。他在第五研究中清楚地区分了"现象学的与大众的'体验'概念"。依大众的"体验"概念，当我们说"体验某事件"，例如体验一次长江游时，所体验的一般来说都是一连串的外在过程，例如船之移动、风之吹拂等，而"体验"则集成自"感知、评判与其余的行为"（Hua19:361），例如看到、闻到、欣赏等。但在胡塞尔的现象学概念中，一次体验所体验的却不是外在于体验的东西，而是该体验自身和其中所包含的任何部分："在此意义上，自我或意识所体验的恰恰是其体验。在所体验的或所意识的内容与体验自身之间没有任何差别。"（Hua19:362）当胡塞尔把感觉称为"体验"时，他正是在现象学意义上使用"体验"一词的。依此，"所感觉的东西不外就是感觉"

（Hua19:362）。在此意义上，我们可以说体验或感觉到蓝色，却不能说体验或感觉到船在移动。

三、感受感觉

我们在上面指出，对于"是否有非意向的感受？"这个问题，如果将之转换成"是否有些一般被称为'感受'的东西是非意向的？"，那么我们可以说，胡塞尔的回答是肯定的：他指出，"在所谓'感官感受'（sinnliche Gefühle）之宽泛领域中找不到意向的特征"，并以疼痛为例子来说明（Hua19:406）。乍看起来，胡塞尔所谓"感官感受"似乎正相当于一般所谓"身体上的感觉"，因为疼痛一般被视为身体上的感觉。然而，如果我们仔细阅读胡塞尔的论述就不难看出，其实二者并不一样。如上所言，在其日常意义上，"感觉"一词（包括"身体上的感觉"）意指某些心理行为，尤其是赖尔所谓"一群特别的感知"。然而，胡塞尔于此却清楚地表明，跟他所谓"感官感受"在同一层次上的，并不是心理行为，而是"粗糙和光滑、红色和蓝色等感觉内容"（Hua19:406）。既然这些"感觉内容"对胡塞尔而言都是非意向的，那么于此所谓"感官感受"在胡塞尔的意义上当然也是非意向的。它们都不是整体的心理行为，而只是心理行为之某个成分。

但令人困惑的是，胡塞尔随即又指出，每一感官感受，例如烧灼之疼痛，"在一定方式上"，都是"关联于对象性东西的"，"一方面，关联于自我，更确切地说，关联于被烧灼的肉体部位，另一方面，关联于烧灼的客体"（Hua19:406）。我们在上面指出，胡塞尔区分了"感受"之两个意义，即感受感觉与感受行为，前者是非意向的。我们现在亦已断定，他所谓"感官感受"所指的是感受感觉。然而，何以胡塞尔接着又说，每一感官感受"在一定方式上"是关联于对象性东西，亦即是意向的呢？

我们在上面已经证明，胡塞尔将感觉视为心理行为之部分内容。现在我们将要进一步强调，对胡塞尔而言，感觉虽然是心理行为中部分可描述的意识内容，但它同时是不可分割地附属于它作为其中一部分的心理行为的。换句话说，在胡塞尔的意义上，感觉不是一类独立的意识状态，因为感觉总是不可分割地附属于某一心理行为，而心理行为又总是关联于对象。胡塞尔因此可以说，感觉"在一定方式上"是关联于对象的。胡塞尔在第五研究讨论"是否有非意向的感受？"的一节接着说：

> 于此又再显示跟其他感觉之同样性。例如触觉感觉，它恰恰以同样的方式，关联于触摸的肉体部分与被触摸的陌生躯体。尽管这些关联是在意向体验中落实的，但却没有人因此会想到把感觉本身指称为意向体验。实情毋宁是：感觉于此作用为感知行为之展现性（darstellende）内容，或感觉于此经验了一个对象性的"解释"或"立义"（Auffassung）。因此它们本身不是行为，然而行为以它们来建构起来，即当感知的立义这类意向特性占据它们，仿佛赋予了它们活化（Beseelung）之时。（Hua19:404）

这段话大抵已经包含了我们理解胡塞尔所谓"感受感觉"所需把握的全部要点：1. 感受感觉（包括他于此正在讨论的感官感受）跟其他感觉没有两样。2. 感受感觉本身是非意向的。3. 意向关联是在整个意向体验，也就是整个心理行为中落实的。4. 胡塞尔把感受感觉作为一部分而在其中的整个心理行为称为"感知"。5. 感受感觉是整个心理行为之"展示性内容"。6. 感受感觉在整个心理行为中经验了对象性的解释或立义。7. 整个心理行为以感受感觉来建构；换句话说，感受感觉是整个心理行为之构成部分。8. 感受感觉为立义所激活或活化。正如胡塞尔本人在这段文字起首开宗明义地指出的，他于此对感受感觉之论述，跟他在《逻辑研究》别处对其他感觉（例如颜色感觉）之论述，在上述这些重点上完全相同。这一"同样性"也可以在《观念一》的相关段落中得到进一步的证实：

> 在对这白纸之感知体验中，或更准确来说，在对跟纸张之白色性质有关的组成部分之体验中，我们通过适当的目光转向找到白色感觉与料。这白色是某些不可分割地属于具体感知之本有的东西，而且作为实质的具体的构造成分。作为对于纸张之显现的白色之展现性的内容，它是意向性之负载者，但它本身不是对某东西之意识。其他的体验与料（Erlebnisdaten）也是如此，例如所谓"感官感受"。（Hua3:75）

> 官能的（sensuell）快感感觉、疼痛感觉、痒感觉等，还有"冲动"领域中之官能的成分也一样。我们找到相同的具体体验与料，作为更广泛的、整体上是意向的具体体验之组成部分，在那官能的构成成分上有一仿佛"激活的"（beseelend）、给予意义的层面，通过这个层面恰恰具体的意向体验从官能的、自身没有任何意向性的东西中出现。（Hua3:192）

在上面第一段引文中，胡塞尔首先论述的是对对象颜色性质之感知。他把白色感觉称为纸张之白色（对象性质）之"展现性的内容"和"意向性之负载者"，最后则指出感官感受亦如此。跟《逻辑研究》唯一的不同是，于此胡塞尔引入了新的术语。他把颜色感觉称为颜色感觉与料，将之与感觉之另一个类别即感官感受都归入"体验与料"这个高一层的类中。除此以外，这段话中最值得注意的一点是，胡塞尔明白指出，白色感觉与料是"某些不可分割地属于具体感知之本有的东西，而且作为实质的具体的构造成分"。换句话说，包括颜色感觉与感官感受在内之体验与料，在胡塞尔看来并不是独立的意识状态，而是作为不可分割的构成部分而从属于整个心理行为的。在上面的第二段引文中，胡塞尔则列出体验与料之更多例子：官能的快感感觉、痛疼感觉、痒感觉等，还有"冲动"领域中之官能的成分。它们都是"更广泛的、整体上是意向的具体体验之组成部分"，在整个心理行为中得到"激活"。

四、感受行为

在感受感觉与其他体验与料之"同样性"这个基础上，我们可以进一步澄清"感受"在胡塞尔眼中的歧义性，以及衡量胡塞尔关于感受之意向性理论之优点和缺点。在对对象颜色性质之讨论中，胡塞尔一再强调颜色词汇之歧义性。从上面引自《观念一》的第一个段落中可见，胡塞尔把"白色"一词既用在"纸张之白色性质"之上，同时也用在"白色感觉与料"之上。这二者是完全不同的东西：一方面，"白色性质"指有关的心理行为之意向对象即纸张之性质，它所指的东西属于纸张，是纸张之白色；另一方面，"白色感觉与料"所意指的东西则是意识流之一部分而不是意向对象之一部分，所以胡塞尔不但将之称为"实质内容"，也将之称为"内在内容"（Hua19:133, 404）。换句话说，在胡塞尔看来，"白色"一词（其他颜色词汇亦如是）有两种用法，既可用以指内在于意识流之白色感觉，也可用来指超越于意识流之对象性质。当然，这二者并不是无关的。按胡塞尔的说法，二者有一种对应（Entsprechen）之关系，白色感觉在感知行为中经验"客体化的立义"，其结果就是我们看到纸张之白色（Hua19:358-359）。

既然感受感觉与其他体验与料之间具有上述的同样性，那么表达感受感觉的词汇（例如"快感""疼痛"和"痒"）就应该也具有跟表达颜色感觉的词汇一样的歧义性。换言之，在胡塞尔看来，"疼痛"应该同时也被用来表达意向对象之性质。这一看法在第六研究"附录"胡塞尔对牙痛之讨论中得到证实。胡塞尔于此区分了"疼痛"的两个用法：

> 例如在对牙痛之感知中，一个现实的体验被感知到，但这感知常常是有错觉性的：疼痛显现为在健康的牙齿中钻刺。这里显然有错觉之可能性。被感知的对象不是那被体验到的疼痛，而是那超越地被解释的疼痛，即被解释为属于牙齿的疼痛。（Hua19:770-771）

这段话有几点值得我们注意。首先，胡塞尔区分了"疼痛"的两个用法，即被体验到的疼痛和被感知到的疼痛，亦即被解释为属于牙齿的疼痛。对比于对白色纸张之感知，被体验到的疼痛对应于内在的白色感觉与料，属于意识流；而被感知到的疼痛对应于超越的纸张之白色，属于对象之性质，即牙齿作为意向对象之性质。其次，我们再次看到，胡塞尔把疼痛感觉作为一部分而在其中的整个心理行为称为"感知"。换句话说，在胡塞尔看来，对于整个心理行为，我们可将其描述为：我感知到牙疼。相对于我们对外在事物之感知，胡塞尔也将对疼痛之感知称为"内感知"。再次，胡塞尔认为，内感知也可能有误，也有错觉之可能性。事实上，这段引文之脉络是胡塞尔对内感知与相即感知（adäquate Wahrnehmung）之区分。于此我们需要注意，错觉之可能性是就整个心理行为，也就是对牙疼之内感知而言的，其中涉及对象性的立义。胡塞尔所举的例子是：疼痛显现为在健康的牙齿中钻刺。疼痛感觉被解释为属于某颗牙齿之疼痛，但事实上这颗牙齿是健康的，因此这一内感知就只是错觉。必须重申的是，胡塞尔认为感受感觉是整个感知行为之构成部分，是不可分割地属于整个感知行为的。因此，我们不能以为，我们先有对疼痛之感觉，这是一个意识行为；然后我们尝试对之做解释，这是另一个意识行为；最后，我们感知到某颗牙齿疼痛，这是第三个意识行为。这是对胡塞尔的误解。在胡塞尔看来，由始至终只有一个意识行为，就是对牙疼之内感知，疼痛感觉与立义都只是其中的构成部分。

本章开始的时候我们就指出，胡塞尔认为"感受"一词是有歧义的，既指感受感觉，也指感受行为。现在我们可以进一步总结胡塞尔就此所提出的歧义性。以疼痛为例，当我们说"我感受到疼痛"时，胡塞尔认为这句话有歧义，他认为"感受"一词既可用来指感觉，也可以用来指感知行为。换句话说，"我感受到疼痛"既可以指我感觉到疼痛，也可以指我感知到疼痛。先说第一个意义，即我感觉到疼痛。对此，我们必须一再强调，胡塞尔是在术语的意义上使用"感觉"一词的，与日常的意义有别。当我们平常说"我感觉头疼"的时候，我们是在表达一个完整的心理行为。换以胡塞尔的用语，这个心理行为应该被表达为"我感知到头疼"。反过来说，在胡塞尔的用语中，"我感觉到疼痛"则不是表达一个完整的心理行为，而是表达：有一个现实的体验或意识内容在我的意识流中，这个体验就是疼痛感觉，它是整个内感知行为之一个部分。于此有两点我们必须注意。1. 疼痛并不是我们的意向对象。在"我感觉到疼痛"这句话中，"疼痛"一词在文法上处于宾语之位置，因此我们很容易会不假思索就以为，疼痛是"感觉"这个行动之对象。但正如我们在本章中不断强调的，在胡塞尔那里，"感觉"一词不是指一类心理行为。既然"感觉"不是表达一个心理行为，当然也谈不上"疼痛"是这个行为之对象。在胡塞尔那里，"我感觉到疼痛"其实是表达一个意识内容之存在，它表达的是有一个意识内容即疼痛感觉在我的意识流中。2. 胡塞尔似乎认为，这个疼痛体验需要"通过适当的目光转向"才能被我们所发现。在上面所引用《观念一》的第一段话中，胡塞尔很清楚地表示，"在对这白纸之感知体验中……我们通过适当的目光转向找到白色感觉与料"。如果不通过目光转向，则一般来说我们的目光是朝向意向对象即纸张之白色，而不是意识流中的白色感觉的。如前所述，纸张之白色性质与白色感觉是完全不同的东西，前者属于纸张，而后者属于我们的意识流。基于感受感觉与颜色感觉之同样性，则我感觉到疼痛（即有一个疼痛感觉在我的意识流中），也应该是"通过适当的目光转向"才被我们发现的。一般来说，我们的目光是朝向包含这个疼痛感觉之整个内感知行为之意向对象的。我们前面说，疼痛感觉并不是心理行为之意向对象，那么这个意向对象是什么？这涉及"感受"的另一个意义。

胡塞尔认为，"感受"的另一个意义是感知，所以，"我感受到疼痛"，除了指我感觉到疼痛，也可以指我感知到疼痛。如前所述，胡塞尔把所有包含感受感觉之完整心理行为都称为"感知"。换言之，不但一般所谓"身体上的感觉"（例如疼痛感受）被他称为"感知"，对情绪之意识（例如快乐感受）也被他称为"感知"。因此，肯尼从"感受"一词之日常意义中所区分出来的三类心理行为，从胡塞尔的区分来看就只是指出了"感受"一词在同一个意义上（即感受行为）之三个类别，而不是"感受"之三个不同意义。一般所谓"我感觉头疼"，在胡塞尔的区分下应该被表达为"我感知到头疼"；而一般所谓"我感到高兴"，在胡塞尔的区分下应该被表达为"我感知到高兴"。当然，胡塞尔也容许我们把后者表达为"我感（受）到高兴"，但这样说却有歧义，因为"感受"也可指感觉，而感觉并不是心理行为。在胡塞尔的意向性理论中，一切心理行为都是意向的。感知是心理行为之一类，因此一切感知都是意向的。不但对外在事物之感知是意向的，内感知也是意向的。就后者而言，不但对情绪之感知是意向的，对身体上的疼痛之感知也是意向的。胡塞尔在第五研究第15节之论述，目的其实就是要说明，一切感受行为都是意向的。对于"一般所谓'身体上的感觉'是不是意向的？"这个问题，现在我们可以断定，胡塞尔的回答无疑是肯定的。胡塞尔认为感觉是非意向的，其实只是认为，一般所谓"身体上的感觉"这一心理行为其中某部分意识内容是非意向的。

"一般所谓'身体上的感觉'是不是意向的？"这个问题之所以特别富有争议，是因为这类心理行为似乎没有明显的意向对象。在胡塞尔看来，这类心理行为不但有其意向对象，而且还常常有不止一个意向对象。再以"疼痛"为例。我们在上面其实已经指出胡塞尔如何描述有关"烧灼之疼痛"的意向对象。他说:"一方面,关联于自我,更确切地说,关联于被烧灼的肉体部位,另一方面,关联于烧灼的客体。"换句话说,对于这个感知烧灼之疼痛之例子,胡塞尔认为涉及两个意向对象,一方面是我们自己被烧灼的肉体部位,另一方面是那个烧灼我们肉体部位的东西。例如,我们被点燃的火柴烧到了手指,前者就是我们被烧到的手指,后者就是点燃的火柴。诚然,很多时候引起我们疼痛感受之客体都是没有被感知到的。但在胡塞尔看来,即使是在这些情况下,对疼痛之感知仍然是意向的,因为疼痛感觉还是"被定位"(lokalisiert)于我们的肉体或我们的肉体之某个部位,被解释为属于我们的肉体或肉体某部分之性质。上面提到的第六研究"附录"中关于"牙疼"的例子,就属于这种情况。如上所言,胡塞尔在这里区分了"被体验到的疼痛"(即疼痛感觉)与"被感知的对象"。被感知的对象即是整个心理行为之意向对象,在这个例子中就是"被解释为属于牙齿的疼痛"。疼痛感觉与牙齿之疼痛是完全不同的东西,疼痛感觉是意识流之一部分,而牙齿之疼痛则是牙齿之性质;疼痛感觉不是意向对象,牙齿之疼痛才是。虽然牙齿是我们的肉体之一部分,但在胡塞尔看来,跟纸张之白色一样,牙齿之性质也是超越的意向对象,毕竟牙齿并不在我们的意识流之内。

五、结　语

最后,我们将尝试讨论胡塞尔关于感受之意向性理论之优点和缺点。胡塞尔的"实质内容"概念牵涉很多理论困难,感受感觉作为实质内容之一类,也面对同样的困难。就外感知而言,胡塞尔的意向性理论所面对的最大困难之一是一般所谓"经验之透明性"[①]，即，在对外在事物之感知中，一切的意识内容都只能归属于意向对象，没有余下任何的部分可以归属于意识流本身。换另一个说法，无论我们对经验内容如何反省、如何从事"适当的目光转向"，我们都无法找到胡塞尔称为"感觉"的东西。[②]例如，当我看一张白色的纸时，我看到的所有白色都只能归属于纸张，没有余下任何可以称为"白色"的东西能归属于我们的意识流本身。基于感受感觉与颜色感觉之同样性，就感受行为而言，胡塞尔的理论亦面对同样的困难。例如，当我感到脚痛时，我所有的疼痛感觉都只能归属于我的脚，没有余下任何可以称为"疼痛"的东西能归属于意识流本身。毕竟，痛的是我的脚，而不是我的意识，因此我们才说"我感到脚痛"，而不会说"我感到意识痛"。当然，我们也会说"我感到头痛"，但头痛并不等于意识痛。脚和头都是我的肉体之部位，但在胡塞尔看来，它们只属于经验自我，而不是意识流之一部分。然而，我们在什么意义上能说，疼痛感觉是内在于意识流的？我感受到疼痛，并不表示疼痛在我的意识之内，正如我看到白纸，并不表示白纸在我的意识之内。

此外，胡塞尔认为，意向的意识内容与非意向的意识内容之区分是"明见的"（Hua19:397, 404），但从日常生活的角度来看却显然并非如此。否则，胡塞尔或抱持"感觉与料"理论的学者就不用以偏离日常用法的意义来使用"感觉"一词，以意指他们理论中

[①] 有学者即曾尝试论证，胡塞尔会否定经验之透明性。参看 Shim, "Representationalism and Husserlian Phenomenology"。

[②] 参看 Tye, *Ten Problems of Consciousness*, pp. 135–136; Gallagher & Zahavi, *The Phenomenological Mind*, p. 134。

的非意向内容。正如赖尔所指出的，我们没有关于纯粹感觉或他所谓"整洁感觉"（neat sensations）之词汇。一方面，我们对感受之描述一般来说通常都已经是"被定位的"[①]，例如头痛、手痒、肚饿、口干。以胡塞尔的术语来说，我们只有关于已经被定位的内感知对象之表达，却没有纯粹关于感受感觉之表达。另一方面，我们很多时候都通过外在事物或事件来描述我们的感受，例如"头痛欲裂""心如刀割"。赖尔对此这样论说："我们并不使用一种'整洁的'感觉词汇。我们通过指涉对于任何正常人而言寻常对象一般看来如何、听来如何和貌似如何，来描述特定的感觉。"[②]

不过，胡塞尔关于感受之意向性理论也有其可取之处。在赖尔看来，当我们描述感受时，我们往往都不是在单纯描述感受，而是在给予诊断（diagnosis）："无论我们是在把感觉连接上一个生理状况，抑或把感受连接上一个情绪状况，我们都在应用一种因果假设。疼痛不是已经贴上'风湿的'印记而到来……"[③]赖尔在这里的论述有堕入他所反对的"感觉与料"理论之嫌，仿佛我们先有单纯的疼痛感觉，然后再为此提出一个诊断或因果假设，以把它连接上一个生理状况，仿佛接收感觉材料与将之定位是两个不同的意识状态。例如，先有某种对疼痛之意识，然后再做判断，提出假设性的诊断，对自己宣布这是头疼。如上所言，在胡塞尔看来，从头到尾只有一个心理行为，即我感知到头疼。疼痛感觉是这个行为之一个部分，而不是另一个心理行为之对象；而且，即使在意识流之中确实如胡塞尔所言存在着疼痛感觉这样的东西，它也是要通过适当的目光转向

---

① 参看 Kenny, *Action, Emotion and Will*, pp. 39–40。
② Ryle, *The Concept of Mind*, p. 203.
③ Ibid., p. 105.

才能为我们所发见的。"幻肢（phantom limb）疼痛"之现象，似乎可以驳倒假设性诊断之理论。如果我们先有疼痛感觉，然后再提出假设，怎么会有脑筋正常的人把疼痛定位在不存在的肢体之上？实情毋宁是，患者当下就感到幻肢疼痛，当中没有涉及可以称为"提出诊断或假设"之意识状态。换句话说，在患者感到疼痛之同时，该疼痛就已经被定位于实际上根本不存在的肢体之上，以至于患者明知该肢体已经不存在，他还是感到疼痛属于该肢体。疼痛在该肢体上是整个对疼痛之感知行为之部分内容，而不是通过另一个心理行为（提出假设）再加上去的东西。

　　神经科学的研究不但支持疼痛感受已经是被定位的看法，而且显示疼痛感受很多时候已经是"被定性的"。我们的大脑皮层上有一块叫作"身体感觉皮层"（somatosensory cortex），里面的区域对应我们身体的各个部位，就像一幅身体的地图。当神经讯号被转送到这块皮层上的某一个区域，我们就会感受到相应的身体部位在疼痛。"幻肢疼痛"之现象可以借助这个机制得到说明。[1]身体上的疼痛感受源自我们身体上的伤害接收器（nociceptor）受到刺激，某些伤害接收器已经决定了疼痛感受之性质。例如，其中有一种叫作"多模态伤害接收器"（polymodal nociceptor），只要这种接收器受到刺激，无论是由于高温、低温，又或者是由于化学物质，我们都会感受到烧灼的疼痛。[2]这说明了，为什么我们吃辣椒的时候嘴里会有火烧的感受，即使实际上没有东西在烧我们的嘴，这是因为辣椒中有一种成分会刺激多模态伤害接收器。[3]可能没有疼痛是已经贴上"风湿的"

---

[1]　参看 Ramachandran, *A Brief Tour of Human Consciousness*。

[2]　参看 Cervero, *Understanding Pain*, p. 43。

[3]　参看 ibid., p. 45。

印记而来的，但有些疼痛却似乎是已经贴上"火烧的"印记而来的。

但既然胡塞尔认为，意向性是心理行为包括感受行为之本有结构，为什么他仍然要保留感觉这种非意向性的意识内容呢？在我看来，胡塞尔大概跟抱持"感觉与料"理论之学者一样，都寻求在我们的意识内容中找到感知之认识论基础或"泉源"（Quelle）。我们的感知是可能有错误的，如果感知就是我们的经验知识之最终根源，那么我们的经验知识就似乎没有不可怀疑的基础了。"感觉与料"之提出，就是为了提供这样的基础。在"感觉与料"理论看来，"感官永不说谎，感官给予我们的直接讯息永不出错。错误仅仅出现在我们对直接的感觉与料之解释之上"①。对胡塞尔而言，感觉也提供了同样的基础。我们在上面已经指出，胡塞尔把感觉看作内在内容，将之看作属于意识流之内的东西。他认为，对这样的东西之感知是不可怀疑的，它提供一个"绝对的领域"，在其中"冲突、虚妄、别异没有位置"（Hua3:98）。但也许，在我们的意识内容中根本就没有这样的东西，有的只是种种不同的解释——对世间事物之解释、对我们自己之解释。甚至对我们而言，最简单的感觉也已经是解释。

---

① Musgrave, *Common Sense, Science and Scepticism*, pp. 87–88.

第十章　逻辑与格知

——《逻辑研究》中的"科学"概念与纯粹逻辑学

　　现象学往往给人一个印象，似乎它是完全无视科学研究，甚至违背科学的。造成这一印象的一个主要原因在于，从胡塞尔开始，很多现象学家都反对自然主义[1]，而科学一般又被单纯理解为自然科学，尤其是在英语世界。但从胡塞尔的《逻辑研究》，特别是此书的第1卷《纯粹逻辑学序论》（*Prolegomena zur reinen Logik*）中，我们就可以看到，现象学其实开始于对"科学之本有"（Hua18:30）和"科学之可能条件"（Hua18:238）之追问，只不过胡塞尔对科学之理解与现在一般人对科学之理解并不一样。现在一般人谈到科学，首先想到的是实验。但胡塞尔却不这样想，他的"科学"概念来自欧洲之古老传统。对于胡塞尔而言，科学之本有不在于实验，而在于论证。我们不要忘记，胡塞尔原来是一个数学家。对于他而言，欧几里得之几何学系统无疑是科学最早之典范。

　　由于胡塞尔将论证视为科学之本有，因此对他来说，逻辑学跟科学就具有十分密切的关系，科学之可能性奠基于逻辑学之可能性。逻辑学是研究论证形式之学问，如果没有普遍有效的论证形式，就不可能有逻辑学。而如果论证构成科学之本有，要是没有普遍有

---

[1]　参看Husserl, "Philosophie als strenge Wissenschaft", in Hua 25, pp. 3–62; Gallagher & Zahavi, *The Phenomenological Mind*, p. 4。

效的论证形式，也同样不可能有科学，或至少没有普遍有效的科学方法。因此，胡塞尔把研究对象为论证的逻辑学理解为"科学论"（Wissenschaftslehre）。而在胡塞尔的想法中，现象学就是逻辑学之基础，它"提供知识批判地理解纯粹逻辑学所要求的'明白性与清晰性'"（Hua19:7）。本章的目的就在于指出胡塞尔思想中科学与逻辑学这种不可分割的关系，以显示"科学"概念在现象学起源中的中心地位。

一、"认知"概念

胡塞尔对"科学"概念之限定，从"认知"（Wissen）一词开始。他说："正如其名字所言，科学指向认知。"（Hua18:27）这句话的意思是，单单从"科学"与"认知"两字词之字型，我们便足以看到二者有关。从德语原文来看，两词（"Wissenschaft"与"Wissen"）之字面关联是很清楚的，前者显然由后者构筑而成。在英语翻译中，两词"science"与"knowing"之关联虽然不像在德语原文里那样能直接一眼看出，但如果读者认识"science"之词源，知晓其来自拉丁语名词"scientia"，此名词出于动词"scire"（其意义恰恰相应于英语的"to know"），则读者至少仍可间接地把握到两词之字面关联。

在汉语中又如何呢？我们是否也能直接或间接地从字面上看出"科学"跟"认知"有关呢？我相信回答应该是否定的，问题出在"科学"这个惯常译法上。众所周知，汉语中原来是没有"科学"一词的，它是近代为了翻译西方语言中的"science"或"Wissenschaft"等词而制作出来的。但作为译名，"科学"一词却其实连译名最基本的职能亦未堪肩负，即未能传达"science"或"Wissenschaft"之基本词义。如上所言，"Wissenschaft"构筑自"Wissen"，"science"出自"scire"，二者皆从表达"认知"之动词而来，其基本意义笼统来说便是求知之成就或成果。"科学"的字面义为"分科学问"，一方面未能显出"认知"之义，另一方面则加进了原文所没有的"分科"之义。由于有此两个缺陷，我曾提出以"格知"取代"科学"来翻译"Wissenschaft"和"science"。[①]此词一方面既可被理解为演化自《大学》"致知在格物"一语，另一方面亦可被理解为"严格知识"之浓缩表达。依此，上引胡塞尔的话可翻译为："正如其名字所言，格知指向认知。"如此，胡塞尔所欲指出的字面关联便能在汉语翻译中清楚显示。我们在下面将采用这个译名。

从胡塞尔接下来的句子中我们可以看到，他所谓"认知"是指"认知行为"（Wissensakt），也就是我们的一种心理行为。不过，格知与认知行为有关，却也不等同于认知行为。胡塞尔在下文中说："格知只有在它的文献中才具有客观的持住（objektiven Bestand）。"（Hua18:27）求知者把他们的研究之成果写成文献，以此方式，格知可以"绵延超过个人、世代以及国族"（Hua18:28）。通过阅读文献，后来者再次把格知转化为个人的认知行为。因此可以说，格知产生于个人之认知行为，最后又再次过渡到个人之认知行为。在这个意义上，胡塞尔说，"格知指向认知"或"格知以认知为目的"（Hua18:28）。

胡塞尔认为，在严格的意义上，认知是伴有明见性（Evidenz）之正确判断，这时候我们"拥有真相（Wahrheit）"（Hua18:28）。判断是对某一事态（Sachverhalt）之设定或否定（设定或否定 S 是 P），

---

① 参看梁家荣:《本源与意义》，第125页。

正确判断就是"符合真相的"设定或否定（Hua18:28）。但认知并不能单单以正确的判断来界定；换句话说，不能单单因为我们对某一事态具有符合真相的判断，就可以说我们认知某事。这是因为，我们的判断可能只是碰巧符合真相，它可能只是出于猜测或是"没有根据的意想"（Hua18:29），这时候我们只是猜到，而不是认知到。胡塞尔用"明见性"这个概念来区分认知与碰巧猜到。他说："明见性是正确性最完满的标志，我们可以将之视为对真相本身之直接觉察（Innewerden）。"（Hua18:29）但严格而言，明见性不仅仅是正确性之标志，否则它就不足以区分认知与猜到，因为后者也是正确的，即也是符合真相的。二者的差别在于，认知是正确的判断，并且伴有明见性，而猜到也是正确的判断，但没有明见性。所以，明见性应该是使认知成为认知而有别于猜到的东西。明见性应该是认知之根据。胡塞尔这样说："在最终根据上，任何真正的认识（Erkenntnis），尤其是任何格知的认识都建立在明见性上，明见性伸展多远，认知概念也伸展多远。"（Hua18:29）

但何谓"明见性"呢？胡塞尔于此将之描述为"充满光亮的确定性"（lichtvolle Gewißheit）（Hua18:28），以"确定性"来限定"明见性"。在《纯粹逻辑学序论》的较后部分，胡塞尔则说：

> 当我们现在落实一个认识行为，或以我更喜欢的方式来表达，我们活在一个认识行为中，那么我们就"专注于对象性东西（dem Gegenständlichen）"，它恰恰以认识的方式被这个行为所意指和设定；而如果它是最严格意义上的认识，也就是说，我们伴有明见性来判断，那么对象性东西就是本原地（originär）

被给予的。此时，事态并非单纯意想地（bloß vermeintlich）站在我们眼前，而是现实地在我们眼前，而于此对象本身作为它所是有，也就是说，恰恰如此无异于它在此认识中所意指般：作为这些特性之负载者，作为这些关系之一环节，等等。（Hua18:232）

于此，"伴有明见性"（mit Evidenz）似乎意谓对象"本原地被给予"。胡塞尔所谓"本原地被给予"，亦即在直观中被给予。这一对明见性之限定，可在《逻辑研究》第2卷中得到印证。例如，在第一研究中，胡塞尔便说："判断之一切明见性都预设了在直观上被充实的含义。"（Hua19:77）

总的来说，胡塞尔对认知之看法，大致与传统的看法相同。传统上将知识界定为"有理据的真实信念"（justified true belief）。"真实信念"相当于胡塞尔所谓"正确判断"，而"有理据的"这一限定则是为了排除单纯出于猜测的真实信念，其作用大致相当于胡塞尔所谓"明见性"。但当胡塞尔将明见性描述为"充满光亮的确定性"的时候，他似乎混淆了确定性与根据。一个人对于他的判断没有感到足够的确定性，并不就表示他的判断没有根据。经典的例子是缺乏信心的学生[①]，他知道某个问题的答案，而且也可以举出证据，但在老师面前却没有自信，对自己的答案不是很确定。假设他的答案是正确的，而且是有根据的，他可以说出理由，只不过胆怯地说，难道我们就会说他没有知识吗？有根据与没有确定性似乎是可以并存的。反过来说，个人的确定性似乎并不能被拿来做理据。

---

① 参看Dancy, *Introduction to Contemporary Epistemology*, p. 24。

二、"格知"概念

胡塞尔认为，格知在文献中才具有客观持住，但他却不认为，把任何我们所知之事写下来都是格知。他说：

> 但现在属于"格知"概念和其任务的，不仅是单纯认知。……显然所要求的东西更多，即理论意义上的系统联结，其中包括对知识之论证，以及论证前后之衔接和排序。（Hua18:30）

格知不是零零碎碎的知识之集合。格知由知识所组成，但不是把一句又一句表达知识的陈述拼凑在一起便已是格知。[①]格知作为知识之组合，与随意拼合在一起的知识集合之不同，在于组成一门格知的知识之间具有某种特定的关系或结构。这一关系使得一门格知具有统一性，让它成为一个系统。组成一门格知的不同命题之间的特定关系，就是"论证"（Begründung）。胡塞尔说："因此，论证联结之统一性属于格知之本有，在其中论证本身连同个别的知识，这些论证连同我们称为理论的更高论证复合，都获得系统的统一性。"（Hua18:30）换句话说，论证联结之统一性，亦即其系统性，就是格知之标志，是让格知成为格知之特征。

胡塞尔相信，格知之系统性不是我们凭空杜撰的，而是实事本身所要求的。"真理之国土不是无序的混沌，它由法则之统一性所主宰。"（Hua18:31）客观的事态原来就具有系统的统一性，我们只是发现它，并在认知中将它反映（widerspiegeln）出来（Hua18:31）。

---

① Hua 18: 233: "Denn nicht jede Zusammenfügung von Wahrheiten zu einem Wahrheitsversbande, die ja auch eine ganz äußerliche bleiben könnte, macht eine Wissenschaft."

格知之系统联结反映客观的联结，而客观的联结又可以细分为两方面来说："实事之联结"与"真理之联结"（Hua18:230-231）。实事之联结就是有关个别事物之联结，而真理之联结是有关事态之联结。胡塞尔认为二者是不可分割的，它们都是在认知行为中被给予我们的，只有通过抽象，我们才可以区分二者。胡塞尔对这个区分之论述不是很清楚。他的意思似乎是，当我们在认知行为中，对象以本原的方式被给予我们，这时认知行为之对象是个别的事物，真理"被个别化"（vereinzelt）（Hua18:232）于其中；然后，我们对这个个别的东西进行"理念的抽象"（ideirende Abstraktion）（Hua18:232），这时理念性的真理本身就取代个别事物而成为我们的认识行为之对象。个别事物是具体的、实在的，而真理则是抽象的、理念性的。以传统的哲学术语来说，真理是共相（universals），而个别事物是殊相（particulars）。一个真理可以体现于、个体化于众多的个别事态之中，这时个别事态就是观念性的真理之实例。

我们在上面指出，明见性是格知之最终根据，但事实上，只有对于"一组相对来说极其有限的原始事态"（Hua18:31），我们才具有明见性。对于其他为数众多的真理，我们只有通过论证才能发现。也就是说，我们从某些已掌握的知识出发，然后通过特定的程序，来达致未被发现的真理。"有无限众多的真理，没有此类方法上的程序，就永不可能转化为知识。"（Hua18:32）所以，论证程序对于格知来说是非常重要的。

胡塞尔将格知知识限定为"出于根据的知识"（Erkenntnis aus dem Grunde）。换句话说，对某东西具有格知知识，就是知道它的根据。胡塞尔说："认识到某东西之根据，即意谓洞察到它的状态之必然性。"（Hua18:233）某事态之根据就是它的充分条件，如果A是B

之充分条件，那么只要有A，就必然也有B。①传统上一般以"法则"（Gesetzt）概念来表达这种必然性。所以胡塞尔认为，认识到某事态之根据，即相当于洞察到它是"法则性的"（Hua18:233）。说B是法则性的，就是说它的出现有其根据，有其必然性。在此情况下，关于它的真理就是必然的真理。

胡塞尔认为真理有两种，一种是个别真理（individuelle Wahrheit），另一种是一般真理（generelle Wahrheit）（Hua18:234）。个别真理关于"个别个体之现实存在"，对之做"出于根据的说明"——格知说明——就是显示它在特定先决情况下的必然性。一般真理不涉及现实存在，对于一般真理要诉诸"一般法则"，并通过"演绎的过程"来论证。这样的论证过程最后必然会推演到"不可再被理证的法则"，即本身不能再从更一般的法则演绎出来的法则。这种法则被胡塞尔叫作"基本法则"（Grundgesetze）（Hua18:234）。一个系统上完满的理论，它的统一性就是由基本法则和从它们演绎出来的一般法则所组成的法则集合之统一性。以现在的术语来说，胡塞尔所谓"系统上完满的理论"，就是一个公理系统，基本法则就是其公理，它的最早典范无疑就是欧几里得的几何学系统。②

如上所言，胡塞尔将格知限定为"出于根据的认识"。换句话说，格知是由说明或论证所构成的。胡塞尔认为，一切说明都要诉诸理论，而理论之核心就是它的基本法则。基于其说明之功能，胡塞尔又将之称为"说明元理"（Eklärungsprinzipien）（Hua18:236）。

---

① 需要注意的是，胡塞尔区分了"根据"与"前提"。他说："一切根据都是前提，但不是一切前提都是根据。"（Hua18:235）二者的分别似乎在于，前提与结论只有实质蕴含之关系，而根据与出于根据的东西则还具有因果关系。

② 参看Smith, *Husserl*, pp. 48–49。

如果一个理论之一切说明元理具有统一性，那么这个理论就具有系统的统一性。如果一门格知是完全由这样的理论所限定的，那么这门格知就具有本质上的统一性。胡塞尔用了几个不同的名称来称呼这样的格知：抽象格知（他认为不太合适）、理论格知（不是在一般跟实践格知和规范格知相对的意义上，而是在其理论具有统一性之意义上）、法理格知（nomologische Wissenschaften，因为统一它的就是基本法则）、说明的格知（Hua18:236）。

胡塞尔突出真理之理念性，以及强调"理念的抽象"在格知中的作用，似乎与一般人对格知之印象很不一样，难免让人以为他纯粹是纸上谈兵。但其实，现在的自然科学家在探讨格知方法之时，也往往会用到"本质"和"抽象"这些概念。例如，牛津大学的化学教授厄金斯（Peter Atkins）在他的科普作品《伽利略的手指》（*Galileo's Finger*）中，对格知方法之说明就跟胡塞尔的很相似。厄金斯说：

> 我们已经开始看到，格知透过抱持越来越大的抽象来阐明。现在的脉络也如是。当我们把钢铁抽掉而剩下蒸汽机之抽象，我们就获得一切变化来源之表象。也就是说，要是我们直观（look at）一个蒸汽机之本质、它抽象的热，以及忽略它的实现（realization）之细节……我们就找到一个覆盖一切事态范围的概念。格知就是这样的：格知从现实中过滤出它的本质、它的宏大理念（ideas），然后在自然之其他地方找出相同的幽灵。①

---

① Atkins, *Galileo's Finger*, p. 110.

三、逻辑学作为格知论

胡塞尔将逻辑学视为"格知论"（Wissenschaftslehre）。我们在上面已经指出，胡塞尔认为，论证联结之统一性构成了格知之本质。胡塞尔进而指出，论证具有三个特点，这些特点使得作为格知论的逻辑学成为可能：

1. 论证具有"固定架构之特征"（Hua18:32）。这意味着，在一切具体论证中，论据（已知的东西）和结论（要被论证的东西）之间都具有某种固定的、不能随意更动的关系或结构。不是一切已知者都可以拿来论证其他东西，而论证过程也有一定的步骤，这些步骤不是可以任意改变的。

2. 在不同的具体论证之间具有"某种共同性"（Hua18:33）。具体的论证在内容上可以千变万化，无穷无尽。但如果撇开内容上的不同，我们却可以发现，不同的个别论证都具有相同的"论证形式"（Begründungsformen），具体论证之数量可以是无限的，但论证形式之数量却是有限的。这些数量有限的论证形式是具有法则性的。也就是说，如果一个论证具有这样的论证形式（只要它的前提是正确的），那么它的结论也必然是正确的，无论这个论证之内容是什么。

3. 论证形式之有效性是跨越不同种类的格知的。也就是说，有限数量的论证形式具有普遍有效性，无论在什么种类的格知中都是有效的。这些论证形式"与一个具体规限的知识领域没有任何本质的关系"（Hua18:34）。

基于论证所具有的以上特点，就有可能有一门格知论。按照胡塞尔的想法，这个学科所探讨的并不是现实上被称为"格知"的知识是什么，它所研究的是"格知之理念"。他说：

> 逻辑学将要研究，什么是属于真实的、有效的格知本身的，换句话说，什么构成格知之理念。以此我们就可以衡量，经验上已有的格知是否符合它的理念，或者它在多大程度上接近它的理念，在哪里违背它的理念。（Hua18:41）

格知是人类心灵为了某个特定目标而创造的，这个特定的目标构成了格知之理念。逻辑学包含建立那些一般命题，它们指出具有哪些特点的联结或步骤是符合格知之理念或最终目标的。从这个角度来看，逻辑学就是一门"规范的格知"（normative Wissenschaft），因为它厘定了格知之"基本尺度"（Grundmaß）（Hua18:41），并以此尺度衡量现实上哪些宣称为格知的学问可以称得上是真正的格知。

胡塞尔在《纯粹逻辑学序论》一开始就指出，当时对于逻辑学之争论其中一个主要问题是："逻辑学是一门理论学问还是一门实践学问（一门'技术论'）？"（Hua18:23）胡塞尔本人认为，作为一门规范的格知，逻辑学自然会扩展为技术论（Hua18:42），探讨实际上有哪些可行的方法可以让我们符合格知之规范，有哪些技巧可以方便我们着手研究，以及如何避免非常容易触犯的错误，等等。例如，笛卡尔有名的《谈谈方法》（*Discours de la méthode*）就可以被看作一部技术论作品。逻辑学包括技术论是不成问题的。但胡塞尔认为，关于逻辑学之性质更重要的问题其实是："把逻辑学界定为技术论是否切合它的本质特征？"（Hua18:46）对于这个问题，胡塞尔是持否定意见的。

首先，胡塞尔认为，所有规范的格知都以理论的格知为基础。他说："任何规范的学问，以及任何实践的学问，都基于一门或多门理论的学问，因为它的规则必须具有可以与规范化（应然）之思想分开的理论内容，对这些理论内容之格知研究是由那些理论学问所负责的。"（Hua18:53）按照胡塞尔的区分，规范的学问所探讨的是"应当有什么"（was sein soll），而理论的学问所探讨的是"有什么"（was ist）（Hua18:53）。对"应当有什么"之探讨涉及"好"的性质；因为说"一个战士应该勇敢"，就相当于说"只有勇敢的战士是好的战士"。因此，我们必须具有对"好的战士"之某个概念，才能做关于"应然"之判断。胡塞尔认为，我们由此可以看到，应然判断都包含可以与规范内容分开的理论命题。他说：

> 任何形式为"一个A应当是B"之规范命题，都包含这样的理论命题："只有一个A，它是B，才具有属性C。"在其中，我们以C来显示"好的"这个给出尺度的谓词之建构性内容。这个新的命题是一个纯粹理论的命题，它不再具有任何规范化之思想。（Hua18:60）

胡塞尔的分析并不是很详细，但单从他以上的形式化表达看来，他似乎还没有充分证明规范命题总是包括一个纯粹理论的命题。以胡塞尔本人的例子来说明，"一个战士应该是勇敢的"这个规范命题包括这样的理论命题："只有一个战士，他是勇敢的，才具有'好的战士'这个属性。"但如果这样一个命题具有"好的"或其他"给出尺度的谓词"，那么这个命题是否可以称为一个"纯粹理论的命题"，却仍然是有问题的。

无论如何，胡塞尔认为，作为规范学问的逻辑学要以理论学问为基础，这是没有疑问的。余下的问题只是，它的理论基础是什么样的学问。当时流行的看法是，逻辑学之理论基础是心理学，这一想法称为"心理主义"（Psychologismus），其代表人物是英国著名逻辑学家密尔。胡塞尔的《纯粹逻辑学序论》就是以打击心理主义为目标的，这是此书之中心部分。我们于此不能详细讨论胡塞尔的批评。简单来说，胡塞尔严格区分了进行逻辑演绎的心理行为以及此类心理行为所指向的逻辑对象。胡塞尔拿算术运算来做类比。算术运算无疑是心理行为，但这并不表示心理学是算术之理论基础。算术所研究的是数字，而不是运算这种心理行为。作为运算对象的数字和运算这种心理行为，是完全不同的东西。胡塞尔说：

> 5这个数字不是我或其他某个人对5之运算，它也不是我或其他某个人对5之表象。从后一角度来看，它是表象行为之可能对象；从前一角度来看，它是一个形式之理念种（ideal Spezies），这个形式在特定的运算行为中，在对象方面、被建构的集合方面，得到具体的个别实例。在任何情况下，不把它掌握为心理体验之部分或面向，从而不把它掌握为一个实在的东西，都是没有矛盾的。（Hua18:174）

胡塞尔所谓"理念种"，可以借助传统的"共相"概念来理解。"理念种"是相对于"具体的个别实例"而言的，前者相当于共相，而后者则相当于殊相。当我们看到5个人的时候，这时候的这5个具体的人作为一个集合是我的感知行为之对象。就以它是一个有5个人的集合而言，它是5这个数字的一个"具体的个别实例"。但5这个数字本身却不等同于这个有5个人的集合。5这个数字可以有很多不同的具体个别实例，例如5个人、5个苹果、5头牛，但5这个数字却只有一个。无论我们看到5个人、5个苹果还是5头牛，只要我们将它们作为一个具体集合进行"理念的抽象",那么5这个数字就成为我们的心理行为之对象,所以胡塞尔说"它是表象行为之可能对象"。5这个数字本身并不是具体的东西,胡塞尔将它称为"形式种"（Formspezies）（Hua18:174）,它是理念性的,而不是实在的。胡塞尔相信,形式种是完全独立于它的具体个别实例的。算术所研究的是理念性的形式种,而不是具体的心理行为。算术命题"5+2=7"所陈述的,是5、2、7这些数字本身之关系,而不是特定具体对象之性质。胡塞尔认为,逻辑学跟数学一样,研究的是形式种。逻辑学所研究的是逻辑对象本身,而不是逻辑演绎行为,理念性的逻辑对象跟实在的演绎行为是完全不同的东西,所以心理学不能作为逻辑学之理论基础。逻辑学应该有其本身独立于任何经验学问（探讨实在界之学问）之理论基础。胡塞尔将这一理论基础叫作"纯粹逻辑学",以别于也包括在逻辑学之内的技术论。

《纯粹逻辑学序论》最后一章题为"纯粹逻辑学之理念",这是胡塞尔对纯粹逻辑学这门理论学问之规划,其中他提出了纯粹逻辑学之三大任务。如上所言,胡塞尔认为格知之本有是论证,所以论证之可能条件就是格知之可能条件。因此,作为格知论的逻辑学,它的第一个任务就是"固定纯粹的含义范畴、纯粹的对象范畴,以及它们法则性的复合"（Hua18:244）。简而言之,它的第一个任务就是厘定构成论证之基本概念,这些基本概念被胡塞尔称为"范畴"。胡塞尔把范畴又分为两类,一类涉及"含义",另一类涉及"对象",大致相当于现在逻辑学术语所谓"内涵"和"外延"。属于"含义"方面的范畴,胡塞尔列举了概念、命题、真理以及基本的衔接形式,包括连言的（konjunktiv）、析言的（disjunktiv）以及假言的（hyposthetisch）衔接形式,也就是现在所谓的"逻辑连词"。属于

"对象"方面的范畴,胡塞尔列举了对象、事态、单一、众多、数字、关系、衔接等(Hua18:245)。他并且指出,对于所有这些基本概念,我们都要探索其"本源",但不是心理学意义上的,而是"现象学的本源"(Hua18:246)。

纯粹逻辑学之第二大任务是研究"以这些范畴为根据的法则和理论"。在"含义"方面,它探索"推理理论",也就是一般所谓"论证形式"。而在"对象"方面,它包括基于"众多"概念之"纯粹的众多性学说",以及基于"数字"概念之"纯粹的数字学说"等(Hua18:247)。之所以称之为"纯粹的",是因为这些理论涉及的不是特定的具体对象,而是一切可能的对象。

纯粹逻辑学之第三大任务是"可能的理论形式之理论,或纯粹的流形论(Mannigfaltigkeitslehre)"。我们在上面指出,对胡塞尔而言,一个系统上完满的理论就是一个公理系统,它由公理和从公理演绎出来的一般法则所构成。胡塞尔似乎认为,只有一定数量的理论形式是可能的。这些可能的理论形式之理念性的对象,胡塞尔称之为"可能的知识领域"或者"流形",后者是一个从数学而来的概念(Hua18:250)。虽然胡塞尔将之称为"知识领域",但我们必须注意,实际上它不是由任何具体对象所组成的实在领域。也许我们可以说它只是空的架构,所以胡塞尔称它为"可能的知识领域",而研究它的理论被他称为"纯粹的流形论"。这门学问研究一切可能的理论形式,以及它们之间的关系。如果这门学问能够成功建立起来,那么我们就会看到,任何现实上的理论都是它所研究的理论形式之"个别化"(Hua18:251)。

参考文献

海德格尔著作简写

BT   *Being and Time*, translated by J. Macquarrie & E. Robinson. Oxford: Blackwell, 1962.

GA3   *Kant und das Problem der Metaphysik*, Gesamtausgabe Band 3, 5. vermehrte Auflage. Frankfurt/Main: Klostermann, 1991.

GA17   *Einführung in die phänomenologische Forschung*, Gesamtausgabe Band 17, hrsg. von F.-W. von Hermann. Frankfurt/Main: Klostermann, 1994.

GA19   *Platon: Sophistes*, Gesamtausgabe Band 19, hrsg. von I. Schüßler. Frankfurt/Main: Klostermann, 1992.

GA20   *Prolegomena zur Geschichte des Zeitbegriffs*, Gesamtausgabe Band 20, hrsg. von P. Jaeger, 3. durchgesehene Auflage. Frankfurt/Main: Klostermann, 1994.

GA24   *Die Grundprobleme der Phänomenologie*, Gesamtausgabe Band 24, hrsg. von F.-W. von Herrmann, 3. Auflage. Frankfurt/Main: Klostermann, 1997.

GA25   *Phänomenologische Interpretation von Kants Kritik der reinen Vernunft*, Gesamtausgabe Band 25, hrsg. von I. Görland, 3. Auflage. Frankfurt/Main: Klostermann, 1995.

GA26   *Metaphysische Anfangsgründe der Logik im Ausgang von Leibniz*, Gesamtausgabe Band 26, hrsg. von K. Held, 2. durchgesehene Auflage. Frankfurt/Main: Klostermann, 1990.

GA29/30   *Die Grundbegriffe der Metaphysik, Welt-Endlichkeit-Einsamkeit*, Gesamtausgabe Band 29/30, hrsg. von F.-W. von Herrmann, 2. Auflage. Frankfurt/Main: Klostermann, 1992.

GA33   *Aristoteles, Metaphysik ΘY1−3: Vom Wesen und Wirklichkeit der Kraft*, Gesamtausgabe Band 33, hrsg. von H. Hüni, 2. durchgesehene Auflage. Frankfurt/Main: Klostermann, 1990.

GA56/57   *Zur Bestimmung der Philosophie*, Gesamtausgabe Band 56/57, hrsg. von B. Heimbüchel, 2. Auflage. Frankfurt/Main: Klostermann, 1999.

GA58   *Grundprobleme der Phänomenologie (1919/20)*, Gesamtausgabe Band 58, hrsg. von H.-H. Gander. Frankfurt/Main: Klostermann, 1993.

GA59   *Phänomenologie der Anschauung und des Ausdrucks*, Gesamtausgabe Band 59, hrsg. von C. Strube. Frankfurt/Main: Klostermann, 1993.

GA63   *Ontologie (Hermeneutik der Faktizität)*, Gesamtausgabe Band 63, hrsg. von K. Bröcker-Oltmanns, 2. Auflage. Frankfurt/Main: Klostermann, 1995.

Hw   *Holzwege*, Gesamtausgabe Band 5, hrsg. von F.-W. von Herrmann, 2. Auflage. Frankfurt/Main: Klostermann, 2003.

NI   *Nietzsche I*. Stuttgart: Neske, 1961.

SZ   *Sein und Zeit*, 17. Auflage. Tübingen: Max Niemeyer, 1993.

Wm   *Wegmerken*, Gesamtausgabe Band 9, 3. durchgesehene Auflage. Frankfurt/Main: Klostermann, 1996.

胡塞尔著作简写

Hua3   *Ideen zu einer reinen Phänomenologie und phänomenologischen Philosophie, Erstes Buch*, Husserliana Band 3, hrsg. von K. Schuhmann. The Hague: Martinus Nijhoff, 1976.

Hua18   *Logische Untersuchungen, Erster Band: Prolegomena zur reinen Logik*, Husserliana Band 18, hrsg. von E. Holenstein. The Hague: Martinus Nijhoff, 1975.

Hua19   *Logische Untersuchungen, Zweiter Band*, Husserliana Band 19, hrsg. von U. Panzer. The Hague: Martinus Nijhoff, 1984.

Hua25   *Aufsätze und Vorträge (1911–1921)*, Husserliana Band 25, hrsg. von T. Nenon & H. R. Sepp. The Hague: Martinus Nijhoff, 1987.

尼采著作简写

EH   *Ecco homo*, in KSA6.

FW   *Die fröliche Wissenschaft*, in KSA3.

GD   *Götzen-Dämmerung*, in KSA6.

GM   *Zur Genealogie der Moral*, in KSA5.

JGB   *Jenseits von Gut und Böse*, in KSA5.

KSA   *Sämtliche Werke*, Kritische Studienausgabe in 15 Bänden. Berlin: DTV, 1999.

Z   *Also sprach Zarathustra*, in KSA4.

WM   *Der Wille zur Macht*, hrsg. von P. Gast & E. Förster Nietzsche. Stuttgart: Kröner, 1996.

其他参考文献

冯友兰：《贞元六书》，北京：中华书局，2014年。

郜元宝编：《尼采在中国》，上海：上海三联书店，2001年。

海德格尔：《路标》，孙周兴译，北京：商务印书馆，2000年。

海德格尔：《尼采》，孙周兴译，北京：商务印书馆，2002年。

胡塞尔：《逻辑研究》，倪梁康译，上海：上海译文出版社，2006年。

康德：《纯粹理性批判（注释本）》，李秋零译注，北京：中国人民大学出版社，2011年。

梁家荣：《海德格尔"世界"概念的超越论意涵》，载《同济大学学报（社会科学版）》
　　2008年第5期，第8—19页。

梁家荣：《海德格尔论动物与世界》，载《同济大学学报（社会科学版）》2011年第1期，
　　第15—23页。

梁家荣：《仁礼之辨：孔子之道的再释与重估》，北京：北京大学出版社，2000年。

梁家荣：《本源与意义：前期海德格尔与现象学研究》，北京：商务印书馆，2015年。

梁家荣：《是有、实有、本有："存在"与"本质"区分之史前史》，载《世界哲学》2021
　　年第1期，第45—54页。

梅谦立：《天主实义今注》，北京：商务印书馆，2014年。

尼采：《权力意志》，孙周兴译，北京：商务印书馆，2007年。

尼采：《查拉图斯特拉如是说》，孙周兴译，北京：商务印书馆，2014年。

尼采：《善恶的彼岸》，赵千帆译，北京：商务印书馆，2015年。

尼采：《论道德的谱系》，赵千帆译，北京：商务印书馆，2016年。

孙周兴：《永恒在瞬间中存在：论尼采永恒轮回学说的实存论意义》，载《同济大学学报
　　（社会科学版）》2014年第5期，第1—9页。

托马斯·阿奎那：《论存在者与本质》，段德智译，北京：商务印书馆，2013年。

汪民安：《尼采的"同一物的永恒轮回"》，载《同济大学学报（社会科学版）》2015年第
　　1期，第27—39页。

吴天岳：《意愿与自由》，北京：北京大学出版社，2010年。

Algra, K., J. Barnes, J. Mansfeld & M. Schofield (eds.), *The Cambridge History of Hellenistic Philosophy*. Cambridge: Cambridge University Press, 1999.

Arendt, H., *The Life of the Mind*. New York: Harcourt, 1978.

Arendt, H., "French Existentialism". In J. Kohn (ed.), *Essays in Understanding, 1930–1954: Formation,*

Exile, and Totalitarianism, pp. 188−193. New York: Schocken Books, 2005.

Aristotle, *Metaphysics*, Vols. 1−2, a revised text with introduction and commentary by W. D. Ross. Oxford: Clarendon, 1924.

Atkins, P., *Galileo's Finger*. Oxford: Oxford University Press, 2003.

Augustine of Hippo, *De civitate Dei*, Vols. 1−2, edited by E. Hoffmann. *Corpus Scriptorum Ecclesiasticorum Latinorum*, Vol. 40. Prague: F. Tempsly, 1899.

Augustine of Hippo, *On the Free Choice of the Will, On Grace and Free Choice, and Other Writings*, edited and translated by P. King. Cambridge: Cambridge University Press, 2010.

Baert, P., *The Existentialist Moment: The Rise of Sartre as a Public Intellectual*. Cambridge: Polity, 2015.

Bain, D., "Intentionalism and Pain". *The Philosophical Quarterly* 53 (2003), pp. 502−523.

Bakewell, S., *At the Existentialist Café: Freedom, Being, and Apricot Cocktails*. New York: Other Press, 2016.

Baldwin, T., *Contemporary Philosophy: Philosophy in English Since 1945*. Oxford: Oxford University Press, 2001.

Barrett, W., *Irrational Man: A Study in Existential Philosophy*. New York: Doubleday, 1962.

Ben-Ze'ev, A., *The Subtlety of Emotions*. Cambridge, MA: MIT Press, 2000.

Bernasconi, R., *How to Read Sartre*. New York: W. W. Norton, 2007.

Bertram, E., *Nietzsche: Versuch einer Mythologie*. Berlin: Bondi, 1918.

Boden, M. A., *Mind as Machines: A History of Cognitive Science*. Oxford: Oxford University Press, 2006.

Braver, L., "Analyzing Heidegger: A History of Analytic Reactions to Heidegger". In D. O. Dahlstrom (ed.), *Interpreting Heidegger: Critical Essays*, pp. 235−255. Cambridge: Cambridge University Press, 2011.

Brentano, F., *Von der mannigfachen Bedeutung des Seienden nach Aristoteles*. Freiburg: Herder, 1862.

Burton, N., *Heaven and Hell: The Psychology of the Emotions*. Exeter: Acheron, 2015.

Cervero, F., *Understanding Pain: Exploring the Perception of Pain*. Cambridge, MA: MIT Press, 2012.

Chadwick, H., *Augustine*. Oxford: Oxford University Press, 1986.

Clark, A., *Being There: Putting Brain, Body, and World Together Again*. Cambridge, MA: MIT Press, 1997.

Clark, M., *Nietzsche on Truth and Philosophy*. Cambridge: Cambridge University Press, 1990.

Colombetti, G., *The Feeling Body*. Cambridge, MA: MIT Press, 2014.

Cooper, D. E., *Existentialism: A Reconstruction*, second Edition. Oxford: Blackwell, 1999.

Cooper, D. E., "Existentialism as a Philosophical Movement". In S. Crowell (ed.), *The Cambridge Companion to Existentialism*, pp. 27−49. Cambridge: Cambridge University Press, 2012.

Cox, G., *Existentialism and Excess: The Life and Times of Jean-Paul Sartre*. London: Bloomsbury, 2016.

Crane, T., "Intentionalism". In B. P. McLaughlin, A. Beckermann & S. Walter (eds.), *The Oxford Handbook of Philosophy of Mind*, pp. 479−493. Oxford: Oxford University Press, 2009,

Crowell, S., "Sartre's Existentialism and the Nature of Consciousness". In S. Crowell (ed.), *The Cambridge Companion to Existentialism*, pp. 199−226. Cambridge: Cambridge University Press, 2012.

Damasio, A. R., *Descartes's Error: Emotion, Reason and the Human Brain*. New York: Avon Books, 1994.

Damasio, A. R., *The Feeling of What Happens*. San Diego: Harcourt, 1999.

Dancy, J., *Introduction to Contemporary Epistemology*. Oxford: Blackwell, 1985.

Dehaene, S., *Consciousness and the Brain*. New York: Penguin, 2014.

Dennett, D., "Re-introducing *The Concept of Mind*". In G. Ryle, *The Concept of Mind*, pp. vii−xvii. Chicago: Chicago University Press, 2002.

Deonna, J. A. & F. Teroni, *The Emotions: A Philosophical Introduction*. London: Routledge, 2012.

Descartes, R., *Oeuvres de Descartes*, Vols. I−XII, edited by C. Adam & P. Tannery. Paris: Léopold Cerf, 1902−1912.

Di Paolo, E. A., "Extended life". *Topoi* 28 (2009), pp. 9−21.

Dihle, A., *The Theory of Will in Classical Antiquity*. Berkeley/Los Angeles: University of California Press, 1982.

Dixon, T., *From Passions to Emotions: The Creation of a Secular Psychological Category*. Cambridge: Cambridge University Press, 2003.

Dreyfus, H. L., *Being-in-the-World: A Commentary on Heidegger's* Being and Time, *Division I*. Cambridge, MA: MIT Press, 1991.

Dummett, M., *Origins of Analytical Philosophy*. Cambridge, MA: Harvard University Press, 1993.

Eliade, M., *Cosmos and History: The Myth of the Eternal Return*, translated by W. R. Trask. New York: Harper, 1954.

Flynn, T., *Existentialism. A Very Short Introduction*. Oxford: Oxford University Press, 2006.

Flynn, T., *Sartre: A Philosophical Biography*. Cambridge: Cambridge University Press, 2014.

Fodor, J. A., *A Theory of Content and Other Essays*. Cambridge, MA: MIT Press, 1990.

Frank, R. H., *Passions within Reason*. New York: Norton, 1988.

Friedman, M., *A Parting of the Ways*. Chicago: Open Court, 2000.

Gallagher, S., *Enactivist Interventions: Rethinking the Mind*. Oxford: Oxford University Press, 2017.

Gallagher S. & D. Zahavi, *The Phenomenological Mind*, second edition. London: Routledge, 2012.

Gardner, H., *The Mind's New Science: A History of the Cognitive Revolution*. New York: Basic Books, 1987.

Gemes, K., "Life's Perspectives". In K. Gemes & J. Richardson (eds.), *The Oxford Handbook of Nietzsche*, pp. 553−575. Oxford: Oxford University Press, 2013.

Gilson, E., *Being and Some Philosophers*, second edition. Toronto: Pontifical Institute of Medieval Studies, 1952.

Goldie, P., *The Emotions: A Philosophical Exploration*. Oxford: Oxford University Press, 2000.

Goldie, P., "Emotion, Feeling, and Knowledge of the World". In R. C. Solomon (ed.), *Thinking about Feeling*, pp. 91−106. Oxford: Oxford University Press, 2004.

Gorner, P., *Heidegger's* Being and Time: *An Introduction*. Cambridge: Cambridge University Press, 2007.

Greene, B., *The Fabric of the Cosmos*. New York: Vintage, 2005.

Guyer, P., *Kant and the Claims of Knowledge*. Cambridge: Cambridge University Press, 1987.

Hadot, P., "Zur Vorgeschichte des Begriffs 'Existenz' ὑπάρχειν bei den Stoikern". *Archiv für Begriffsgeschichte* 13 (1969), pp. 115−127.

Hadot, P., "Existenz, existentia I". In J. Ritter (ed.), *Historische Wörterbuch der Philosophie*, Band 2, pp. 854−856. Basel: Schwabe, 1972.

Harrison, S., *Augustine's Way into the Will*. Oxford: Oxford University Press, 2006.

Haugeland, J., *Having Thought: Essays in the Metaphysics of Mind*. Cambridge, MA: Harvard University Press, 1998.

Hegel, G. W. F., *Wissenschaft der Logik*, Vols. I−II. In G. W. F. Hegel, *Werke in 20 Bänden*, Vols. 5−6. Frankfurt/Main: Suhrkamp, 1986.

Heine, H., *Gesammelte Werke*, Band 3, hrsg. von Gustav Karpeles. Berlin: Grotesche Verlagsbuchhandlung, 1887.

Henry of Ghent, *Quodlibet I. Opera omnia*, Vol. 5, edited by R. Macken. Leuven: Leuven University Press, 1979.

Hollingdale, R. J., *Nietzsche: The Man and His Philosophy*, revised edition. Cambridge: Cambridge University Press, 1999.

Hutto, D. D. & E. Myin, *Radicalizing Enactivism: Basic Minds without Content*. Cambridge, MA: MIT Press, 2013.

James, W., "What is an Emotion?". *Mind* 9 (1884), pp. 188−205.

Janaway, C., *Self and World in Schopenhauer's Philosophy*. Oxford: Clarendon, 1989.

Johnston, J., *The Allure of Machinic Life: Cybernetics, Artificial life, and the New AI*. Cambridge, MA: MIT Press, 1988.

Joseph, F., J. Reynolds & A. Woodward (eds.), *The Bloomsbury Companion to Existentialism*. London: Bloomsbury, 2011.

Judaken, J., "Sisyphus's Progeny: Existentialism in France". In J. Judaken & R. Bernasconi (eds.), *Situating Existentialism: Key Texts in Context*, pp. 89−122. New York: Columbia University Press, 2012.

Kahn, C. H., "Discovering the Will". In J. M. Dillon & A. A. Long (eds.), *The Question of "Eclecticism"*, pp. 234−260. Berkeley/Los Angeles: University of California Press, 1988.

Kant, I., *Sämmtliche Werke in chronologischer Reihenfolge*, Band 1−8, edited by G. Hartenstein. Leipzig: Leopold Voss, 1867−1868.

Kant, I., *Kritik der reinen Vernunft*, edited by J. Timmermann. Hamburg: Felix Meiner, 1998.

Kaufmann, W., *Nietzsche: Philosopher, Psychologist, Antichrist*, fourth edition. Princeton, NJ: Princeton University Press, 1974.

Kenny, A., *Action, Emotion and Will*. London: Routledge, 2003.

Kenny, A., *Philosophy in the Modern World*. Oxford: Oxford University Press, 2007.

Kirk, G. S., J. E. Raven & M. Schofield, *The Presocratic Philosophers*, second edition. Cambridge: Cambridge University Press, 1983.

Kirwan, C., *Aristotle's Metaphysics Books Γ, Δ, E*, second edition. Oxford: Clarendon, 1993.

Kristeller, P. O., *Greek Philosophers of the Hellenistic Age*, translated by G. Woods. New York: Columbia University Press, 1993.

Kristeller, P. O., "Proclus as a Reader of Plato and Plotinus, and His Influence in the Middle Ages and Renaissance". In P. O. Kristeller, *Studies in Renaissance Thought and Letters*, IV, pp. 115−137. Rome: Edizioni di storia e letteratura, 1996.

Lagerlund, H., "The Terminological and Conceptual Roots of Representation in the Soul in Late Ancient and Medieval Philosophy". In H. Lagerlund (ed.), *Representation and Objects of Thought in Medieval Philosophy*, pp. 11−32. Aldershot: Ashgate, 2007.

Lee, N.-I., "Edmund Husserl's Phenomenology of Mood". In N. Depraz & D. Zahavi (eds.), *Alterity and Facticity*, pp. 103−120. Dordrecht: Springer, 2008,

Lennon, T. M., "Locke on Ideas and Representation". In L. Newman (ed.), *The Cambridge Companion to Locke's* Essay Concerning Human Understanding, pp. 231−257. Cambridge: Cambridge University Press, 2007.

Loeb, P. S., *The Death of Nietzsche's Zarathustra*. Cambridge: Cambridge University Press, 2010.

Loeb, P. S., "Eternal Recurrence". In K. Gemes & J. Richardson (eds.), *The Oxford Handbook of Nietzsche*, pp. 645−673. Oxford: Oxford University Press, 2013.

Long, A. A., *Hellenistic Philosophy*, second edition. Berkeley/Los Angeles: University of California, 1986.

Lowe, E. J., *The Routledge Guidebook to Locke's* Essay Concerning Human Understanding. London: Routledge, 2013.

Löwith, K., *Nietzsche's Philosophy of the Eternal Recurrence of the Same*, translated by J. H. Lomax. Berkeley/Los Angeles: University of California Press, 1997.

Magnus, B., *Nietzsche's Existential Imperative*. Bloomington: Indiana University Press, 1978.

Maiese, M., "How Can Emotions be Both Cognitive and Bodily?". *Phenomenology and Cognitive Science* 13 (2014), pp. 513−531.

Maturana, H. & F. J. Varela, *Autopoiesis and Cognition: The Realization of the Living*. Dordrecht: D. Reidel, 1980.

Maturana, H. & F. J. Varela, *The Tree of Knowledge: The Biological Roots of Human Understanding*, revised edition. Boston: Shambhala, 1992.

McBride, W., "Existentialism as a Cultural Movement". In S. Crowell (ed.), *The Cambridge Companion to Existentialism*, pp. 50−69. Cambridge: Cambridge University Press, 2012.

McGinn, C., *The Character of Mind*, second edition. Oxford: Oxford University Press, 1996.

Merleau-Ponty, M., *La structure du comportement*, 6. édition. Paris: Presses Universitaires de France, 1967.

Mora, J. F., "On the Early History of 'Ontology'". *Philosophy and Phenomenological Research* 24 (1963), pp. 36−47.

Mulhall, S., *Routledge Philosophy Guidebook to Heidegger and* Being and Time, second edition. London:

Routledge, 2005.

Murray, M., "Heidegger and Ryle: Two Versions of Phenomenology". *The Review of Metaphysics* 27 (1973), pp. 88−111.

Musgrave, A., *Common Sense, Science and Scepticism*. Cambridge: Cambridge University Press, 1993.

Nehamas, A., *Nietzsche: Life as Literature*. Cambridge, MA: Harvard University Press, 1985.

Ni, L., "The Problem of the Phenomenology of Feeling in Husserl and Scheler". In K.-Y. Lau & J. Drummond (eds.), *Husserl's Logical Investigations in the New Century*, pp. 67−82. Dordrecht: Springer, 2007.

Nicholson, G., "The Constitution of Our Being". In R. Polt (ed.), *Heidegger's* Being and Time*: Critical Essays*, pp. 47−74. Lanham: Rowman & Littlefield, 2005.

Noë, A., *Out of Our Heads*. New York: Hill and Wang, 2010.

Nussbaum, M. C., *The Therapy of Desire: Theory and Practice in Hellenistic Ethics*. Princeton, NJ: Princeton University Press, 1994.

Nussbaum, M. C., *Upheavals of Thought: The Intelligence of Emotions*. Cambridge: Cambridge University Press, 2003.

O'Daly, G., *Augustine's Theory of Mind*. Berkeley/Los Angelos: University of California Press, 1987.

Oatley, K., *Emotions: A Brief History*. Oxford: Oxford University Press, 2004.

Olafson, F. A., *Heidegger and the Philosophy of Mind*. New Haven: Yale University Press, 1987.

Ong, Y.-P., *The Art of Being: Poetics of the Novel and Existentialist Philosophy*. Cambridge, MA: Harvard University Press, 2018.

Owens, J., *The Doctrine of Being in the Aristotelian Metaphysics*, third edition. Toronto: Pontifical Institute of Medieval Studies, 1978.

Poellner, P., *Nietzsche and Metaphysics*. Oxford: Oxford University Press, 1995.

Powell, J. G., "Cicero's Translations from Greek". In J. G. Powell (ed.), *Cicero the Philosopher*, pp. 273−400. Oxford: Clarendon, 1995.

Quintilian, M. F., *The Orator's Education*, Vols. 1−5, edited and translated by D. A. Russell, Loeb edition. Cambridge, MA: Harvard University Press, 2001.

Ramachandran, V. S., *A Brief Tour of Human Consciousness*. New York: Pi Press, 2004.

Ratcliffe, M., "The Feeling of Being". *Journal of Consciousness Studies* 12, No. 8−10 (2005), pp. 43−60.

Ratcliffe, M., *Feelings of Being: Phenomenology, Psychiatry and the Sense of Reality*. Oxford: Oxford University Press, 2008.

Ratcliffe, M., "The Phenomenology and Neurobiology of Moods and Emotions". In D. Schmicking & S. Gallagher (eds.), *Handbook of Phenomenology and Cognitive Science*, pp. 123−140. Dordrecht: Springer, 2010.

Ratcliffe, M., "Why Mood Matters". In M. A. Wrathall (ed.), *The Cambridge Companion to Heidegger's Being and Time*, pp. 157−176. Cambridge: Cambridge University Press, 2013.

Ratcliffe, M., *Experiences of Depression: A Study in Phenomenology*. Oxford: Oxford University Press, 2015.

Reynolds, J., *Understanding Existentialism*. Chesham: Acumen, 2006.

Rorty, R., *Philosophy and the Mirror of Nature*. Princeton, NJ: Princeton University Press, 1979.

Rorty, R. (ed.), *Linguistic Turn*. Chicago: The University of Chicago Press, 1992.

Ryle, G., "Autobiographical". In O. P. Wood & G. Pitcher (eds.), *Ryle: A Collection of Critical Essays*, pp. 1−15. London: Macmillan, 1971.

Ryle, G., *Collected Papers, Vol. 1: Critical Essays*. London: Hutchinson, 1971.

Sartre, J. -P., *L'être et le néant*. Paris: Gallimard, 1943.

Sartre, J. -P., *L'existentialisme est un humanism*. Paris: Nagel, 1946.

Searle, J., "Intentionality (1)". In S. Guttenplan (ed.), *A Companion to the Philosophy of Mind*, pp. 379−386. Oxford: Blackwell, 1994.

Seneca, L. A., *Epistles 1−65*, translated by R. M. Gummere, Loeb edition. Cambridge, MA: Harvard University Press, 1917.

Shim, M. K., "Representationalism and Husserlian Phenomenology". *Husserl Studies* 27 (2011), pp. 197−215.

Smith, D. W., *Husserl*. London: Routledge, 2007.

Snell, B., *The Discovery of the Mind*, translated by T. G. Rosenmeyer. New York: Dover, 1982.

Soll, I., "Reflections on Recurrence: A Re-examination of Nietzsche's Doctrine, *Die Ewige Wiederkehr des Gleichen*". In R. C. Solomon (ed.), *Nietzsche: A Collection of Critical Essays*, pp. 322−342. Garden City, NY: Doubleday, 1973.

Solomon, R. C., *The Passions*. Indianapolis: Hackett, 1933.

Sorabji, R., *Emotion and Peace of Mind*. Oxford: Oxford University Press, 2000.

Spiegelberg, H., *The Phenomenological Movement*, third edition. The Hague: Martinus Nijhoff, 1982.

Suárez, F., *Disputationes metaphysicae. Opera omnia*, Vols. 25−26, editio nova, edited by C. Berton. Paris: L. Vivès, 1866.

Taminiaux, J., "Philosophy of Existence I: Heidegger." In R. Kearney (ed.), *Continental Philosophy in the 20th Century*, pp. 38−73. London: Routledge, 1994.

Thomas Aquinas, *Opera omnia*. Parma: Fiaccadori, 1852−1873.

Thomas Aquinas, *On Being and Essence*, translated with an introduction and notes by A. Maurer, second edition. Toronto: Pontifical Institute of Mediaeval Studies, 1968.

Thompson, E., *Mind in Life: Biology, Phenomenology, and the Sciences of the Mind*. Cambridge, MA: Harvard University Press, 2007.

Thompson, E. & M. Stapleton, "Making Sense of Sense-Making: Reflections on Enactive and Extended Mind Theories". *Topoi* 28 (2009), pp. 23−30.

Tye, M., *Ten Problems of Consciousness*. Cambridge, MA: MIT Press, 1995.

van Gelder, T., "What Might Cognition be if not Computation?". *Journal of Philosophy* 91 (1995), pp. 345−381.

Varela, F. J., "Organism: A Meshwork of Selfless Selves". In A. Tauber (ed.), *Organism, the Origin of Self*, pp. 79−107. Kluwer: Dordrecht, 1991.

Varela, F. J., "The Emergent Self". In J. Brockman (ed.), *The Third Culture*, pp. 209−222. New York: Touchstone Books, 1995.

Varela, F. J., E. Thompson & E. Rosch, *The Embodied Mind: Cognitive Science and Human Experience*. Cambridge, MA: MIT Press, 1991.

Webber, J., *Rethinking Existentialism*. Oxford: Oxford University Press, 2018.

Weber, A. & F. J. Varela, "Life after Kant: Natural Purposes and the Autopoietic Foundations of Biological Individuality". *Phenomenology and the Cognitive Sciences* 1 (2002), pp. 97−125.

Weberman, D., "Heidegger and the Disclosive Character of Emotions". *The Southern Journal of Philosophy* 34 (1996), pp. 379−410.

Wheeler, M., *Reconstructing the Cognitive World*. Cambridge, MA: MIT Press, 2005.

Wheeler, M., "Minds, Things, and Materiality". In J. Schulkin (ed.), *Action, Perception and the Brain*, pp. 147−163. New York: Palgrave Macmillan, 2012.

Wippel, J. F., "Essence and Existence". In R. Pasnau (ed.), *The Cambridge History of Medieval Philosophy*, pp. 622−634. Cambridge: Cambridge University Press, 1982.

后 记

　　除了第一章以外，组成本书的其余各章，都曾经以单篇论文的方式发表于学术期刊之中。它们属于我在2015年出版《本源与意义：前期海德格尔与现象学研究》（北京：商务印书馆）以后直到2019年期间所撰写的中文论文。这次结集成书出版，对各文或多或少都做了一些修改，主要出于对全书术语一致性的考虑。跟《本源与意义》一样，本书的外语引文，包括来自英语、德语、法语、古希腊语和拉丁语的引文，主要都是我自己重新由原文翻译成汉语，因此译法与现有汉语译本不尽相同。本书与《本源与意义》在译名上最大的差别，在于对Being/Sein、essence/Wesen/Essenz与existence/Existenz这些关键词采用了新的翻译方法：我在本书中将它们分别翻译为"是有""本有"与"存在"，其理由我在《是有、实有、本有："存在"与"本质"区分之史前史》（载《世界哲学》2021年第1期，第45—54页）一文中，有比较详细的讨论，于此不赘。本书的第一章"存在与本有——"此有之'本有'在于它的存在'释义"是全书最后完成的作品，写成在《是有、实有、本有》一文之后，是我把此文所提出的译法运用到对海德格尔的思考上之成果。本书其余各章所本的论文发表详情如下：

　　第二章"是有与形而上学——海德格尔对纯粹理性批判的解释"原题为《奠立形而上学的基础：海德格尔对纯粹理性批判的解释》，

载《中国现象学与哲学评论》第14辑（2014年），第121—152页。

第三章"此有与心智——海德格尔与赖尔对理论化之批评"原题为《此在与心智概念：海德格尔与赖尔对理论化之批评》，载《哲学评论》第14辑（2014年），第65—86页。

第四章"心情与世界——《是有与时间》的情感论"原题为《心情与世界："存在与时间"的情感论》，载《世界哲学》2019年第1期，第96—105页。

第五章"身体与感受——拉特克利夫的存在论感受与海德格尔"原题为《发现自身之存在：拉特克利夫的实存感受与海德格尔》，载《哲学分析》第9卷第4期（2018年），第35—48页。

第六章"意求与力量——尼采的'意志'概念与海德格尔的解释"原题为《尼采的意志概念与海德格尔的解释》，载《西南大学学报（社会科学版）》第43卷第4期（2017年），第42—54页；另收于黄国钜编：《尼采透视》，台北：五南图书出版公司，2017年，第165—202页。

第七章"瞬间与无限——尼采的永恒回归学说与海德格尔的解释"原题为《尼采的永恒回归学说与海德格尔的解释》，载《哲学动态》2016年第9期，第66—72页。

第八章"生存与认知——施行主义、视角主义、尼采"原题为《施行主义、视角主义、尼采》，载《哲学研究》2018年第3期，第117—126页。

第九章"感受与意向——胡塞尔关于感受之意向性理论"原题为《胡塞尔关于感受之意向性理论》，载《中国现象学与哲学评论》第21辑（2017年），第302—322页。

第十章"逻辑与格知——《逻辑研究》的'科学'概念与纯粹

逻辑学"原题为《〈逻辑研究〉的科学概念与纯粹逻辑学》，载《同济大学学报（社会科学版）》第26卷第5期（2015年），第13—19页。

上列其中一些论文属于国家社科基金项目"现象学视域下的意识内容研究"（编号16BZX077）的阶段性成果。另外，本书的出版得到同济大学"欧洲思想文化与中欧文明交流互鉴"项目之资助。在此一并致谢。

我也想借此书出版的机会，对在本书所收文章书写和出版过程中，曾经给予我帮助的师友表达谢意。他们包括：孙周兴教授、张任之教授、崔唯航教授、陈德中教授、郝长墀教授、毛兴贵教授、黄国钜教授、卓立教授、韦海波博士、毛竹博士，以及商务印书馆的朱健先生等。最后，我要感谢我的家人，特别是父母和内子，他们在生活上的关怀与包容令我能如愿安心从事学术工作。

本书从计划出版，到完稿，再到付梓，所经历的时间较长，这既因为全球疫情，亦与我个人变换工作单位有关，聊足一记。最初计划结集是在2018年，当时我还任教于同济大学人文学院。到了2019年底，我离开工作多年的上海，迁居广州，任职中山大学哲学系。2021年秋，因缘际会，我回到了母校香港中文大学哲学系任教。来去匆匆，幸得当时的两位领导同济大学孙周兴教授与中山大学张任之教授的照拂。两年之内，两易教职，书稿也跟着南下。初稿在上海，完稿在广州，校稿在香港，一份书稿经历了三个城市、三台电脑、三张书桌，以此为记。

未来哲学丛书·首批书目

《未来哲学序曲——尼采与后形而上学》（修订本）　　孙周兴 著

《时间、存在与精神：在海德格尔与黑格尔之间敞开未来》　　柯小刚 著

《人类世的哲学》　　孙周兴 著

《尼采与启蒙——在中国与在德国》　　孙周兴、赵千帆 主编

《技术替补与广义器官——斯蒂格勒哲学研究》　　陈明宽 著

《陷入奇点——人类世政治哲学研究》　　吴冠军 著

《为什么世界不存在》　　〔德〕马库斯·加布里尔 著
王熙、张振华 译

《海德格尔导论》（修订版）　　〔德〕彼得·特拉夫尼 著
张振华、杨小刚 译

《善恶的彼岸：一种未来哲学的序曲》　　〔德〕尼采 著　赵千帆 译

《瞧，这个人》　　〔德〕尼采 著　孙周兴 译

《生成与超越——尼采思想中的神性问题》　　余明锋 著

《存在与超越——海德格尔与汉语哲学》　　孙周兴 著

《语言存在论——海德格尔后期思想研究》　　孙周兴 著

《海德格尔的最后之神——基于现象学的未来神学思想》　　张静宜 著

《溯源与释义——海德格尔、胡塞尔、尼采》　　梁家荣 著

图书在版编目（CIP）数据

溯源与释义：海德格尔、胡塞尔、尼采 / 梁家荣著. ——
北京：商务印书馆，2023
（未来哲学丛书）
ISBN 978 － 7 － 100 － 21983 － 9

Ⅰ.①溯… Ⅱ.①梁… Ⅲ.①海德格尔(Heidegger,
Martin 1889-1976) — 哲学思想 — 研究②胡塞尔
(Husserl, Edmund 1859-1938) — 哲学思想 — 研究③尼
采(Nietzsche, Elisabeth Frster 1846-1935) — 哲学思想 —
研究 Ⅳ.①B516.54②B516.52③B516.47

中国国家版本馆 CIP 数据核字（2023）第031909号

溯 源 与 释 义
海德格尔、胡塞尔、尼采
梁家荣 著

商 务 印 书 馆 出 版
（北京王府井大街36号 邮政编码 100710）
商 务 印 书 馆 发 行
山东临沂新华印刷物流
集 团 有 限 责 任 公 司 印 刷
ISBN 978 － 7 － 100 － 21983 － 9

2023年5月第1版　　　开本 640×960 1/16
2023年5月第1次印刷　　印张 18½

定价：88.00元